中華古籍保護計劃

ZHONG HUA GU JI BAO HU JI HUA CHENG GUO

·成果·

沈燮元文集

沈燮元 著

國家圖書館出版社

圖書在版編目（CIP）數據

沈燮元文集 / 沈燮元著 . -- 北京 : 國家圖書館出版社，2018.11
ISBN 978-7-5013-6612-5

Ⅰ . ①沈…　Ⅱ . ①沈…　Ⅲ . ①古籍－圖書保護－中國文集
Ⅳ . ① G253.6-53

中國版本圖書館 CIP 數據核字（2018）第 249709 號

書　　名　沈燮元文集
著　　者　沈燮元　著
責任編輯　南江濤
助理編輯　徐晨光
封面設計　翁　涌

出　　版　國家圖書館出版社（100034　北京市西城區文津街 7 號）
（原書目文獻出版社　北京圖書館出版社）
發　　行　010-66114536　66126153　66151313　66175620
66121706（傳真）　66126156（門市部）
E-mail　nlcpress@nlc.cn（郵購）
Website　www.nlcpress.com →投稿中心
經　　銷　新華書店
印　　裝　河北三河弘翰印務有限公司
版　　次　2018 年 11 月第 1 版　2018 年 11 月第 1 次印刷

開　　本　710 × 1000（毫米）1/16
字　　數　180 千字
印　　張　23.5

書　　號　ISBN 978-7-5013-6612-5
定　　價　98.00 圓

與蘇南文管會同事錢海岳（前右二）、陳邦福（前右一）等在無錫

與顧頡剛（右一）、徐森玉（右二）、沈維鈞（左一）等在洞庭西山

與顧廷龍（右）、潘景鄭（中）在揚州平山堂

與潘景鄭（右二）、顧廷龍（左二）、冀淑英（左一）在南京栖霞山

與冀淑英（右）、丁瑜（左）在北京圖書館

與丁瑜（左一）、冀淑英（左二）、陳杏珍（右一）在北京圖書館

與陳先行在南京圖書館

與李致忠在南京圖書館

與沈津在蘇州怡園

與李軍在蘇州怡園

與馬驥在蘇州黃丕烈故居

在蘇州南園賓館近影

序

沈津

今年九月中旬，李軍兄即告訴我，沈燮元先生會在中秋節那一天由寧返蘇，他希望與我見面。這幾年，燮翁和我都感到年齡逐年增大，老朋友間見面實非易事，故衹要燮翁在蘇州，我們就一定要選個地方聊聊，而居中聯絡者就是李軍兄。所以，國慶前的一天，我們又如約相聚在蘇州博物館的古籍圖書館裏。

剛坐下，還没寒暄幾句，燮翁就遞過來一張紙，衹説了三個字：『你看看。』原來是老先生和國家圖書館出版社合作，擬出版自己的文集，紙上是他手抄的目録。他要我拍下圖片，讓我爲他的集子寫篇序。他下的通牒是：『你給丁瑜的《延年集》寫了序，我的書你能不寫嗎？』

我和燮翁是忘年之交，早在上個世紀的七十年代就認識了，之間的互動，都是因編纂《中國古籍善本書目》而起。一九七七年秋，北京、上海、南京等地的圖書館專家學者爲即將編纂的《中國古籍善本書目》起草了『收録範圍』『著録條例』『分類表』三個文件。次年的三月二十六日至四月八日，編輯《中國古籍善本書目》的全國會議在南京舉行，而我們都參會並發表了意見。

不可否認的是，《中國古籍善本書目》是近百年來編得最好的一部聯合目録，剛進入八十年代，人們的生活並不寬裕，物資仍然匱乏，但是編委會的工作始終有條不紊地奮力邁進。我還記得，那時我們每天在分編室裏接觸的是八百多個圖書館上報的卡片，面對各種不合常理的著録方式，也衹能憑藉過去的經驗去辨識卡片上的著録有無錯誤。燮翁和我們私下裏調侃説：我們這些人成天都和卡片打交道，我們都成了片（騙）子手了。當然，也正是在那樣的環境下，我們每一位參與者的眼界纔變得更爲開闊，分辨及鑒定能力也相應提高許多。很多青年同事在經過這樣的訓練後，業務上也奠定了基礎。

一九八一年至一九八七年，編委會曾借上海圖書館的二〇六室，作爲經部、史部復審、定稿的工作室，編委會的主編顧廷龍，副主編冀淑英、潘天禎，顧問潘景鄭，與燮翁、任光亮、我等聚於一室。能和當時國内最好的版本目録學家一起工作，是我們幾人的緣分。當年參加編委會彙編、復審、定稿的人員已大半凋零，如今僅存燮翁、丁瑜、任光亮、我四人了。燮翁是自始至終的參加者之一，無論在南京、上海，還是在北京，他都堅決服從編委會的安排，從不討價還價，認真做事，克盡厥職，功成不居，爲《善本書目》的完成做出了重要貢獻。燮翁爲了工作，四海爲家，毫無怨言。我以爲他參與編委會工作的十餘年，是他數十年圖書館生涯中意最濃、色最燦、義最重的一段經歷。

燮翁的版本鑒定能力很强，顧廷龍先生曾戲贈他一頂『派出所所長』的桂冠。一九八〇年代，我們在北京參加《中國古籍善本書目》編委會工作期間，有一次同去北京某圖書館看一些有問題的版本圖書時，編委會的何金元（四川省圖書館古籍部，英年早逝）委託燮翁順便也審看一下該館藏的明正德刻本《中吴紀聞》。那是因爲何金元在審閲此書卡片時，發現卡片上寫有『據宋本校及清黃丕烈校』，並有李盛鐸跋。他覺得『黃丕烈校』有疑問，曾請教過同在編委會工作的該大學館某先生，某先生説没問題。但何金元不放心，就請燮翁和我去看一下黃跋的真僞。燮翁是研究黃丕烈的專家，當時已從事黃跋的搜集整理，所以他對『黃體』太熟悉了。果不其然，書剛一打開，他就一眼定『乾坤』。黃跋的字有些形似，但没有黃丕烈的韻味，那當然是後人摹寫，而非黃氏手書。後《中國古籍善本書目》雖收入此書，但删去有黃跋之語。那天我們還看了該館一種明抄本，也有黃丕烈校並跋，紙較新，字跡是比黃丕烈還黃丕烈，又是書估作僞的小伎倆（後因抄本不舊，又有僞黃跋，删去不入目）。又如原作元泰定刻本的《廣韻》，由楊守敬自日本購回，每頁均褾糊，裝訂形式悉日人所爲，實爲日本所刻，非中國刻本，亦不入目，此類例子尚有不少，不再贅述。

除了《中國古籍善本書目》外，燮翁一生對文獻學的貢獻，自然莫過於對黃丕烈的研究。我總以爲被譽爲『五百年來藏書』第一人的黃丕烈，實在是藏書史上一位傳奇人物，祇要讀讀他的《藏書題跋記》，你就可以知道這位佞宋刻、嗜舊鈔、爲先賢存古留真的學者是何等的『癡』、别樣的『淫』。至於其精校勘、析疑義、詳考辨、求古籍盡善盡美，完全凸顯了乾嘉學人的風貌，至今仍爲後人所津津樂道、交口稱贊。

近百餘年來，黄跋先後經幾代學者多方搜集、彙編成書，先是潘祖蔭輯《士禮居藏書題跋記》，再由江標輯《續録》，其後繆荃孫、章鈺、吴昌綬又集南北各藏書家所見，輯成《蕘圃藏書題識》十卷《補遺》一卷《刻書題識》一卷。之後，王大隆續輯《蕘圃藏書題識續録》四卷《再續録》三卷《雜著》一卷，詳盡地記述了古書版本、校勘内容和收藏源流，這對於研究版本學、目録學、校勘學的學者們，無疑是極有幫助的。

燮翁以一人之力，四十餘年如一日，每天都和黄氏進行時空『對話』，説他是黄氏的異代知己，那一點兒也不過分。我不知道、也没有問過他，爲什麽要做黄丕烈的年譜、重新輯佚蕘圃題跋。但是，燮翁和黄氏都是蘇州人，不能説没有一點鄉邦之情，更或許是他被黄氏的藏書魅力所誘惑。在前人的基礎上，燮翁費盡心機，多方掇拾，矻矻不倦，終於從中外各地的圖書館、博物館、研究所等處，新發現他人未見之黄跋數十則，同時還糾正了舊輯本的不少訛誤。因此，到目前爲止，燮翁所輯的《士禮居題跋》應是最全、最好、最重要的黄跋本子，不久之後，該書將由北京中華書局出版。此外，燮翁又重新輯録黄氏詩文，編纂黄氏年譜，皆大有裨益於文獻學研究者。

一九九〇年，八七高齡的顧廷龍先生曾爲燮翁寫過一副對聯，句云：『復翁異代逢知己，中壘鉤玄喜後生。』這是對燮翁在版本目録學、黄丕烈研究兩方面恰如其分的評價。他整理的《士禮居集》分題跋、詩文兩部分，問世有期，令人欣喜。此外，燮翁數十年所作文章，彙編成此文集，反映了他一生治學的概貌。文集所收，計文八篇、跋五篇、序五篇，以及年譜一種、方志目録一種，凡二十篇，十餘萬字。儘管數量、篇幅並不巨大，細讀之下，我纔知大手筆作文，輕易不肯動手，一落筆必言之有物，有理有據。從小文章中，可窺見燮翁考證功夫之細密。如《〈嵇康集〉佚名題跋姓氏考辨》一文，糾正之前兩位學者考證的失誤，並得出『凡從事版本鑒定，無非都要從行格、避諱、刻工、刀法、紙張多方面去考量，但我覺得書法的比對、印章的辨别，也可以作爲鑒定版本的不二選項』的結論。

版本目録學是一門從實踐中來的學問，祇有在圖書館編目及採購工作中積纍了大量的實踐經驗，纔能練就一雙鑒定版本的慧眼。早在五十年代初期，二十餘歲的他，就在趙萬里先生的指導下，爲北京圖書館購書，先後買到《韓詩外傳》（明萬曆刻《廣漢魏叢書》本，清盧文弨批校）、《南唐近事》（清嘉慶二十年吴翌鳳抄本）、《資世通訓》（明刻本）、《梅妃傳》（清吴氏古歡堂抄本）、《楊太真外傳》（清吴氏古歡堂抄本）、《長恩閣叢書十四種》（清末傅氏長恩閣抄本，清傅以禮校）等。一九五五年以後，他調入南京圖書館，退休前曾任古籍部副主任，但没架子，不鑽營取巧，也没有那種羡慕榮華之心，而是把心思都用在業務工作上，數十年間爲南圖徵集到不少重要善本。其中如北宋刻《温室洗浴衆僧經》一卷、遼代重熙四年（一〇三五）寫本《大方廣佛花嚴經》一卷等，已成爲國寶級藏品。

而今耄耋之年的夔翁，三十餘年裹退而不休，堅持每天風雨無阻地去南圖古籍部，不僅日日伏於几案，潛心典籍，還不時爲讀者排憂解難，指點迷津，爲他人作嫁衣裳。我的《翁方綱題跋手札集録》一百二十萬字，在出版前，也曾請夔翁全部校讀一過，對此我非常感謝他。無論我在國内還是海外，他與我的通信，我全部都保存了下來，厚厚一沓，居然也有四五十通之多。

最令我感動的是，去年五月我們在李軍兄的引導下，去祭拜顧廷龍先生墓，如果説我跪拜先師是天經地義之禮，但燮翁也要跪拜，我説：『您就不要跪了，鞠三個躬吧。』他説：『不行，顧老對我有恩，提攜過我，我是一定要跪拜的。』一位九四老人，腿腳不便，平時行動緩慢，走路都謹慎小心，卻堅持要做如此這般『大動作』。當時我侍立在旁，禮畢，趕緊扶他慢慢起立，衹見他喘個不停。今年五月，我們又聯袂去蘇州十梓街看復泉山館（顧廷龍故居），還拍了幾張照片留念呢。

說到底，燮翁是一位平凡的讀書人，和書打了一輩子交道，業餘愛好無他，就是喜歡書。我看到他在蘇州居所的書房，各式的目録學、版本學、文獻學的圖書，以及相關的參考書、工具書，排放整齊，即使小部分的港臺出版物，他也透過相應的渠道多方訪得，而他在南京的住處，圖書也是堆積如山。除了書之外，在我們這個小圈子裏，不知是否還有嗜酒若燮翁者？還記得三十年前，同道們互傳燮翁喜酒，但不能多飲，每次一小杯，多則要舞『紅色娘子軍』中的洪長青。這是燮翁認可之説，直到今日，他仍保持舊日習慣，但並不貪杯，或許小酒也是他的長壽秘訣之一！這樣一位老人，思想上卻並不僵化陳舊，他也領略一些社會上的娛樂八卦，不時關心科技領域中的新成果，套用一句時髦的話，他也在除舊佈新，與時俱進。

夔翁高齡，今年九十有五，已踰鮐背之年，更難得是他康健如昔，不時往來於蘇、寧兩地。我不由想起『九五之尊』這個詞，『九五』舊指帝王之尊，位高而不傲，有謙和之德。以夔翁目前在圖書館界中版本目録學領域的地位，是當仁不讓的老法師級人物，無人可出其上，其閱歷資之深，也無人能望其項背，似乎也德配『九五』之詞了。《禮記·曲禮》云：『百年曰期頤。』元人陳澔釋云：『人壽以百年爲期，故曰期；飲食起居動人無不待於養，故曰頤。』很多見過夔翁的朋友，都爲老人的健康表現出欣羡之情。我亦以爲，待到山花爛漫時，老人期頤之年，約上一班忘年之交，好好来一次暢懷痛飲。

夔翁囑我爲他的集子作序，實在榮幸之至。回顧四十多年的交往，拉雜寫上一些感想，不知先生以爲然否?!

二〇一八年十月二十一日於上海

目録

明代江蘇刻書事業概述

一

朱元璋明太祖推翻異族統治者蒙元以後，重建了統一的漢族政權——大明帝國。在一三六八年（洪武元年）即皇帝位，『以應天南京爲南京，開封爲北京』[一]。

公元十四世紀四十年代，因爲蒙元統治者的摧殘與破壞，社會經濟遭到極大的損失，因之，朱元璋正式建立政權以後，首先解放勞動力，努力恢復和發展農業生產，扶植工商業，對漸趨崩潰的社會經濟起了復蘇的積極作用。

經過三十多年的着意經營，與以後數十年的『休養生息』，使十六世紀中葉的社會經濟又繼續發展，趨向繁榮，手工業和商業尤爲發達，在生産技術上也有顯著的改進，資本主義經濟因素開始萌芽。隨著經濟的發展，作爲上層建築之一的文化，呈現了光輝燦爛的景象，刻書事業便是其中的一種。

明代的刻書事業，很是發達，其雕鏤之精，種類之多，在整個中國雕版發展史上，佔有重要的地位，現在，就明代江蘇的刻書事業作一概括的介紹，希望同志們批評、指正。

明代的刻書事業，依我個人的看法，可以劃分爲三個時期：

一、洪武—弘治（一三六八——一五〇五）

二、正德—萬曆（一五〇六——一六一九）

三、天啓—崇禎（一六二一——一六四四）

明代的刻書，和宋元時代一樣，可以分爲官刻本政府所刻、家刻本私人所刻和坊刻本書坊所刻三種。在洪武時期，由於朱元璋一面殺戮功臣，大興文字獄，對於知識份子，採取高壓的政策，另一面又用懷柔的辦法來利誘和籠絡知識份子，設立了以『八股取士』的科舉制度，來達到收買的目的，以便爲統治者服務。科舉的各級考試，都用四書五經的句子來做題目，因此洪武時期所刻的書籍，也以經書爲最多，當時除了政府法令和記載典章制度的書籍以外，以經書和屬於儒家學説的書籍佔絶大多數[二]。洪武時期所刻的書籍和元代的作風較爲接近，大黑口，字體都是楷書，版式都很闊大。當時在應天南京所刻的書籍，可以《元史》《大明律》《御製文集》《大誥》等書爲例。

一四〇三年（永樂元年）朱棣明成祖即位，所刻書籍，和朱元璋時無甚區別，有《佛説摩利支天經》一種，係鄭和所刻，有姚廣孝跋，上有插圖一幅，十分精麗，當在南京所刻。

宣德時期（一四二六—一四三五）刻本傳世不多，但在南京曾刻過一部戲曲《新編金童玉女嬌紅記》，此書不僅雕鏤甚工，並有插圖，每葉前半是圖，後半是文字，序上有『時宣德乙卯（一四三五）七月既望日江都揚州丘汝乘書』一行，另有『金陵南京樂安新刊積德堂刊行』字樣一行，可見這書是在南京刻的。

正統時期（一四三六—一四四九）有廬陵謝子方所著的《易義主意》二卷，係一四四六年（正統十一年）海虞常熟魏祐所校刻，在孫鼎序文中有『海虞生魏祐，字欣躍，鋟梓與四方學者共之』之語，可知是魏氏所刻。

成化時期（一四六五—一四八七）有元陶宗儀《南村輟耕録》，此書在一四七四年（成化十年）由松江府刊刻，在元刻本没有翻刻和影印以前[三]，這是一個比較稀見的本子。一四八三年（成化十九年）南京户部尚書黄鎬曾刻高棟的《高漫士嘯臺集》，當時六部吏、户、禮、兵、刑、工都刻過書籍，尤其是南京的六部，職務比較清閒，故能有空餘時間來從事刻書，因年代過久，没有注意保存，故流傳下來的很少，在周弘祖《古今書刻》裏[四]還可以知道一些當時刻過的書名。

弘治時期（一四八八—一五〇五）以活字印書最爲著名，無錫華堅、華鏡蘭雪堂，華燧、華煜會通館都用銅活字印書。華氏蘭雪堂印行的有《春秋繁露》《藝文類聚》《蔡中郎文集》《元氏長慶集》《白氏長慶集》等書，會通館印行的有《九經韻覽》《容齋隨筆》《古今合璧事類》《文苑英華纂要》《錦繡萬花谷》等書，卷末都有牌記，如華燧所刻的會通館集《九經韻覽》，魚尾上有『弘治歲在著雍敦牂』八字兩行，版心下有『會通館活字銅版印』八字兩行，因歷經變遷，傳世甚稀，得者十分珍貴。又有吴郡蘇州孫鳳，用銅活字印過宋代陳思的《小字録》，金蘭館蘇州用銅活字印宋范成大《石湖居士集》、明孫蕡《西庵集》。十五世紀中葉，在江蘇以南一帶，銅活字曾風行一時。木刻本，一五〇一年（弘治十四年）江陰知縣涂禎江西新淦人曾覆刻宋嘉泰本《鹽鐵論》，後來有好多翻刻本，都出自涂本。

二

正德時期（一五〇六—一五二一）長洲蘇州顧元慶大石山房藏書甚富，曾刻《顧氏文房小説四十種》行世，開雕於一五一七年（正德十二年），至一五三二年（嘉靖十一年）始刻竣，前後共經十六年，校刻精審。清代黄丕烈僅藏零本二種，嘗有『書僅明刻耳，在汲古毛氏時已珍之，宜此時視爲罕秘矣』之語[五]。可見此書全帙，在清代已流傳不多。顧氏另刻有《顧氏四十家小説》，所收全是明代史料。一五一九年（正德十四年）吴縣都穆曾覆刻宋本《晉二俊文集》，一五二〇年（正德十五年）昆山知縣尹嗣忠直隸涿州人重刻宋嚴羽《滄浪先生吟卷》。

嘉靖萬曆時期（一五二二—一六一九）爲明代刻書的黄金時代，官、私刻本甚多，兹略舉數例。官刻本以一五三五年（嘉靖十四年）餘姚聞人詮在蘇州所刻的《唐書》爲最精。文徵明在序中説：『初，御史紹興聞人公詮視學南畿，以是書世無梓本，他日按吴，遂命郡學訓導沈桐刊置學宫。』[六]聞人氏序中有『吴令朱子遂得列傳於光禄張氏，長洲賀子隨得紀志於守溪公遺籍，俱出宋時模板，旬月之間，二美璧合，古訓有獲，私喜無涯』之語[七]，可知底本出自宋本。楊循吉在序中敘述刊刻經過説：『且命廣搜殘逸，足其卷數，及募士出資，佐經費，君鳩工堂西大舍中，無啻三十手，朱墨仇校，不舍晝夜。』[八]『肇工於嘉靖乙未，卒刻於嘉靖戊戌。』[九]先後共花去四年時間方告完成，在《唐書》各種刻本中，是一個比較好的本子。一五六一年（嘉靖四十年）昆山縣曾刊刻魏校《莊渠遺書》，標題『蘇州府知府太原王道行校刻，昆山縣知縣清河張焯同梓，門人歸有光編次』。並有王知府牌行昆山縣刊刻公文，知爲昆山縣官刻本。

嘉靖間（一五二二—一五六六）私人刻書，更是盛極一時，以蘇州、無錫、松江、南京、揚州等地爲中心。一五二五年（嘉靖四年）—一五二七年（嘉靖六年）震澤王延喆所刻《史記》，出於宋黄善夫本，刻工精美，爲《史記》覆宋本之最佳者。一五二八年（嘉靖七年）吴郡蘇州金李澤遠堂所刻《國語》，與吴門蘇州龔雷所刻《戰國策》，同出宋本。一五三三年（嘉靖十二年）吴郡蘇州袁褧嘉趣堂覆刻宋淳熙本《大戴禮記》，一五三五年（嘉靖十四年）覆刻宋淳熙本《世説新語》，精美絶倫，爲世所稱。一五三四年（嘉靖十三年）——一五四九年（嘉靖二十八年）又覆刻宋張之綱本《文選注》，袁氏在跋中説：『刻始於嘉靖甲午歲，成於己酉，計十六載而完，用費浩繁，梓人艱集。』可見當時雕鏤工程的艱巨，在印刷術還没有發展到攝影製版的時代，覆刻宋元本，是一件非常有意義的工作，無異把一部宋元版，化身千萬，便利學者，對當時的學術界是起了一定的作用的。無錫安國桂坡館曾用銅活字印過《吴中水利通志》《顔魯公集》《魏鶴山先生大全集》等書，另木刻《初學記》行世。其餘如吴郡蘇州顧春世德堂，在一五三〇年（嘉靖九年）刻的《六子全書》，長洲蘇州黄省曾前山書屋在一五三四年（嘉靖十三年）曾刻《水經注》《山海經》《楚辭》等書，吴郡蘇州郭雲鵬寶善堂在一五四二年（嘉靖二十一年）曾刻《曹子建集》，一五四三年（嘉靖二十二年）刻《分類補注李太白詩》，一五四七年（嘉靖二十六年）又刻宋陳亮編的《歐陽先生文粹》，同年，自己又編選了《歐陽先生遺粹》付刊。吴郡蘇州沈辨之野竹齋所刻、《韓詩外傳》《何氏集》等書，均馳名於時。一五三六年（嘉靖十五年）錫山無錫秦汴繡石書堂曾據宋本重刻《錦繡萬花谷》，十分精緻，與原刻不相上下。一五三七年（嘉靖十六年）續刻《事類賦》。一五三八年（嘉靖十七年）吴縣蘇州吴元恭曾仿宋刻《爾雅》，『爲經注本之最善者』[一〇]。清代顧廣圻曾覆刻吴本。一五五〇年（嘉靖二十九年）上海顧從德覆宋刻本《黄帝内經》與一五五四年（嘉靖三十三年）雲間松江張之象猗蘭堂所刻《鹽鐵論》並稱佳槧。家刻本外，尚有書院本，如無錫崇正書院、東林書院、洞陽書院，雲間松江儼山書院等，都有刻本。

隆慶時期（一五六七—一五七二）朱載垕穆宗在位僅六年，所刻書籍，作風與嘉靖本相似。一五六七年（隆慶元年）太倉張振之刻周錫《玄亭閒話》，一五六九年（隆慶三年）海虞常熟黄美中刻王世貞《鳳洲筆記》，一五七〇年（隆慶四年）長洲張鳳翼、獻翼刻張昶《吴中人物志》等書。

萬曆時期（一五七三—一六一九）官刻本以國子監本俗稱監本最有名，國子監有二，一在北京，稱北監；一在南京，稱南監。南監藏書，經史子集都有[一一]，因年代過久，殘缺甚多，在當時即有『名存而實亡』之歎[一二]。南監所藏，除書籍外，還有大批版片，大多是元代集慶路儒學遺留下來的，有後來絡續送進去的，宋元明版都有，從洪武永樂時開始，一直到清初順治康熙時尚修補印行，其中以《二十一史》印行最爲普遍，直到一八〇〇年左右清嘉慶年間藩庫失火，遂告中絶。這部《二十一史》從宋代紹興算起，到清代嘉慶爲止，中經七百年，歷宋、元、明、清四朝，惟到後來，版已相當模糊，但其歷史不可謂不久。

家刻本，一五七四年（萬曆二年）吴縣蘇州錢谷懸罄室曾刻宋朱長文《吴郡圖經續記》，一五八二年（萬曆十年）海虞常熟趙用賢所刻《管子》《韓非子》，刻工之美，校讎之精，並不在嘉靖本下。一六〇三年（萬曆三十一年）長洲蘇州許自昌梅花墅刻唐《甫里先生集》，一六〇八年（萬曆三十六年）又刻唐《皮日休文藪》。一六〇四年（萬曆三十二年），一六〇六年（萬曆三十四年）松江馬元調曾刻《元氏長慶集》與《白氏長慶集》二書。一六〇八年（萬曆三十六年）常熟趙琦美用賢子脈望館刻《酉陽雜俎》。東吴蘇州徐時泰東雅堂據宋末廖瑩中世綵堂本重刻《昌黎先生集》，另有長洲蘇州陳仁錫閲帆堂在一六一五年（萬曆四十三年）刻《陳白陽集》與《石田先生集》，字體仿趙松雪，寫刻甚精，在萬曆刻本中别具一格。

萬曆間因爲小説戲曲特别發達，南京書坊大量印行，當時最著名的書坊有唐氏富春堂、世德堂、廣慶堂、文林閣、陳氏繼志齋等，他們招請了一部分福建建陽和安徽徽州的技術工人，來爲他們出版的書籍雕版鐫圖，當時印行的戲曲小説和通俗書刊，大多附有精美的插圖，技巧達到了圓熟的境地，受到廣大人民的歡迎和喜愛。

三

天啓時期（一六二一—一六二七）所刻書籍和嘉靖萬曆時略有不同，嘉靖萬曆時期所刻書籍，字體都很整齊，行格緊密，紙張也很講究，到天啓時，所刻字體傷於纖巧，行格很寬，字體排列較爲疏朗，不及以前的美觀了。一六二一年（天啓元年）梁谿無錫鄒迪光刻《始青閣稿》，一六二三年（天啓三年）吴江周應儀刻宋陸游《老學庵筆記》，一六二四年（天啓四年）江寧南京吴䎙問青堂刻唐《劉蜕集》，藉此可見一斑。

崇禎時期（一六二八—一六四四）官刻本以松江府所刻徐光啓《農政全書》爲例，此書在崇禎中首次刊刻，由蘇撫張國維、松江府知府方岳擔任刊刻費用，字體疏朗悦目，並有斷句。私人刻書以常熟毛晉爲巨擘，從明天啓起一直到清順治初，共經四十餘年，成書六百多種[一三]，經、史、子、集、叢書無一不刻，版口署世美堂緑君亭者爲其早期所刻，汲古閣爲通稱。毛晉有子五人，襄、褒、衮、表、扆。襄、衮先卒，其中以褒、扆最知名，精校讎，能繼父業，所刻書籍甚多[一四]。毛氏所刻諸書，最通行者爲《十三經》《十七史》。另刻《宋名家詞》六十一種，爲彙刻詞集之始，甚便學者。《六十種曲》，爲明人傳奇總集，繼臧懋循《元曲選》後一部大作品，好多失傳的明人傳奇賴此書以傳。《津逮秘書》，所收内容很豐富，海鹽胡震亨曾刻《秘册彙函》，後毁於火，以殘版歸毛晉，晉即將《秘册彙函》殘版加入《津逮秘書》中，在明人所刻叢書中有一定的地位與價值。在崇禎中葉，又刻宋范成大《吴郡志》、龔明之《中吴紀聞》、明孫作《滄螺集》，字體别具面目，與毛刻他書不同，因流傳較少，甚爲珍貴。在明代私人刻書中，數量之多，種類之廣，毛氏應居首位，對傳播古代文化起了很大的作用。其餘如吴縣趙宧光小宛堂在一六三三年（崇禎六年）曾刻《説文長箋》

《六書長箋》及《玉臺新詠》，一六四三年（崇禎十六年）海虞常熟瞿式耜耕石齋刻《初學集》，一六四四年（崇禎十七年）刻沈周《石田先生詩鈔》，均別具風格，可與嘉靖萬曆時期所刻諸書分庭抗禮。坊刻本以南京胡正言原籍徽州，寄寓南京十竹齋所刻的畫譜、箋譜最爲著名。在一六二七年（天啓七年）編刻《十竹齋畫譜》，用『餖板』來表現畫筆的濃淡深淺，在版畫技術上大大提高了一步。一六四四年（崇禎十七年）續刻《箋譜》，又用『拱花』法，『拱花』和現在的凸版相同，爲明代木刻畫中別有風致的作品。另外值得提一提的是蘇州當時有一些書坊，曾經刻了不少的小説，最著名的書坊是葉敬池、葉昆池，像最著名的小説《醒世恒言》《石點頭》《列國志》等都是葉家所刻，他們與當時的通俗文學作家們保持一定的聯繫，爲他們寫作、改編了不少作品，這許多作品都多多少少反映了當時市民階層的社會生活情況，有的是採取當時的事實加以提煉加工而成，因此博得了廣大人民的熱愛和歡迎。

在各個時期所刻的書籍有幾點特徵，可以附帶談一談：（一）在正德以前（一五〇六年以前）的版式，以黑口本爲多，字體多楷書，與元刻本十分接近，因此以前的書商，往往挖去序文或有關文字，冒充元槧。覆刻宋元本比較少。裝訂方面，原裝的封面用藍色爲多，官刻本用藍絹，内府刻本用黄絹或藍絹，嘉靖以後，便漸漸不講究這些。（二）自正德開始，字體方面，盛行宋體，結構漸趨方整，十分美觀，覆刻宋元本較多。（三）天啓崇禎間刻本，字體狹長而纖巧，行格較寬，排列疏朗。

四

明代江蘇的刻書事業，以蘇州、南京二地爲中心，與全國其他各地共同發展，胡應麟曾經説過：『余所見當今刻本，蘇、常爲上，金陵次之，杭又次之，近湖刻、歙刻驟精，遂與蘇、常争價，蜀本行世甚寡，閩本最下，諸方與宋世同。』[一五]又説：『凡刻之地有三，吴也、越也、閩也，蜀本宋最稱善，近世甚希，燕、粤、秦、楚、今皆有刻，類自可觀，而不若三方之盛，其精吴爲最，其多閩爲最，越皆次之，其直重，吴爲最，其直輕，閩爲最，越皆次之。』[一六]雖然這是説的萬曆前後的事，但是江蘇在明代刻書事業中的地位相當重要，這一點是可以肯定的。自朱元璋推翻蒙元統治者以後，即定都應天南京，因之，政治重心南移，使南京頓時成了全國政治、經濟、文化的中心。早在一三六六年（元至正二十六年，宋龍鳳十二年）朱元璋即下令搜集古今書籍，『（丙午）五月，命有司博求書藉。』[一七]『洪武元年八月除書籍田器税。』[一八]『明太祖定元都，大將軍收圖籍致之南京。復詔求四方遺書，設秘書監丞，尋改翰林典籍以掌之。』[一九]這幾件事對當時的圖書是起了一定的保護作用的。尤其是把元代都城大都北京的圖書集中運到南方，雖没有詳細的記載，但是可以想見，數量一定不少，對明代南方文化的傳播，起了很大的推動力量。爲以後江蘇刻書事業提供了有利的條件。江蘇地區，物産豐饒，人才輩出，在明代爲全國有數的文化區域之一，尤其在隆慶萬曆前後，政治上有了一定程度的改革，城市工商業很是發達，手工業的發展更爲顯著，資本主義經濟因素開始萌芽，隨著經濟的發展，作爲手工業之一的雕版事業，受著時代的激蕩和環境的影響逐步發達起來，形成了江蘇刻書事業的飽和點。在明代，江蘇的藏書風氣很是普遍，因藏書而提倡刻書，如安國桂坡館無錫、顧元慶大石山房蘇州、王世貞小酉館太倉、毛晉汲古閣常熟等，都是當時著名的藏書家，而大多刻過書，不論在數量上品質上，都較官刻本爲優。以上幾點是較主要的。其次如一三七五年（洪武八年）前後，南京國子監集中了長江以南各地的宋元書版，許多杭州的雕版技術工人，跟了書版，到了南京。嘉靖萬曆間，南京各書坊刊行大量戲曲小説和通俗書刊，又招請了許多福建建陽和安徽徽州的雕版技術工人，這許多工人們都有很高的藝術手腕和純熟的技巧，明代江蘇刻書事業所以獲得一些成就，除上述的幾點外，和這些具有高度智慧和優秀技術的工人們的辛勤勞動和創造發明分不開的。

注釋

[一]清張廷玉等纂《明史》卷二《太祖本紀二》。

[二]明周弘祖編《古今書刻》上編。今人李晉華撰《明代敕撰書考附引得》洪武朝敕撰書。

[三]元刻本在一九二三年始由陶湘翻刻。一九三五年，商務印書館借吴縣潘氏藏元刻本景印，收入《四部叢刊》三編。

[四]明周弘祖編《古今書刻》上編。

[五]近人繆荃孫等輯，清黄丕烈撰《蕘圃藏書題識》卷六子類三。
[六]明文徵明撰《重刊唐書敘》。
[七]明聞人詮撰《刻舊唐書敘》。
[八]明楊循吉撰《舊唐書重鏤紀勛序》。
[九]明聞人詮撰刻《舊唐書敘》。
[一〇]見清阮元撰《爾雅注疏校勘記序》。
[一一]明梅鷟撰《明南雍經籍考》上篇官書本末。
[一二]明梅鷟撰《明南雍經籍考》上篇官書本末。
[一三]據清顧湘編《汲古閣校刻書目》共五百八十五種，與今人陶湘編《明毛氏汲古閣刻書目録》相校，溢出十六種，共計六百十一種。
[一四]見清顧湘編《汲古閣校刻書目》。
[一五]明胡應麟撰《少室山房筆叢》卷四甲部《經籍會通》四。
[一六]明胡應麟撰《少室山房筆叢》卷四甲部《經籍會通》四。

〔一七〕明涂山撰《明政統宗》卷一。
〔一八〕清張廷玉等纂《明史》卷二《太祖本紀二》。
〔一九〕清張廷玉等纂《明史》卷九十六《藝文一》。

顧氏過雲樓藏書之過去與現在

自晚明以迄清末，言藏書之盛，必首推江浙。江蘇則以毛氏汲古閣、錢氏絳雲樓、黄氏士禮居、瞿氏鐵琴銅劍樓馳名於時。若提起顧氏過雲樓，則衆所周知，是以藏古代書畫知名，没有聽説有藏書。但是這個疑團，直到民國二十年（一九三一）傅增湘把《顧鶴逸藏書目》發表在《國立北平圖書館館刊》上，纔被打破。至此，纔知道過雲樓不僅擁有無數古代書畫精品，還藏有大量宋元善本以及名家的抄稿校本。

實際上，在傅氏發表書目以前，已有人陸續去顧家看過書。最早到過雲樓看書的是日本人島田翰（一八七九—一九一五），他是在近代中日學術界頗有争議的人物。陸心源的皕宋樓藏書即是由他私下活動而運往日本。島田翰字彦楨，出身世家大族，其父島田重禮，是著名的漢學家。島田翰自幼受家庭薰陶，有神童之譽。師從竹井添一郎，協助完成《左傳會箋》一書。曾來中國二次，第一次是光緒二十九年（一九〇三）到北京。第二次光緒三十一年（一九〇五）至光緒三十二年（一九〇六）到江浙地區，訪問藏書樓，拜會當地學者，閱覽古籍善本。大約在光緒三十二年（一九〇六）到蘇州，和俞曲園見面，並去了過雲樓。據張菊生當時寫給傅增湘的信上說，『島田翰來，至顧鶴逸家購去士禮居藏元刊《古今雜劇》、明本《雜劇十段錦》、殘宋本《聖宋文選》，聞出資者皆不少，令人爲之悚懼耳』。還借走了書，據説島田翰的借條至今還在顧氏後人手裏。

第二人是章鈺（一八六四—一九三四），字式之，長洲今蘇州人。光緒二十九（一九〇三）年進士。歷南洋、北洋大臣幕府。後調外務部兼京師圖書館編修、清史館纂修。著有《四當齋集》《錢遵王讀書敏求記校證》。在光緒三十三年（一九〇七）看了一種，嘉慶四年（一七九九）戴光曾抄本的高士奇《書畫總考》。

第三人是曹元忠（一八六五—一九二三），字夔一。吴縣今蘇州人。別號凌波居士。光緒末任玉牒館校對官，學部圖書館、禮學館纂修。有《箋經室遺集》。他去過雲樓三次，分别爲光緒二十八年（一九〇二）看了明刊本《鹽鐵論》。民國三年（一九一四）和民國五年（一九一六）又看了五種，宋刻本《龍川略志》《乖崖張公語録》，元刻本《張仲景注解傷寒百證歌新編張仲景注解發微論》，明本《針灸資生經》、明抄本《樂府雅詞》。

第四人即傅增湘（一八七二—一九四九），字沅叔。四川江安人。别號藏園居士。近代著名藏書家，著有《藏園群書題記》、《藏園群書經眼録》。他在民國元年（一九一二）共看了十七種書。内宋本六種，《漢書集注》《乖崖張公語録》《龍川略志》《揮麈第三録》《錦繡萬花谷》《胡曾詠史詩》。元本三種，《皇朝名臣續碑傳琬琰録》《素問人式運氣論奥》《張仲景經解傷寒百證歌新編張仲景注解發微論》。明本五種，《洪武蘇州府志》《針灸資生經》《沖虚至德真經注》《唐貫休詩集》《香溪先生范賢良文集》。清刻本一種《爾雅注》，稿本一種《通鑒注辯證》，抄本一種《意林》。

第五人是王蔭嘉（一八九二—一九四九），號蒼虬。吴縣人，祖籍浙江秀水今嘉興。民國二十一年（一九三二）八月，他去顧家看過書。見於記録的有明刻《中吴紀聞》二册，何義門批校本；明隆慶間居節抄本《吴中舊事》，毛晉汲古閣舊藏；還有元刻本《朱澤民集》。

另外，還提到士禮居舊藏宋刻本《胡曾詠史詩》，被一日本人借去未還，應該就是指島田翰。

第六人是瞿鳳起（一九〇七—一九八七），名熙邦。常熟人，鐵琴銅劍樓後人。上海圖書館藏瞿氏抄本《鶴廬藏書志殘稿》，後有跋云：『此元和顧氏藏書志殘稿，惜已不全矣。顧氏收藏書畫至富，兼蓄經籍。嘗登堂拜讀，獲窺珍秘，間亦假歸録副藏庋。客歲戰起蘇城，首遭轟炸，朱家園顧齋毁損泰半，公雄昆季收拾燼餘，得此殘編，囑爲裝治。緣附録於曩年所抄全目之後。戊寅中秋，南窗望月，有懷故鄉也。』按戊寅爲民國二十七年（一九三八），瞿氏看書應在此之前，並提到昔日曾『抄全目』，不知是否同存上圖？

第七人是王大隆（一九〇一—一九六六），字欣夫。王蔭嘉胞弟。民國間曾輯印《蕘圃藏書題識續録》《再續録》等書。他曾致函顧公碩，求取顧家所藏黄跋：『承鈔賜尊藏蕘圃藏書跋尾，至紉雅誼。惟手示言有四種，而今收到計《東家子》《嘉祐集》《宗忠簡集》，實祇三種，不審有誤否？』從中可見他因顧家所藏黄跋，與顧公碩曾數次通信。

第八人是屈彊（一八八〇—一九六二），字伯剛。浙江平湖人。清末在京師大學堂譯學館求學，後赴日本留學，回國後歷任大學中學教職，三十年代與鄒百耐合設百雙樓書肆，頗負時譽。有《彈山詩集》。於一九五三年受顧氏後人公碩先生之邀，看了隆慶刻本《張太常奏疏》，並爲題跋。

最後一人謝國楨（一九〇一——一九八二），字剛主。河南安陽人。畢業於清華國學研究院。歷任北平圖書館編纂，中央大學、河南大學、南開大學教授，社科院歷史研究所任研究員。著有《晚明史籍考》《明清之際黨社運動考》等。共看了二十七種。宋本一種，《龍川略志》。明本七種，《洪武蘇州府志》《徑山元叟和尚語録》《唐李嘉祐詩集》《唐清塞詩集》《唐貫休詩集》《香溪先生范賢良文集》《師山先生文集》。抄本十九種，明抄本《國初事跡》明居節抄本《吴中舊事》明錢穀抄本《唐朝名畫録》明抄本《東家子》士禮居影宋抄本《駱賓王文集》汲古閣抄本《李群玉詩集》《頤庵居士集》。清初抄本《光庵集》《桃谷遺稿》，王氏池北書庫抄本《唐摭言》，小山堂抄本《識遺》，郁氏東嘯軒抄本《竹素山房集》，清抄本《錦里耆舊傳》《國變傳疑》《北户録》《石洲詩話》《詞苑》，稿本《清碧園詩稿》《巾箱集》。

綜觀以上幾人看過的書，共計五十八種，和《顧鶴逸藏書目》相比，真可謂九牛一毛。據目前統計，過雲樓藏書，南京圖書館所藏是五百四十一種，三千九百九十九册。鳳凰出版集團所藏一百七十九種，一千二百九十二册。二家加在一起，共計七百二十種，五千二百九十一册。這個數字，還没有和《顧鶴逸藏書目》核對，估計還有距離，如有的書，書目上有記載，宋本《胡曾詠史詩》，傅增湘也見過，但是在二家書目裏都没有見到這部書，還有少數珍本，可能還在私人藏書家手裏。

過雲樓的書，偶爾也有零散流出的，如上世紀五十年代初，我在蘇州蘇南文管會工作時，顧家的遠房親戚送來一部盧文弨五色批校本《韓詩外傳》，由於當時文管會經費緊張，無法收購，正好北京圖書館的趙萬里先生留了些錢，委託我在蘇州如遇到好書，代北圖收購，這部書現在就藏在國家圖書館。南京圖書館藏的北宋福州東禪等覺院刻本《阿毗達磨大毗婆沙論》一册，是日本山本繇定送給顧鶴逸的，上有顧鶴逸的畫和題跋，此書『文革』前由顧公碩先生捐獻給蘇南文管會，而後轉入南圖。

新中國建國十周年，顧公碩向蘇州市文管會捐贈了祝枝山的《興寧縣志稿》手稿本，一九六二年正式影印出版，這部書著録於《過雲樓書畫記》中，據趙萬里先生告訴我題跋不真，書是真的。

另外，還有一些書在嘉德歷年小拍中，陸續出現，如明刻本《唐貫休詩集》，有黄丕烈題跋，現藏北京韋力芷蘭齋。明錢穀抄的《唐朝名畫録》，顧千里批校的明嘉靖本《儀禮注》不知被誰拍走，下落不明。

對於顧氏過雲樓藏書，其研究工作還没有正式開展，我個人意見，有下列一系列工作要做。一、編好《過雲樓書目》，如實反映顧氏藏書風貌。二、開發藏書資源，如影印出版善本書影、稿本、校本。三、對藏書進行深入細緻的個案研究。以上所述，是否有當，尚祈專家學者，以及廣大愛好者批評指正。

《嵇康集》佚名題跋姓氏考辨

明吴氏叢書堂抄本《嵇康集》十卷，原藏國立北平圖書館，現在臺灣『國家圖書館』。此書疊經《郘進齋善本書目》《清學部圖書館善本書目》《京師圖書館善本簡明書目》《北平圖書館善本書目》等書目著録。其中以《清學部圖書館善本書目》著録較爲詳盡，現將原文抄録如下：

《中散集》十卷，吴匏菴先生家抄本。卷中譌誤之字，皆先生親手改定。自板本盛而人始不復寫書，即有書不知較讎，与無書等，衹供蠹損浥爛耳。觀前賢於書籍用心不苟如此，又可憑以證他本之失也。庚子六月入伏日，記於顧南原之味道軒。

乾隆戊子冬日，得於吴門汪伯子家。張燕昌。

六朝人集存者寥寥，苟非善本，雖有如無。此《嵇康集》十卷，爲叢書堂鈔本，且匏菴手自讐校，尤足寶貴。歷覽諸家書目，無此集宋刻，則舊鈔爲尚矣。余得此於知不足齋，渌飲年老患病，思以去書爲買參之資。去冬，曾作札往詢其舊藏殘本《元朝秘史》，今果寄余，並以此集及元刻《契丹國志》、活本《范石湖集》爲副，余贈之番餅四十枚。聞窓展覿，因記數語于此。觀張芑塘徵君跋，知此書舊出吴門，而時隔卅九年又歸故土。物之聚散，可懼可喜，特未知汪伯子爲誰何耳。嘉慶丙寅寒食日，晨雨小潤，夜風息狂。蕘翁書。

四月望後一日，香嚴周丈借此校黄省曾本，云是本勝於黄刻多矣。余家亦有黄刻，暇日當取校也。前不知汪伯子爲誰何，今從他處記載，知其人乃浙籍而寄居吴門者，家饒富，喜收藏骨董，郡先輩如李克山、惠松厓皆嘗館其家，則又好文墨者也。是書之出於其家固宜，後人式微，物多散佚，可慨已。然思後人得其物而思其人，俾知愛素好古，昔有其人，猶勝于良田美産，轉徙他室，數十百年後，名字翳如，不更轉悲爲喜乎！伯子號念貽，云余友朱秋厓乃其内姪也，故稔知之。蕘翁又記。

是書余用别本手校副本備閲。於丁卯歲爲舊時西賓顧某借去，久假不歸，遂致案頭無副，殊爲可惜。頃因啓廚見此，復跋數語，俾知此本外尚有余校本留於他所也。癸酉五月廿有六日，復翁記。其去得書之日已八閲歲矣。

按此書題跋者共有三人，第一人無撰者姓名，其文最後僅云：『庚子六月入伏日，記於顧南原之味道軒。』按顧南原爲顧靄吉之號，字畹先，後改字天山，號南原，吴縣人。遊京師，爲宋駿業、王原祁所稱賞，充《書畫譜》纂修官，終於儀徵教諭。善山水，精繆篆、八分，有《隸辨》行世。如以顧靄吉活動時間論，則此佚名作者之時代當在雍正乾隆之間。《嵇康集》先後研究與整理者有魯迅、葉渭清、戴明揚、王大隆等人，魯迅、葉渭清均從事校讎，並未提及題跋人真實姓名問題。首次提出題跋人姓名者爲戴明揚，戴氏著有《嵇康集校注》，他在《參校書目》中是這樣説的：『明吴寬叢書堂藏鈔校本題《嵇康集》，書口有「叢書堂」三字，書中有墨筆朱筆兩校，末有顧千里、張燕昌、黄丕烈等跋，舊藏北京圖書館，解放前已被美蔣匪幫劫往美國。顧氏跋云「《中散集》十卷，吴匏菴先生家鈔本，卷中訛誤之字，皆先生親手改定」。』戴氏的所謂顧廣圻跋，我曾查遍顧氏現存文字，並未發現見有該篇跋文，其云顧廣圻跋，未知根據何在？其次誤認爲顧廣圻跋者爲王大隆。大隆字欣夫，吴縣人。先後師事金松岑、曹元弼，專精三禮之學，兼治目録版本，長期搜輯清代藏書家版本學家黄丕烈、顧廣圻題跋和佚文成《黄顧遺書》一書，但不幸的是《黄丕烈集》在出版社不慎遺失，祇有《顧千里集》尚在，因王先生認爲這篇《嵇康集》跋文是顧千里所撰，故把這篇文字誤收在《顧千里集》內。當書要正式出版時，特請中國社科院語言研究所楊成凱先生再加審閲。楊先生認真地審閲了原稿，對一些細微處，如原稿目録和正文有個别出入，文中偶有筆誤等等，進行了改正，補上了個别標點和缺字。他認爲有個别跋文，如《嵇康集跋》，可能是誤入。因爲現在既有原跋影印本，又有魯迅、王重民諸家録本，落款尾作於顧南原之味道軒，却没有顧氏署名，同書有黄丕烈三跋，此跋視而不見，隻字不提，若係顧氏之跋，似乎不會不置一詞。他還指出，筆者的《顧千里年譜》把此跋按署年歸爲顧氏十五歲所作，也很勉强，值得斟酌。楊先生説的都對，但是有一點他没有説對，説《嵇康集跋》可能是誤入，認爲這篇跋文不是這部書上的。因此這佚名題跋作爲顧廣圻所作的説法，都被楊成凱先生作了否定，但這佚名題跋究竟是誰，楊先生也没有説。近年因整理黄丕烈《士禮居題跋》，看了許多最近出版的書影，果然得到了意想不到的收穫，如這部叢書堂抄本《嵇康集》的題跋原文，全部印在《『國立中央圖書館』善本題跋真跡》上，見圖一。跋文最後有二枚印章，第一枚印文模糊，無法辨認，第二枚印章是白文『遷甫』二字，初步獲悉佚名題跋者的號叫『遷甫』。隨即我按圖索驥，查了二部專載姓名字號的工具書，周駿富編的《清代傳記叢刊索引(一)》遷夫先著第六二八頁，楊廷福、楊同甫編的《清代室名别稱字號索引》遷甫先著第六五六頁。更可喜的是這遷甫的别號，衹有他一個人，没有第二個人叫遷甫的。按先著，字遷夫，號蠲齋，一號染庵，别號盍旦子，亦稱之溪老生。著有《之溪老生集》八卷、《勸影堂詞》三卷。我雖然初步找到了遷甫是先著的號，但覺得這是孤證，似乎還不能證實是否是先著所書。最近因整理黄丕烈《士禮居題跋》，時常翻閲各種書影，皇天不負有心人，果然在《上海圖書館善本題跋真跡》一書裏，發現在一部名叫《唐詩彙鈔》的書上有先著的親筆題跋，見圖二。經過我與《嵇康集》上的書影相對，筆墨如同一轍。至此這《嵇康集》上的佚名題跋者得到了真正的落實，是先著，而根本不是顧廣圻。從這件小小的事實面前，我總結出了一條經驗，凡從事版本鑒定，無非都要從行格、避諱、刻工、刀法、紙張多方面去考量，但我覺得書法的比對，印章的辨别，也可以作爲鑒定版本的不二選項。

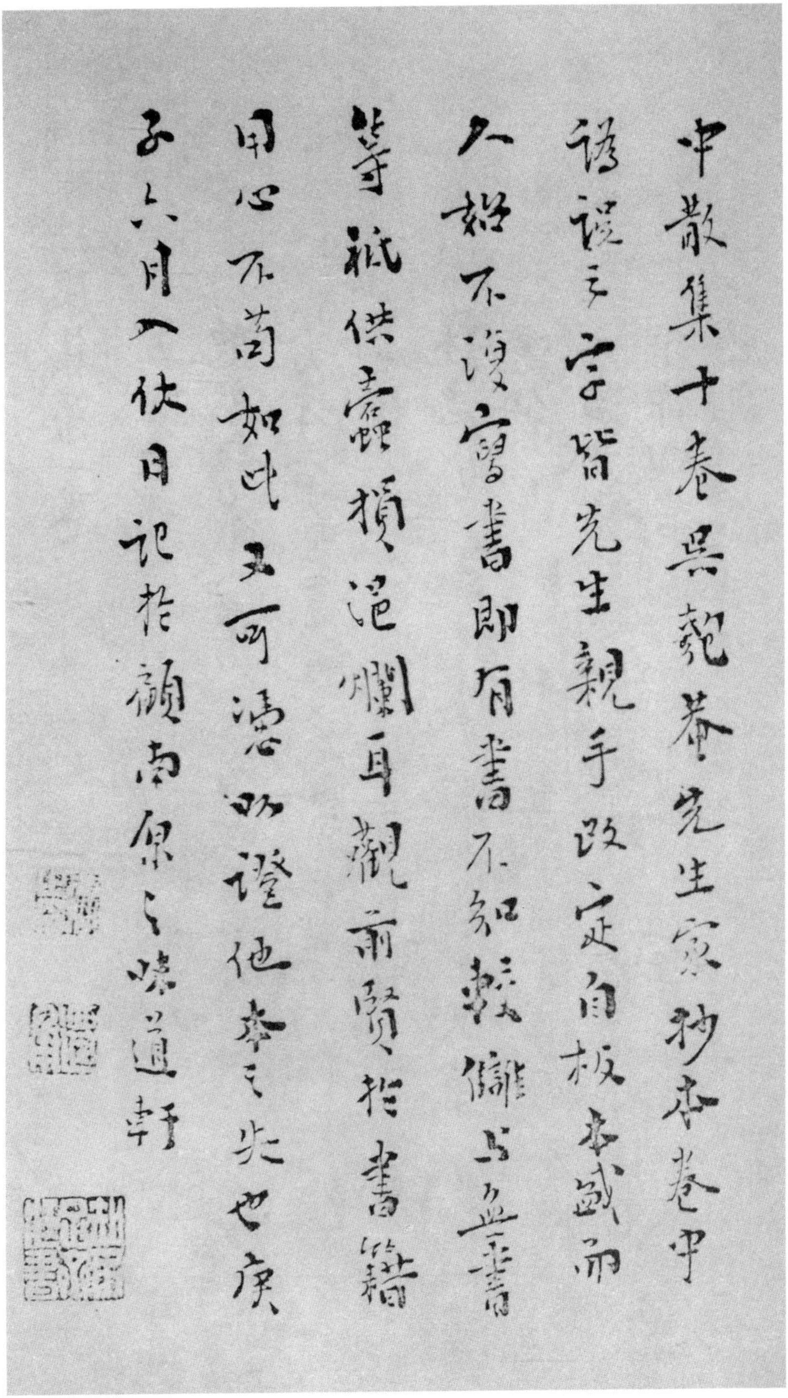
中散集十卷吳匏菴先生家鈔本卷中訛誤之字皆先生親手改定自板本盛而人絕不復寫書即有書不知較讎與無書等祗供蠹蝕損浥爛耳觀前賢於書籍用心不苟如此又可據以證他本之失也庚子六月入伏日記於顧南原之嘯道軒

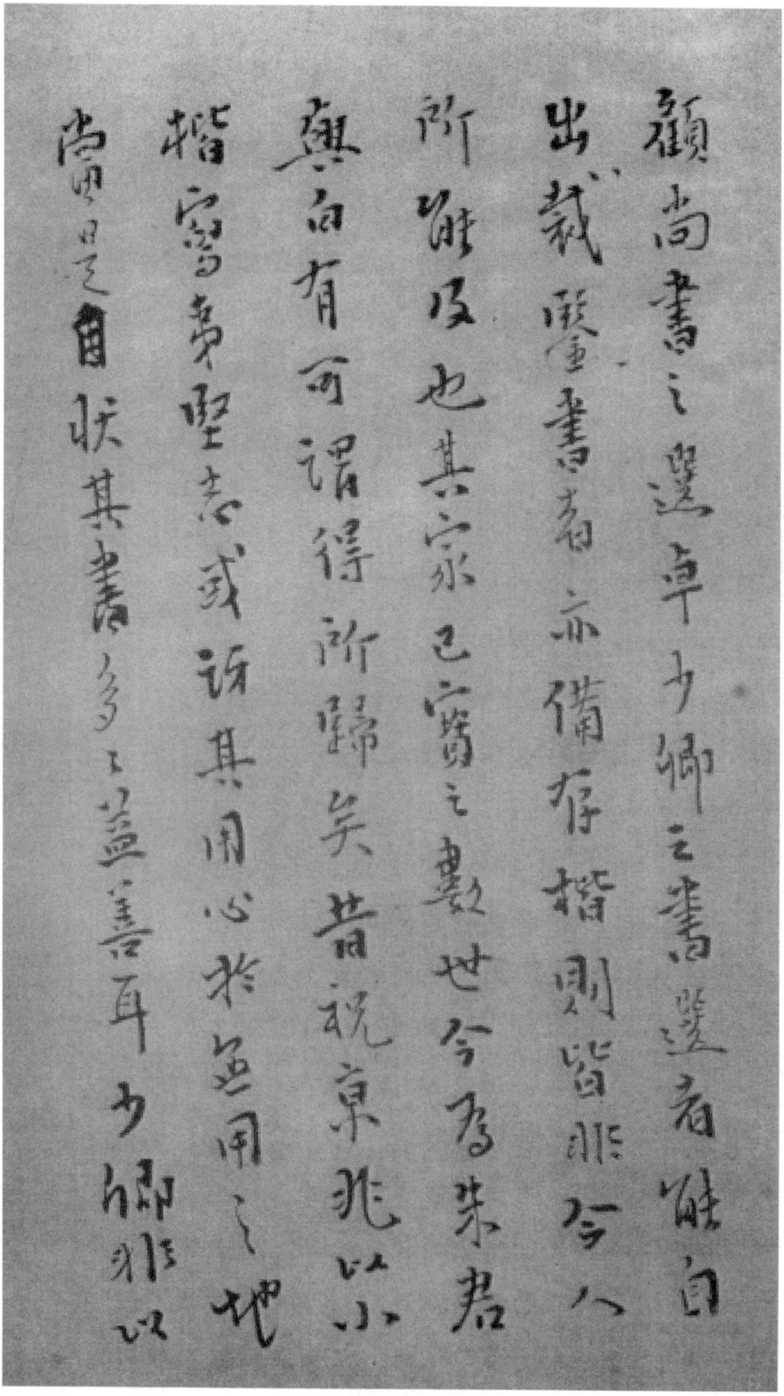
顏尚書之選，卓少卿之書，選者雖自出裁鑒，書者亦備存楷則，皆非今人所能及也。其家已寶之數世，今為朱君與白有，可謂得所歸矣。昔祝京兆以小楷寫竇泉《述書賦》，其用心於無用之地，嘗見吕之自狀其書，多多益善耳。少卿非以

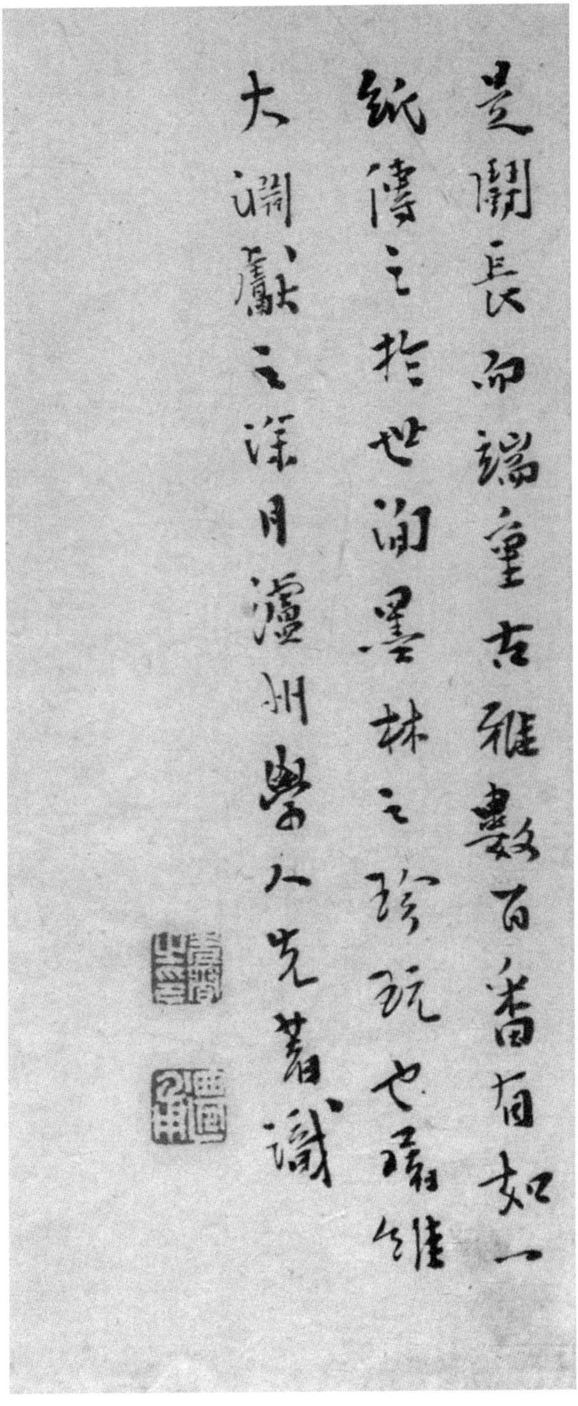

是闕長而端重古雅數百番有如一紙傳之於世間墨林之珍玩也時維大淵獻之涂月瀘州學人先著識

韓純玉《近詩兼》稿本的發現

一九九二年八月，我曾寫過《記島田翰所見之中國古籍》一文，發表於《北京圖書館館刊》第一期，後承日本慶應義塾大學附屬研究所斯道文庫高橋智君譯成日文，在日本《汲古》雜誌登載，因寫作時期匆促，加以行笈乏書，敘述有疏漏之處，現經研讀，尚有待發之覆，本文所述，韓純玉稿本《近詩兼》，即爲其中之一，今重加考訂，以爲上文之續篇。

島田翰《古文舊書考》江浙間所見所獲名人遺著云，『《近明今詩兼》三十六册，韓蘧廬手稿本』，我在撰文時云未見。實則此書原本尚在，今存湖北省圖書館。《中國古籍善本書目》油印本徵求意見稿集部、總集、斷代第六五頁，《今詩兼》一卷《近詩兼》一卷《明計兼》一卷，清韓純玉輯，清抄本，清俞樾跋審即其書。原書島田氏所見時爲三十六册，今湖北省圖書館藏本，《明詩兼》《今詩兼》均已佚去，僅存《近詩兼》六册，原書每半葉九行，行二十一、二十二字不等，無格，版心題《明詩兼》《近詩兼》《今詩兼》者均有，書前有康熙丙子自序，後有俞樾跋語，有『春霆印信』『島田翰讀書記』等印記。今將俞氏跋語移録如下：『吾湖韓蘧廬先生所選國初諸老之詩，凡三十六册，世間未見刻本，此乃抄本，今爲島田君所得，輒題數語而歸之。曲園八十五叟俞樾。』俞氏跋此書時爲光緒三十一年（一九〇五），翌年俞氏即去世，島田氏在浙江獲得此書後，請俞氏寓目後所題，按之時間、印章均相吻合，當爲島田氏所見之原本無疑。全書共收作者五十五人，正式著録者四十五人，有傳無詩者四人，有録無詩者六人。

正式著録者四十五人：

錢謙益　王光承　歸　莊　于　鑾
張次仲　王　潢　陳宗之　吴　蒙
陳　祚　李鄴嗣　潘　高　閻爾梅
潘廷章　曾異撰　陳　瑚　沈祖孝

潘檉章　朱　臨　王錫闡　鍾　俞
朱明德　錢澄之　陳恭尹　蕭中素
邢　方　魏　耕　戴本孝　戴移孝
許承欽　高承埏　翁　燧　薊過廷
黄　生　毛會建　蔣　易　毛際可
沈　謙　毛先舒　張　丹　呂留良
今　釋　大　依　今　無　函　可
顧炎武

有傳無詩者四人：

馬　荇　彭孫貽　徐　行　陸嘉淑

有録無詩者六人：

吴宗渻　吴　口　陳　忱　吴宗潛
吴宗漢　金　甌

書中韓純玉自序題《近詩兼今集序》云：『一代之興，必有一代之人文，遭是際會，以黼黻升平。其陳之朝廟，被之海寓者；如皋陶之賡歌於虞廷，周文公、召穆公、尹吉甫後先相望，作雅頌於周室也，自古然矣。故其世之季也，雖有好學深思之士，力追下始，不能挽其衰。方其運之開也，篤生文章華國之儒，鼓吹休明，相與鳴其盛。順治之初，詞壇高峙，猶前代數公，爲之創始，嗣後右文日甚。羅群俊而譽髦之。於是鴻才績學，字風興起，濟濟焉若雲蒸霞起，不啻瀛洲之登修文，所置貞觀景龍之勝事，復見於今也。説者謂六朝綺靡之習，至燕許陳正字而一變，殘唐五代纖弱之風，至宛陵眉山而一變，金元柔曼之體，至犁眉公袁海叟而一變。是皆時之所際，如春日載陽，搓枒古榦，閱歷風霜，重需雨露，先發其華滋，而葩異卉，漸茁新枝，争芳競艷於上林禁御之間也。以今觀之，殆其時耶。余伏處菰蘆，所習者擊壤之謡，與田夫野老，謳吟響答已耳。不知所爲黼黻升平者何似，而以得聞治世之音爲幸。然未嘗有事徵請，惟即交游投贈，同學借日積月累，攬擷英華而已，上國名卿，遐方碩彦，不覯全編者；未經纂輯，安得盡發枕中之秘，集輶軒所采而寓目焉。俾雅頌備陳，韶濩合作，五聲和，八風平，以鳴一時之盛，而聿觀文德也哉。康熙丙子八月諸家之褊心局識，悉舉而銷熔之。子蘧之論如此，惜不得其選本而核之也。』由此可見，陳田也没有見到《明詩兼》原本，衹看到《明詩兼》的序文，從序文中猶可窺見韓氏選詩的旨趣所在，不可不謂之爲幸事。

韓純玉，生於明天啓四年甲子（一六二四），卒於清康熙四十一年壬午（一七〇二）。雖有卓爾堪《明遺民詩》等書收録其詩，然其身世，因值明清易代之際，事跡隱晦，記述每多不詳，今採摭群書，成其小傳，以爲知人論世之助。韓純玉，字子蘧，號蘧廬，浙江歸安人。純玉父敬以黨附湯賓尹見擯於時，純玉以是抱撼終身，不求仕進[一]，甲申後棄諸生，結茅棲賢山中，與吴門徐昭法、西泠汪魏美，皆各行其志[二]，與徐蘋村爲久要交，嘗繪吴興山水長卷，兩人並坐其中[三]。其行蹤略具所作《蘧廬詩》自及集中《癸丑五十生朝示兒詩》中。是集不分卷帙，但每體别編，中多凄楚之音，蓋皆明季兵燹及國朝江南初定，餘孽未平，山居避寇之作也[四]。竹垞録其詩於《明詩綜》，歸愚《别裁》列於國初，康熙中葉尚存，宗伯，查他山慎行有《鳳晨堂集詩》，李秋錦良年集有《韓子蘧寄示近刻答詩》，時爲康熙癸酉，蘧廬年將八十，歸然如魯靈光云[五]。尤工於詩，嘗選《古今詩兼》，謂詩自漢魏以朔日，茗上韓純玉題於鳳晨堂。』康熙丙子爲康熙三十五年（一六六九），或與成書年代相距不遠。他在序中明言：『未嘗有事徵請，惟即交游投贈，同學借日積月累攬擷英華而已。』可見《近詩兼今集》中所收作品，以韓氏的友人與同學爲主，作者中年齡最長的爲錢謙益，生於明萬曆十年（一五八二），最幼的是毛際可，生於明崇禎六年（一六三三）。

另一部分《明詩兼》，已佚去，然其序文，猶見於陳田《明詩紀事》徵引，其言曰：『有明一代之詩，比美三唐，俯視宋元。洪永景運初開，犁眉遠邁燕許，海叟追蹤少陵。高、楊、張、徐，不讓王、楊、盧、駱，林、藍、曾、許，可希王、孟、高、岑。景泰流而爲纖麗，成化疏而爲清越。北地、信陽，合七子以前，歷下、婁東，合七子以後。踵事增華，守而勿化，竟陵陶汰過當，而溺於幽涼，雲間欲還正始，而近乎郛廓。各殊其趣，各持其見，學者又各師其說，操一格以繩天下，必欲人面如我面，强我樂爲子樂，語言歌歗。異口同聲，而始稱入彀，是則優孟衣冠，長存千古，新豐宮室，偏列九垓矣。他如石倉濫登庸冗，莫辨淄繩。虞山廣肆譏評，偏揭曹鄶。一失之寬，一傷於忮，其爲病也，又與固執等。余博搜約采，或繁或簡、或平或奇、或莊或逸、或淡或濃。要皆各因其質，各達其情，各極其趣，而後愉快，從前來，其途甚廣，而近日必步趨於歷下竟陵皆習焉，而得其偏，故選之義，一取於兼，時以爲知言[六]。中天韓君望，西吴韓子蘧，皆輯一代之詩，君望曰《詩存》，子蘧曰《詩兼》，惜其書均未佈通都，二子先後奄逝，其家人故友，不復肯出，恐終歸覆醬而已[七]。子獻，康熙丙子副榜，有才不遇，著《楚遊草》。次子雲，字自爲，貢生，有《怡園詩鈔》。綜上所述，韓氏生平，粲然大明，所著《近明今詩兼》三十六册，有僅淵博如朱彝尊選《明詩綜》時未能見到，延至百餘年後，陳田輯《明詩紀事》，亦僅獲見《明詩兼》序文，仍未見到原書，直到光緒間，始由島田氏在浙江訪得原稿，可見《詩兼》成書後，並未散失，一直保存在浙江。韓氏著作，除上述《近明今詩兼》外，尚有《蘧廬詩》四卷、《詞》一卷，惟流傳較罕。本文承湖北省圖書館石洪運先生複印序文，武漢大學圖書情報學院曹之先生代查全書目録，在此一併致謝。

注釋

［一］、［四］：《四庫全書總目》卷一八一『集部别集類存目』《蘧廬詩》條。

[二]、[六]光緒《歸安縣志》卷三十七文苑。
[三]毛際可《安序堂文鈔》卷二十二《韓蘧廬先生合葬墓誌銘》。
[五]戴璐《吳興詩話》卷一。
[七]朱彝尊《静志居詩話》卷二十二。

記島田翰所見之中國古籍

一九〇五年（清光緒三十一年）至一九〇六年（清光緒三十二年）間，日本島田翰[一]曾來我國訪書，於其所著《古文舊書考》中有所記述一九二七年北平藻玉堂本合附《訪餘録》一卷，東京民友社本無。其標題曰《江浙間所見所獲名人遺著》，共十七種，近有友人來信，詢及島田所見諸書存佚，爰不辭固陋，解答如下。

《十七史經説》八十卷 張金吾手稿本。此書今有傳抄本二種，均十二卷，一爲張氏照曠閣抄本，今藏北京圖書館。一爲述鄭齋抄本，藏南京圖書館見《中國古籍善本書目》經部六十七頁，八十卷本未見。

《元史稿》殘本二十八册 錢大昕手稿本。錢氏之有此書，不見著録。僅見於其自著《潛研堂文集》卷三十三《與晦之論爾雅》云，於《爾雅》嘗欲勒爲一編，以附述者之後，繼有刊定元史之舉，力未能兼，迺輟弗爲。段玉裁於《潛研堂文集》序中亦言生平於元史，用功最深，惜全書手稿未定。此二十八册稿本，缺卷首至卷二十五，除上述記載外，未見有何書著録。今《元史氏族表》《補元史藝文志》均已刊行，當爲此書之一部分。張之洞《書目答問》卷二史部《元史氏族表》三卷條下注云，別有《元史稿》一百卷，未刊，未知其何所據而云然。

《元朝秘史疏證》十五卷　黄丕烈手稿本。此書未見著録。島田稱黄氏就元刻爲疏證，疏證極粗，不足道，但監本十二卷本及連筠簃本，皆可以覆醬代薪。

《魏書地形志考證》三卷　温曰鑑手稿本。此書另有《魏書地形志校録》三卷流傳，不知二書異同若何，未見原書，不敢臆測。

《金史詳校》十卷　施國祁四稿本。《詳校》有清光緒六年章壽康刻本、蘇州局本、廣州局本。惟島田稱原書視江蘇、廣東二局本殆爲倍加，則此書或爲施氏最後定本歟。

《元史西北地理考》四卷　徐松手稿本。未見傳本。

《肇域志》二十二册　顧炎武撰，傳抄本。此書傳抄甚多，並不罕見，近聞上海復旦大學，已在著手整理。

《大元聖政國朝典章》六十卷 元末刻本、抄本二通及錢竹汀疏注本。元刻本，僅清內府舊藏一帙，今存臺灣『故宫博物院』，此外未見傳本。惟抄本甚多[二]。島田所見者有竹汀注，據云多未發之秘。

《蕘竹堂書目》六卷 明抄本，未見。

《復翁所見古書録》十六册 黄丕烈手稿本。此爲島田所見十七種古籍中最重要的古籍之一。其餘爲錢大昕之《元史稿》與周世敬之《群書綴拾》，均爲陸氏皕宋樓遺物。島田翰《皕宋樓藏書源流考》序中明言，予於皕宋樓讀蕘圃《復翁所見古書録》、謝盦《群書綴拾》等書，又從錢塘丁修甫孝廉八千卷樓借勞、丁諸家遺著。但此二書，均未登於陸氏簿録，島田言黄氏書，義例未定，次序多亂，尚俟審定，可見非最後定本。

《群書綴拾》一百卷 周世敬手稿本。世敬字謝盦，周錫瓚子，此書未見傳本。

《金石廣例》四卷 馮登府手稿本。此書有道光七年刻本，稱《金石綜例》，島田稱此係晚年自定，未悉與刻本異同若何。

《北平古今紀略》八卷　傳抄本，未見。

《南潛日記》　董説撰，稿本。存者爲崇禎十三年二月、三月，未見。

《東澗日記》三册　錢謙益手録本，未見。

《近明今詩兼》三十六册　韓純玉手稿本，此書今存湖北省圖書館，僅存六册。收錢謙益、歸莊、陳祚明、潘檉章、呂留良、毛際可諸人詩。首有康熙三十五年（丙子）韓純玉自序。書前有俞樾題記云，吾湖韓蘧先生所選國初諸老之詩，凡三十六册，世間不見刻本，此乃鈔本，今爲島田君所得，輒題數語而歸之。曲園八十五叟俞樾。下有『島田翰讀書記』『春霆印信』等印記。此爲清光緒三十一年（一九〇五）島田在浙江獲得此書後請俞樾所題，當屬原物無疑。惜其餘三十册，未知佚於何時。

《鄭堂讀書記》八十七卷　周中孚手稿本。此書已由劉翰怡於一九二一年刊行，爲七十一卷本。南京圖書館藏有稿本不分卷。據近人周子美考證，李筠嘉之《慈雲樓藏書志》即爲《鄭堂讀書記》，出自周氏之手[三]。上海圖書館亦藏此書稿本經、史、子三部，並有顧廣圻跋語，可見此書稿本，流傳不止一部，未悉島田所見者爲第幾次稿本？未觀原書，祇有存疑。

綜上所述十七種古籍，已有刻本傳佈或抄本尚有流傳者九種，未見傳本者八種。以個人觀之，就中以錢大昕之《元史稿》與黄丕烈之《復翁所見古書録》學術價值最高，不僅當時見到之人甚少，近代除島田外，似未見有他人記述，可見此二書之奇詭。《復翁所見古書録》《群書綴拾》均爲皕宋樓所藏，但《皕宋樓藏書志》不見著録，迨陸氏書歸岩崎氏静嘉堂文庫，河田羆重編書目，仍未見登録，未悉此二書飄墮何所矣。

注釋

[一]島田翰（一八七九—一九二五），字彦禎，日本明治時代之版本目録學者。父親爲漢學家島田篁村，彦禎二十一歲時，由竹添井井介紹，調查宫内省圖書寮所藏之宋元明古槧本及日本古抄本，後著《古文舊書考》行世。

[二]此書清光緒三十四年，董康據丁氏八千卷樓藏本傳録，由修訂法律館刊刻，始行於世，惟所據爲抄本，衍脱錯訛，不堪卒讀。

[三]見羅振常《善本書所見録》一九五頁至二〇七頁周子美《慈雲樓藏書志考》。

介紹一部有關太平天國的史料——《如夢録》

一、張乃修和他的《如夢録》

最近看到一部稿本，叫做《如夢録》，是清代道光年間，無錫張乃修的自傳，這是一部很好的傳記文學作品。張氏生於道光二十四年（一八四四），死在光緒三十一年（一九〇五），恰好逢到轟轟烈烈的太平天國革命運動。他的父親曾被當時駐在無錫的天平軍主將請去看過病，他把經過的情形都忠實的記録了下來。張氏名乃修，號聿青，原籍武進，因他父親在無錫做官[一]，因此住在無錫。據他門人吴文涵的記載説：『他生有異稟，出就外任，聰慧異常兒，博覽經史，通曉大義。』[二]後來他到江陰去應試，因考試地方房屋低濕，得了病回來，纔放棄科舉，專攻醫學。晚年很有名望，收了很多學生，著述有《張氏醫案》二十卷，《醫論後案》若干卷。他這部自傳是在五十七歲時候寫的，他所以要寫這部自傳的動機，在自序裏説得很明白。他説：『一生之憂愁悲感，危困難辛，思之傷心，述之汗脊，本不足更道其詳也，然時移境换，誰知創業之艱，用敘所遭，示我三子。』[三]然而它真正的價值却不在此，而是無形中保存了太平軍許多真實的史料。從他的記載裏使我們知道，當時太平軍軍紀嚴明，兵士對人民態度和靄，可見滿清官方和封建地主階級所説太平軍如何『殺人放火』，如何『姦淫擄掠』，完全是惡毒的誣衊和有意的中傷。

二、有關太平軍的史料

張氏是一個具有封建意識的士大夫，對於太平軍根本没有什麽認識，故對太平軍的將士一律稱之曰『賊』，但是他對當時的滿清官吏也不滿意，據他記載，當時無錫『逢五逢十爲邑宰團練之期，宰手執令旗，步行領隊，團民則竹槍布旗，或手舉畫軸，或倒豎煙袋，或荷鐵頭拐柱，竟有二千餘衆，儼如兒戲』。可見當時地方辦團練，完全是敷衍性質。當太平天國庚申十年（咸豐十年，一八六〇）四月，太平軍從常州方面向無錫挺近，張玉良[四]和蔣志善錫金城守營守備還想抵抗，但其部下的兵士都不肯作戰，紛紛逃跑，『張玉良意欲邀截敗兵保守無錫，凡見敗兵之南行者，皆追殺，逢橋及路口，無不號令數十首級。然但有軍令而無軍餉，衆軍仍冒死争逃』。軍餉恐怕都被上級扣尅去了。

無錫是在太平天國庚申十年四月二十日（咸豐十年四月初十日）被解放的[五]，滿清軍隊曾企圖反攻。他記載説：『十三黎明，黄塘、門村、資鎮、西楊橋、白頭鄉、兵累萬，自北而南，號稱「恢復錫城，同心殺賊」。』『余亦料鄉兵南去，必致引賊北來，急扶老母，以次登舟，開出浜外。未幾，果見鄉兵捨命奔回，擠塞如蟻。約半時許，辰刻，鄉兵略盡，旋見黄色旗幟風馳而來。由此連日聞賊至長安橋、斗山、西河頭等處焚掠，名曰「打先鋒」。』[六]五月，太平軍在無錫、金匱正式建立地方政權。他記載説：『五月中旬，各鎮集資備辦雞、豬、羊之類，入城進貢，賊即令人攜安民告示張貼。於是設立軍師，錫、金各一，若縣令也；五圖設一師帥，若佐雜扇董也，兩圖設一旅帥，若地保也；於是賊亦不出

亂擾民間。』[七]

他父親名朗亭，對於醫學很有研究，常常替人看病，不收人家的錢，因此很有名望。當他們一家避居在寺頭鎮[八]鄉間的時候，駐屯在無錫的天平軍主將濟天義黄和錦，請他父親去看病，很得信仰，還介紹其他將領診治，賺了許多錢，下面便是他的記載，『二十歲，癸亥二月（太平天國癸開十三年，一八六三），清早，傭嫗奔曰：「門前人馬圍繞，欲見主人。」「駭極探視，則馬嘶人沸。」賊操錫音，指馬上黄巾者曰：「此監軍花大人也。」賊凡「華」字皆「花」，國字皆作「国」。「奉守城主將濟天義老大人之命，要張副爺進城，有公文在此。」遂出封面印信，居中職銜，四圍盤龍，如硃卷題籤狀，長有七八寸，闊三四寸。開讀其文，曰：「天父天兄天王太平天国開朝王宗先天主將濟天義陳[九]爲押同妖頭火速來轅事：照得前任無錫南塘千總張副爺，現在隱居寺頭鎮。本主將訪問已確，立仰無錫縣監軍前去押同來轅，火速！火速！」』『備舟欲去，舟人不敢前去，監軍命師旅二帥勒令解維。監軍率衆賊策馬先行，約在南城立候。先君子泣别眷屬而行。予欲隨往，不准。因傍水尾舟，泣行不捨，不得已，載與俱去。瞬息至城沿，城除賊匪外，寂無人跡，氣象陰慘。監軍早在南關守候，命從賊叫城而入。監軍躍登我船進關。南直街皆賊，目大館高臺演戲劇，頗覺喧嗔。舟進便民橋，至藥師堂前，館於華宅，即華景芳宅，修整如王者居。賊數百環侍門外，監軍先入，未幾復出，導與俱進。兩行排列刀矛，中堂設公案，案圍皆黄緞繡龍。轉入後軒，監軍讓坐，莫明其意。旋有少婦數輩，塗抹脂粉，托盤進茶。含笑云：「老爺無恙耶？蓮少爺何其黑瘦乃爾？」細審之，乃舊鄰王漆匠之女，被擄而得賊寵者也。固詢其招致之由，婦曰：「無慮，老大人有病求診。我即薦保也。」『俄賊主將出，裹繡黄巾，披大紅小袖棉袍，繡鸞龍袍，鬆率不帶；足登大紅盤龍鞋，底厚兩三寸，監軍參見，殊不爲禮，對客作半揖。曰：「張副將，你是好官，不要害怕，我要狠保舉你一下，這是你兒子麽？」曰：「然。」「好！好！好！孝順兒子也，個我叫你來殺你，這個兒子性命難保。他定要跟著你走，是一個不怕死的孝子。你好大福氣，你看看我的脈，我有何病？」』先君子診良久曰：「心脈洪大，肝脈絃，腎脈澀，就脈論症，當是不寐。」賊曰：「咦！脈氣内真個看得病麽？求你開方救度了我！我至天王前保你做個義安之職。」』蓋千歲之下爲王，王之下爲義，義之下爲安，安之爲福，福下爲豫，豫下爲侯也[一〇]。『瞬息間，少婦捧硃硯黃紙，置案上。予即秉硃筆開方畢，急告辭。賊堅留。談笑甚歡。命監軍護送出城，登舟，有數人肩負青蚨，亂擲舟中，檢之則十五千文也。隔五日，賊病大痓，復請進城。城中賊目，輾轉薦請，共診十餘處，昏黑後，方得脱身，獲數十千。』

太平軍解放無錫以後，即建立鄉官制度即地方政權，無錫、金匱設監軍一人，其下分設軍帥旅帥大都由本地人擔任，當時太平軍普遍保持嚴格的紀律，保護人民利益，與人民打成一片。下面一段便是很好的説明：『冷阿聽者，寺頭之天池巷人，有親串在黃塘街，親家有鄰女娟好，阿聽涎其色，而無隙可乘。玆適黃塘不靖，遂黑衣窄袖，持刀裝野長毛狀，入鄰女家姦污。女家查悉其情，至監軍局控告。監軍立拘阿聽，詰數語，則命綑縛，賊役排隊前行，監軍策騎監斬。』

太平天國革命運動前期，所以有飛躍的發展，的確，統一的組織與嚴格的紀律是很重要的原因之一。下面一段是聽王陳炳文宿營南橋的事實，可見太平軍紀律的嚴明。『午間，南橋卡賊入城報信。僞聽王率二千人，欲與野賊相拼。嗣知賊退，率衆回城。予與仲兄適躡其後，追抵南橋，方知賊軍不及回城，就南橋打館，派每家留頓五人。所以曉兄引七姊五嫂，復避街後小村。仲兄亦往。予則獨留張店，與所派五賊同眠共食。一更而盡，有兩人敲鑼，兩人喊令，鑼後排列馬刀，末一人執令旗。令曰：「軍家有令，兄弟遵聽，每家每店，留頓五人，兩餐一宿，明早進城，不准騷擾子民[一一]，如有不遵令者，立時斬首號令。」四更許，微聞人言馬嘶。黎明人馬雜沓，齊聲曰：「走呀！」同宿五人，匆匆亦出，約炊許，人聲漸遠，竊出窺探，則十餘騎持刀返馳入街，周巡而去。』

從上面的記載裏，可見太平軍的紀律嚴密，他所記載的宿營傳令，和滿清間諜張德堅所編的《賊情彙纂》裏所載[一二]完全相符，可見確是事實，增加了我們對太平軍正確的認識。同時我們從過去在無錫蕩口鎮所發現的『太平天国黄興和商憑』[一三]和最近在吴江縣黎里鎮所發現的『太平天国恒順店印照』[一四]等文件聯繫起來看，可知蘇福省太平天國劃分江蘇地區爲蘇福省在太平天國時代是相當繁榮的，工商業發達，人民安居樂業[一五]，可見『常熟報恩牌坊碑』上所說：『禾苗布帛，均出以時，士、農、工、商各安其業，平租傭之額賦，準課税之輕重，春樹萬家，喧起魚鹽之市，夜燈幾點，摇來蝦菜之船。』都是正確的史實，決非阿諛粉飾之詞。使我們進一步認識滿清統治階級和漢奸們所捏造的種種謠言，説太平軍如何『殺人放火』，説太平軍所經的地方如何『民不聊生』，完全是惡毒的誣衊。從金田起義到今天，剛剛一百周年，介紹這部史料，我想該不是没有意義的事吧！

本文承羅爾綱先生指正，謹此誌謝。

注釋

〔一〕他父親叫張甫崖，號朗亭，任無錫南塘千總。

〔二〕吴文涵《張聿青先生傳》。

〔三〕見卷一《自序》。

〔四〕施建烈《紀縣城失守克復本末》卷二云：『七日，張玉良至，駐軍崇安寺。』

〔五〕前書卷二記載與此同。

〔六〕前書卷二『賊入城後，即出示各鄉，言吊民伐罪，秋毫無犯，越日而四出剽掠，謂之「打先鋒」』，郭廷以《太平天國史實日誌》上册六八一頁，亦引此條。

［七］張氏記載甚正確，所謂軍帥、師帥、旅帥，都是地方政權，由本地人擔任，見張德堅《賊情彙纂》卷三僞官制。

［八］在無錫之西北。

［九］按濟天義爲黄和錦、黄本爲濟天福，太平天國辛酉十一年（咸豐十一年）封爲濟天義。據施建烈《紀縣城失守克復本末》，太平天國癸開十三年（同治二年癸亥，一八六三）黄和錦渡江攻揚州，職務由潮王黄子隆代，並無姓陳的濟天義，可能是張氏記憶錯了。

［一〇］張氏此處略有小誤，太平天國後期官制，在王爵下面，分立義、安、福、燕、豫、侯六等世爵，各冠以天字，見《英傑歸真》，張氏遺漏了一級。

［一一］子民的問題，本刊第二十四期金毓黻先生在《太平天国恒順店印照跋》裏，已談過，可見子民除應用於一般文書外，號令内也可以用子民二字，可爲金先生補證。

［一二］張德堅《賊情彙纂》卷五，僞軍制下營規附號令云：『其暮宿城鄉市鎮，打館既定，必敲鑼傳令，遍曉各館。』

［一三］見本刊第十五期周穗成《太平天国黄興和商憑跋》。

［一四］見本刊第二十四期金毓黻《太平天国恒順店印照跋》。

［一五］如嘉興沈梓的《避寇日記》，記載當時蘇州的情形，即有『人煙轉盛，城市富民往來貿易，貨財充斥，初不知其爲亂世』的話。

《合衆圖書館董事會議事録》跋

一九九九年年底，有人帶信，説北京老友拓曉堂兄有事找我。我隨即和拓兄通了電話，纔知道是這麽回事：拓兄有一位友人胡星來先生，在上海拍賣會上買到了一本顧廷龍先生手寫的《合衆圖書館董事會議事録》，拓兄知道我曾在合衆圖書館工作過一段時期，囑我在議事録後面寫幾句，以作紀念。我十分高興接受這項任務，雖然時間已經歷了半個世紀，但有許多事，猶歷歷如在目前。

話還得從一九四七年説起。當時我和同班同學馮其庸、張仁迪二人轉學到無錫國專上海分校讀書，地址在江寧路。上海是寸金地，房屋很緊張，能在當時的所謂租界上借得一塊地盤上課，已經很不容易了。記得那時上海分校和兩個中學在一起，同一個大門進出。國專分校在樓上借了幾間屋子，一間大教室，各個班級，錯開時間，輪流上課。另外三小間，一間是教務長辦公室，一間是教務員辦公兼作教員的休息室，一小間作外埠學生宿舍，裏面放四個床位，都是雙層鋪。住在上層的，要用腳踏了下鋪的床沿纔能爬上去，住在底層的，頭抬不起來，要低下頭，纔能坐到床上去。室内光綫也暗，有一、二張兩屜的小桌子，放放漱口杯之類零碎東西，根本無法看書。在無可奈何的情況下，我們去找了教務長王蘧常老師，説教室要上課，宿舍裏人多，空氣不好，光綫暗，無法自修，可否設法找個公共圖書館看看書。蘧常師立即説有，就在離學校不遠，有一個合衆圖書館，是文化界老前輩張元濟、葉景葵先生私人創辦的，那裏書很多，可以介紹你們去。蘧常師給我們寫了介紹信，我們三人隨即去了圖書館，見到了心儀已久的顧廷龍先生。果然，静謐的環境、豐富的圖籍，滿足了我們夢寐以求的想法。我在那裏完成了《屠紳年譜》的初稿，其庸兄則寫他的《蔣鹿潭年譜考略》。我的年譜，第一次在《中央日報》副刊《俗文學》上發表。一九五七年，胡道静先生來約稿，把稿子要了去，一九五八年在上海古典文學出版社正式出版。其庸兄的《蔣鹿潭年譜考略》則遲至一九八六年始由齊魯書社出版。這兩部年譜的正式出版，都不能不歸功於當時合衆圖書館豐富的藏書，和顧廷龍先生對我們青年人的大力提攜和熱情幫助，受惠的，不止其庸和我兩個人，還有許多年輕人，其詳情可參見顧廷龍《張元濟和合衆圖書館》一文。

國專上海分校所開的課程，和無錫本校不盡相同。無錫讀的課程，和上海分校的學分不能通用，如要在上海讀下去，必須重選課，學分另外算起。讀了一學期，衹能仍回無錫本校，一直讀到一九四八年畢業。

人雖然回到了無錫，但却常常想到合衆豐富的藏書。無錫校中藏書也不算少，但都是《四部叢刊》《四部備要》和一些大部頭的叢書，單行本不多，尤其是『五四』以後，用新方法整理國學的工具書，和幾個有名大學出版的學報，如北大的《國學季刊》、清華的《清華學報》、燕京的《燕京學報》等等都没有。顧老是從燕京大學圖書館過來的，所以各大學的學報以及燕大出版的各種引得，收羅得應有盡有。再有當時剛出版的日本《東方文化研究所漢籍分類目録》，附有書名、人名索引，既收了古人們著作，又有現代人研究的專著。當時來説，真是大開眼界，猶如一間久爲封閉的屋子，新開了兩扇窗户，清新的空氣不斷從窗外吹來。

以國專圖書館的藏書，和合衆圖書館藏書來比，門類之全、品質之高，簡直是小巫見大巫，國專是無法和合衆比的。因此，我總想在上海找個工作，這樣，便可以在合衆看到我要看的書。

因爲平時看書，常常碰到一些疑難問題，不易解決，經常和顧老通信，向他求教。他總有滿意的答復給我，所謂『小叩則小鳴，大叩則大鳴』。因此，我和顧老保持著密切的通信關係。

畢業後，在家休息了一段時間，就想找工作。但是那時局勢已相當緊張，幣制貶值，物價飛漲，人心惶惶，不可終日。一個年輕人要在這種時候找工作，真是談何容易。我一面寫信給顧老，説我已從學校畢業，問有無適當的工作可做；一面我又專程去上海，和顧老見面，談了我的近況，希望能在文教界找一位置。顧老十分同情我的處境，本來預備把我介紹給張元濟老先生，到商務印書館去編《辭源》節本。後來，可能商務臨時改變計劃，此事没有實行，所以我也没有去商務。顧老問我，我在上海可有親戚，有無可以住宿的地方，如有住宿處，你不嫌這裏簡陋這是顧老的謙辭，可以到這裏來。因合衆地方小，無法安排我的住宿。事有湊巧，我在上海有位親戚住在當時法租界西愛咸斯路今稱襄陽南路敦和里，房子是一幢三層樓，主人夫婦早於兩年前帶了小孩去香港定居，家中僅留老太太一人看守門户，還有一個老保姆。我和顧老説，我有親戚，就住在附近，可以去試試。一試果成，親戚亟希望我去幫同照料一下門户。因此，我就在敦和里住了下來，正式成爲合衆的一員，天天去上班。

下面要講的是我在合衆工作時的幾件小故事。第一件事是胡適爲我寫了一張條幅。一九四九年一月，胡適從北平飛抵上海。當時没有立即離開上海，住在朋友家，天天到合衆來看《水經注》的各種版本，由顧老接待，就在顧老的辦公室看書，一人一隻桌子，和顧老相對而坐。不知何人想請胡適寫字，胡適爲顧老、誦芬兄和我都寫了一幅，連裱畫工人華鳴初也拿到了一幅。我記得胡適替我寫的是宋人楊萬里的一首七言絶句，上款是『燮元先生』，下款是『胡適』二字，没有蓋章。可惜，這一張條幅放在蘇州家中，『文革』期間已遭遺失。我估計，胡適爲顧老和誦芬兄寫的可能還在。

第二件是我和錢鍾書先生相遇談話。錢鍾書先生當時住在蒲石路的蒲園，和合衆相距不遠，因此常來看書。合衆當時大門不開，由後門出入，裝有門鈴。門鈴響了，每次開門不是保姆，便是顧老自己開。有一次，保姆和顧老都不在，鈴響了，由我去開，一看是鍾書先生因錢先生經常來，雖未接談，但知道他是錢鍾書。因顧老不在家，祇好由我接待。他問我『尊姓大名』，我據實以對。後來他又聽出我講話有無錫口音，索性用無錫話來和我談話。談話中，得悉我是無錫國專畢業的，他聽後特别興奮因爲鍾書先生的尊人子泉先生曾在國專教過書，又問我有哪些老師。我告訴他有朱東潤先生，講中國文學批評史，我説朱先生跟吴稚暉先生去過英國，曾在倫敦西南學院肄業，同時又談到了他的叔叔孫卿先生，談話一下子從平淡無奇轉入了熱烈的高潮，他稱我爲『密斯脱沈』，最後主動把他的位址給了我，囑我有空時可以去看他。但天下事並不如人們所想像得那麽圓滿，蒲園我曾去過一次，但錢鍾書、楊絳先生兩位都不在家。否則的話，還有許多值得記載的東西記下來。

最後一件事，是顧頡剛先生爲我取了一個號——理卿。我到合衆不久，就要求顧老替我取個號。第一次問他，顧老説讓我考慮考慮，再告訴你。又一次問他，他説，我已請頡剛先生替你取了。隔了不久，顧老給我看一張小紙，上面寫的是『理卿』二字，他説這是頡剛先生替你取的號。我當然十分高興，但當時我還不認識顧頡剛先生。直到一九五一年，顧頡剛先生和徐森玉先生從上海來蘇南區文物管理委員會正式訪問，纔相互認識，以後並有書信往來，關係一直保持到一九八零年顧先生逝世爲止。

我在合衆的時間，不到半年，但遇到了很多碩學鴻儒，看到了以前在無錫從没有見到過的書，擴大了眼界，增長了知識，爲以後開展工作鋪下了堅實的基礎，有許多都是學校裏書本上不容易學到的東西。

合衆圖書館成立於一九三九年，正值日寇侵略我國，沿海各省相繼淪陷，東南地區文物圖書大量流失之時。張元濟、葉景葵先生等有識之士，出於愛國熱忱，奔走呼籲，搶救圖籍，創辦圖書館來保存中國數千年來傳統文化，其遠見卓識，迥非常人所能及，對當時和以後的學術貢獻是無法估量的，其評已見王煦華兄的跋文，無庸我再來饒舌。今僅舉我個人在合衆遇到的幾件身邊瑣事，寫出來供胡星來先生一笑。文字鄙陋，敬希教正。

深切懷念趙萬里先生

我和趙萬里先生相識在一九五一年，當時我在無錫市圖書館工作。在這之前，趙先生是否來過無錫，已無從知道，但到圖書館，很可能是第一次。他對各個部門的工作，問得都很詳細，最後還興致勃勃地登上了鐘樓的頂層，仔細看了大鐘機械的擺動，同時還叮囑我，像這樣的大鐘樓，在江南地區很少見，要好好保護它。

我在圖書館待的時間也不長，不過兩年光景，工作有了變動，調到了蘇南區文物管理委員會，開始在無錫，隨後搬到了蘇州，暫借拙政園辦公。這時又見到了趙先生，這次他大約是南下訪書。談了好久，他還半帶開玩笑地和我説，蘇州和常熟二地大大小小的藏書家很多，一部古籍，只要經過他們寫上一段話，這部書就有可能『升格』變成善本。臨走，交給我五百元錢，說以後如碰列我認爲合適的書，就替北京圖書館買下。事後證實，趙先生當時的判斷是正確。以後陸續買到了好多部比較好的書。

我得到的第一部書是過雲樓藏盧文弨五色批校的《韓詩外傳》。事情的經過是這樣的：有一天，顧家大媳婦有個遠房親戚汪先生突然來找我汪先生是我姨夫錢海岳先生的老同學，拿來這部萬曆本《韓詩外傳》，想出讓給文管會，但文管會屬於行政機構編制，没有收購任務，不能買書，所以正好趁這個機會，把這部書替北圖買了下來。汪先生當時没有工作，生活上有些困難，這部書，我估計是顧家送給汪先生的，以解決他的燃眉之急。此後，又陸續買到了好幾部書，現在都保存在中國國家圖書館，今將書名開列於後：

《韓詩外傳》十卷　漢韓嬰撰　明萬曆刻廣漢魏叢書本　清盧文弨校並跋　索書號一一五一二

《南唐近事》三卷　宋鄭文寶撰　清嘉慶二十年吴翌鳳抄本　索書號一一五〇四

《資世通訓》一卷　明太祖朱元璋撰　明刻本　索書號一〇五六〇

《梅妃傳》一卷　清吴氏古歡堂抄本　索書號一一五〇三

《楊太真外傳》二卷　題宋樂史撰　清吴氏古歡堂抄本　清吴翌鳳校並跋　索書號一一五〇二

《長恩閣叢書》十四種十九卷　清傅以禮編　清末傅氏長恩閣抄本　清傅以禮校　索書號六五五五四

雖然買了上面一些好書，五百元錢還是没有花光，這筆錢不能老挂在賬上，會計會有意見，因此又買了一大批三十年代上海出版的文藝刊物和畫報，因藏家保存得好，都是嶄新的全份，至此，受趙先生委託，代北圖買書的事，總算告一段落。一九五五年，我從蘇南文管會調到了南京圖書館，我記得趙先生前後來過南京好多次。南京圖書館館長汪長炳先生，和趙先生是北圖的老同事，趙先生第一次來南京，汪先生特地在碑亭巷曲園酒家宴請了他，還約了柳定生大姐柳詒徵先生的女兒和我作陪。他每次來，都會點名看一些他没有見過的書，同時還問有没有新買進的善本。他隨身帶著一本小小的筆記簿和一支削得尖尖的鉛筆，把看過的内容、行款，很快地記下來。有一次來南京，住在南京飯店，白天在南圖看書，臨走和我説，晚上在賓館，一個人很無聊，希望我去聊聊天。當時我就去了，他除問了我的工作情況外，還問我業餘時間如何打發，做些什麽研究工作，我説研究實在談不上，就説説書吧。南圖的宋元本本來就不多，到其他單位如北圖、上圖等要看原本，也不是那麽輕易辦得成，所以這條路走不下去。如果有條件，我想把明刻本弄弄清楚，趙先生連忙接著説，是啊，要把明刻本真正弄清楚，也不是那麽容易啊！這是我和趙先生僅有的一次面對面的互動，值得回憶和紀念。以後又和趙先生通過幾次信。

南圖藏有一部宋刻本《蟠室老人文集》，僅存十四、十五兩卷，曾經《中國版刻圖録》著録。此書世無二帙，《直齋書録解題》《宋史藝文志》以及宋以後公私書目，俱未著録，可稱是海内外孤本。聽顧廷龍先生説過，這部書是解放後華東文化部組織人力從廢紙堆裏搶救出來的。趙先生很重視這部書，特地來南京，看了原書，做了詳細的記録，並徵得南圖同意，親自把書帶回北京，請北圖手藝最高的張士達師父將書修補一新，同時還用故宫撥交給北圖的老楠木，做了一個十分精美的匣子送給南圖，由此可見趙先生愛書之忱，堪稱無與倫比。

南圖是個老館，藏書很多，來源也很龐雜，有全的，也有大量殘本。有一次，我們編到一部戲曲書，只有子目，找不到書名，碰巧趙先生又來南京，我們把書拿出來向他當面請教，他一見就説，想不到這部書原來在這裏，接著他不假思索地就説，這部書的書名叫《改定元賢傳奇》，是明代大戲曲家李開先編的。隨後，我們又找到了中華書局出版的《李開先集》，上面果然有《改定元賢傳奇序》一文，趙先生最後又説，這部書有一頁在我們那裏。還有一部《新編詔誥章表提要》，南圖僅有三卷，卷一、卷三至四，我們原定元刻本，趙先生看了原書，説這是金刻本，原來卷二在北圖。以上二件事，我不方便當面問趙先生，所以這是一個永遠無法解開的謎。

二十世紀六十年代，我在上海徵集到一卷遼代重熙四年（一〇三五）《大方廣佛花嚴經》寫本。葉德輝的《書林清話》，衹講到宋刻本，遼刻本隻字未提。宋代沈括《夢溪筆談》上説：『契丹書禁甚嚴，傳入中國者，法皆死。』是以遼刻本長期隱秘不傳。因此遼刻本在中國印刷史上一直處於空白狀態。直到一九七四年山西應縣佛宫寺釋迦木塔内釋迦塑像腹中發現了大量遼代印刷品，纔打破了這局面。遼刻本既没有見到，遼寫本更屬稀有，所以按當時情況來説，這遼寫本的出現，可以説是一個孤例。爲了進一步弄清楚這卷遼寫本的真實情況，必須要作一次嚴肅而認真的鑒定。於是不期而然的想到了趙先生。經過館領導慎重考慮，由汪長炳館長以個人名義，給趙先生寫了一封信，同時用挂號將遼寫本卷子寄到北京，請趙先生鑒定。隔了不久，趙先生的覆信來了，遼寫本也寄了回來。兹將趙先生的原信附録於後：

文焕尊兄館長：正馳念間，忽奉惠書，並寫本《花嚴經》卷七十，欣悉一一。《花嚴經》尾題大契丹國（此事《遼史》失載），與《東都事略》自聖宗初立至道宗咸雍，大遼改稱大契丹國，後又復稱大遼，時代正合。燕京寶塔寺係遼時建，見《永樂大典·天》字引《元一統志》。而沙門瓊煦，與遼太康三年京西戒壇寺陀羅尼經幢（見《金石萃編》）僧人題名有瓊滋、瓊積、瓊般、瓊白、瓊朂、瓊行，均以瓊字排行，亦合。此經紙墨俱古，定爲遼時物，想無多大問題。以上意見，僅供參考，不敢自以爲是。敬請貴館各位同志共同鑒定。今年書訊如何？想多收穫，盼能告知一二。原件另郵挂號寄還，請檢收賜覆爲荷！匆上，即請近安！弟趙萬里再頓首。陳館長、亞新、定生、天禎、燮元、菊生同志，同此問候。

趙先生的信中，把遼寫本產生的時代背景、年代、寺廟位置、僧侶法號，源源本本，説得一清二楚，像這樣縝密而精微的考證，不具備扎實的文史功底是寫不出來的。蓋以先生閲見之廣，鑒別之精，洵非常人所能望其項背。還有一個細節，可能没有注意到，趙先生在信上最後總結説，『此經紙墨俱古，定爲遼時物，想無多大問題，以上意見，僅供參考，不敢自以爲是』。這最後一句，説明趙先生雖已名聞天下，但仍虚懷若谷，謙遜自持。

趙先生離開我們已經有三十五年，知道趙先生事跡的人不多了，但趙先生的言行經常在我腦海裏盤旋，久久不能離去，因此，我有責任把這段塵封的往事寫出來。我想應該這是對先生最好的崇仰和深切的懷念。

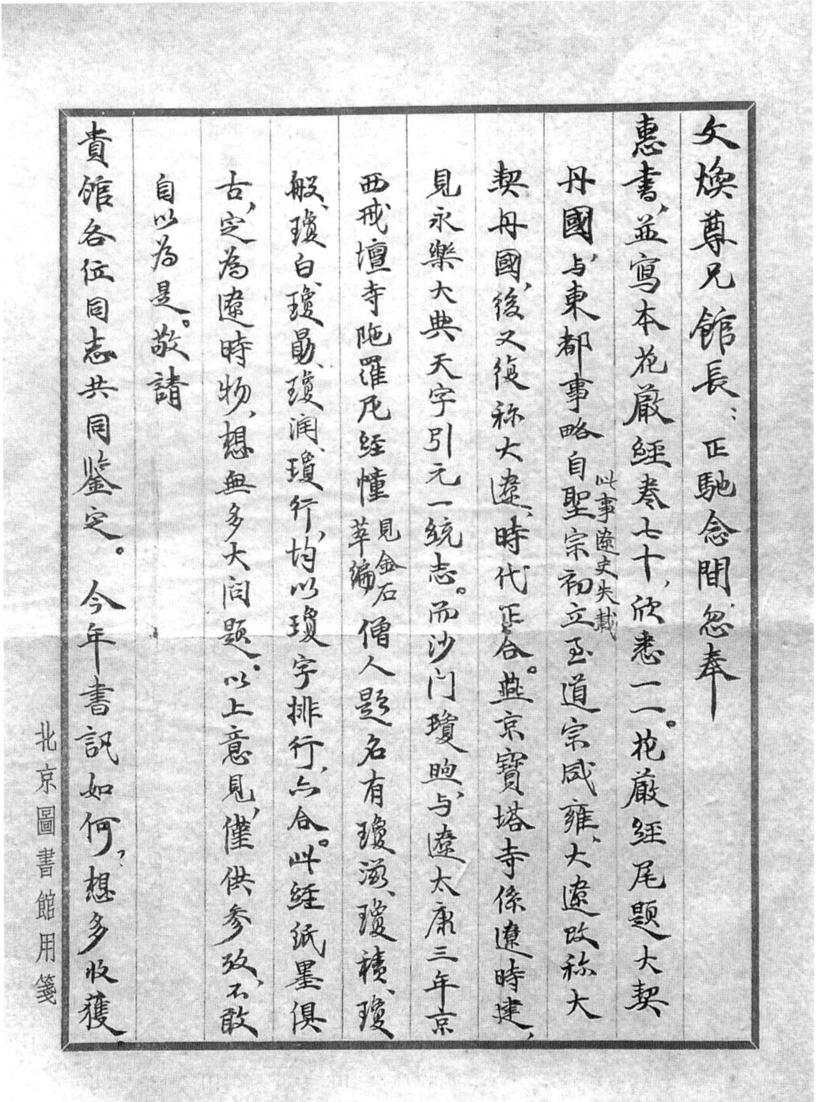

文煥尊兄館長：正馳念間，忽奉
惠書，並寫本花嚴經卷七十，欣悉一一。花嚴經尾題大契
丹國与東都事略自（此事遼史失載）聖宗初立至道宗咸雍，大遼改称大
契丹國，後又復称大遼，時代正合。燕京寶塔寺係遼時建，
見永樂大典天字引元一統志。而沙门瓊煦，与遼太康三年京
西戒壇寺陁羅尼經幢（見金石萃編）僧人題名有瓊涵、瓊積、瓊
般、瓊白、瓊勗、瓊潤、瓊行，均以瓊字排行，亦合。此經紙墨俱
古，定為遼時物，想無多大問題。以上意見，僅供参考，不敢
自以為是。敬請
貴館各位同志共同鑒定。今年書訊如何？想多收獲

北京圖書館用箋

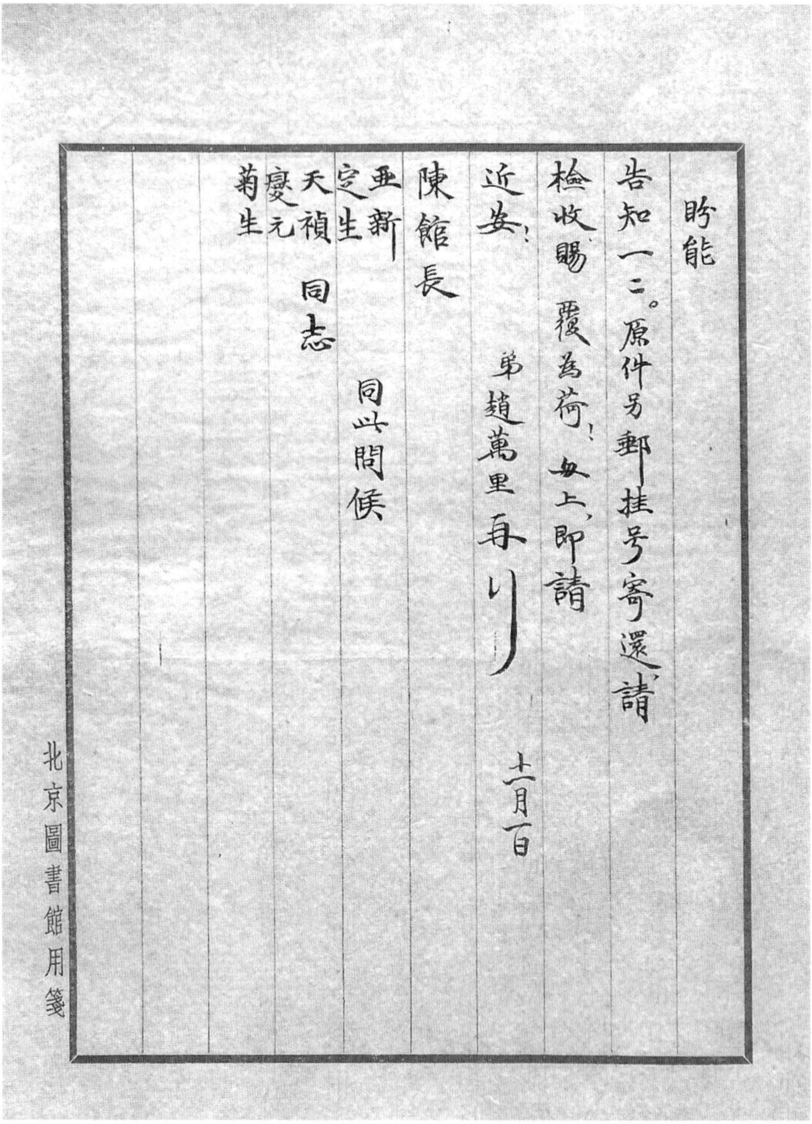

盼能
告知一二。原件另郵掛号寄還，請
檢收賜覆為荷！如上，即請
近安！　弟趙萬里再拜　十一月一日
陳館長
亞新
定生　同此問候
天禎　同志
燮元
菊生

北京圖書館用箋

《歷代鐘鼎彝器款識法帖》跋

右宋拓《歷代鐘鼎彝器款識法帖》十二卷，黄丕烈跋本。原石在江州公使庫，鐫造二十卷，計石二十四片。宋亡以後不存，有入元毁以累塔之説。傳世拓本，臺灣『中研院』藏卷十三、十四，十九葉，原藏内閣大庫；又卷十七，首缺半開。中國社科院考古所藏卷十八，上海圖書館藏卷十四、十七、十八、二十殘葉合册。以上爲所知者。臺灣『中研院』、中國社科院考古所所藏兩卷較完整，餘者皆爲殘葉。此十二卷本歷經各家書目著録：嘉慶十二年平津館臨宋寫本，孫星衍序略云：『曩客居中州時，見薛氏《鐘鼎款識》石刻於歸河丞朝煦處，未及細閲。』古書流通處石印繆荃孫藏陸友桐臨寫汲古閣本，前有參校書目云：『宋石刻祖本，存十二卷，士禮居舊藏。』黄丕烈跋康熙九年黄公禾抄本言，『余藏石刻殘本，少一至六，又十七、十八，共八卷。』容庚《宋代吉金書籍述評》中言：『如黄丕烈藏十二卷，缺一至六，及十七、十八共八卷，見於《蕘圃藏書題識》。』今觀此本黄氏跋語，即孫星衍當年在歸朝煦處所見之原物，後爲汪士鐘藝芸書舍所藏，有汪氏原櫝爲證。蕘圃偶得於五柳居書肆。臺灣『中研院』卷十七、中國社科院考古所卷十八兩卷原爲李彦章藏本，上有『晉府書畫之印』及『晉府圖書』二印，裝潢與此十二卷本同，蠹痕亦相吻合，此兩卷或在宋元之際散佚。持此與傳世朱謀垔本相校，帖内刻石斷裂傷字之處，朱本皆不録，知朱本非如朱氏所言，據薛尚功手書本刊刻，朱本所據或爲宋人據拓本臨寫者。宋代吉金書籍著録集大成者，以此爲最，與趙明誠《金石録》可稱雙璧。《金石録》有宋本傳佈，今此帖幸宋原拓十二卷又重現於世，發見者之功誠不可没。略綴數語，爲述其流傳本末如此。

《渭川詩集》跋

作者東漢字希節，别號渭川，華州人。東氏之先，爲鞏昌籍，有諱良惠者仕元爲商州總督，值紅巾軍起，城陷死之。事定，其配鄧氏攜子驥走居華州不去，遂世爲華州人。良惠即其高祖，驥子升，有四子，舉進士者三人：長思忠，次思誠、思泰，渭川即思忠之第三子也。天性孝友，靈穎異常，年十一喪父，扶柩悲號，自蜀返陝，間關千里不替。弘治戊午，鄉試中式。正德辛未，就選禮部，授直隸池州府同知。有糧長某，匿金於匣，覆葡萄其上，稱獻葡萄而中實金，公發其事，而坐以罪人，人服其神。甲戌，改鎮江府同知，鎮江之民，戴公之德，勒像於祠。丙子，升南京户部雲南司員外郎。庚辰，升本部河南司郎中、員外郎，故有廉聲，以疾乞歸，侍母於家，時爲嘉靖甲申。旋升九江府知府，三年，有修文廟之功，辨海賊之誣，毁淫祠以正俗，殄渠寇以靖難等事。丁亥，改南昌。戊子，升長蘆鹽運使。一年，釐弊通商，人人戴之。庚寅，上疏乞致仕侍親，許之。書分上、下二卷。上卷五言古詩、七言古詩。下卷五言律詩、七言律詩、五言絶句、六言絶句、七言絶句。前有胡纘宗序，稱其詩作雅不多示人，煞無複字，無纖句，無欹調，翩翩而適也，坦坦而理也，殆有志於沈宋乎？可謂知言。書口下端鐫有『胥鐸』『胥大綱』『胥廷季』『沈薰』等刻工姓名。此書公私書目俱未見著録，至爲罕見。

《西曹秋思》跋

書中所録，乃黄道周、葉廷秀、董養河獄中唱和之作。道周以參楊嗣昌奪情下獄，廷秀抗疏救之，同坐，株連者尚有黄文煥、陳天定、董養河等人。廷秀既繫獄，處之恬然，自稱讀《易》之餘，静沃道趣，筆硯不去，輒蔚詩思，從石齋、漢橋二先生敲正，遂完平韻十三章。石齋行誼，世多知者，故不贅。惟廷秀遺事，有待表微。廷秀，濮州人，天啓五年進士，歷知南樂、衡水、獲鹿等縣，入爲順天推官。崇禎八年，遷南京户部主事。十三年，任户部主事，以疏救黄道周，被廷杖後削籍。十四年，遣戍福建。十五年，得赦。自福建還濮州。十七年，與倪嘉慶、華允誠同以司官起用，會都城陷，未赴。順治四年，以黄冠裝至沛縣訪閻爾梅，共謀抗清。山東榆園義軍起，走還濮州參加抗清。八年，義軍再起，遭清軍圍殲，廷秀被執，解至東昌，不屈死。《明史》稱其事敗，爲僧以終，殆有所諱歟。石齋殁於順治三年，廷秀後五載亦壯烈犧牲，彪炳千秋，後先輝映。養河字漢橋，晉安人，崇禎十五年進士，官工部司務。據其子董師吉言，惜於崇禎癸未之秋，先黄、葉二公而逝矣。原本罕見著録，僅見《千頃堂書目》與《四庫存目》載之，國家圖書館藏本，亦係傳鈔，可見其流傳之稀。辛君其寶藏之。

《瓠廬筆記》序

甲午八月，叔宜仁弟以其曾祖王佩諍先生《瓠廬筆記》稿本寄示，謂不佞與其曾祖有師生之誼，囑綴數言於簡端。謹按：先師諱謇，字佩諍，號瓠廬，晚署瓠叟。吴中世族，公元一八八八年生於吴縣。少從沈綏成先生遊，先生授以陳奐《詩毛氏傳疏》，參以王念孫《廣雅疏證》、郝懿行《爾雅義疏》、段玉裁《説文解字注》三書。因之，先師嘗自言，『不才束髮受書，即粗識考據，門徑實由先生啓之』。後又列章太炎、金松岑、黄摩西、吴瞿安諸先生門下。一九一五年，畢業於東吴大學文科，歷任民國《吴縣志》協纂、江蘇省立蘇州圖書館編目部主任、蘇州女中教務主任、振華女中副校長、章氏國學講習會講師等職。一九二八年回本校講授中國文學。一九三七年移居上海，先後任震旦、大同、東吴大學、無錫國專上海分校、華東師大教授。

先師學問博洽，善治先秦諸子，長於目録版本金石之學。家有海粟樓，藏書多爲鄉邦文獻。勤於著述，著有《宋平江城坊考》《民國吴縣志校補》《書目答問版本疏證》《續補藏書紀事詩》《先秦漢魏兩晉南北朝群書校釋》《鹽鐵論札記》等書。其中尤以《宋平江城坊考》一書爲其成名之作。平江，宋初置軍，後置府，其地即昔之吴郡，今江蘇蘇州地。先師得宋平江圖碑，始不詳其何時所刻，謂程祖慶《吴郡金石目》亦僅據瞿木夫説，以刻碑人三人姓名疊見於宋理宗、寧宗兩朝碑刻，遂斷爲南宋故物，而不詳其年月。後讀趙汝談《吴郡志》序及《吴郡志·宫宇門》所載紹定二年郡守李壽朋重建坊市故實，始悟平江圖碑必刻於是年。遂取唐宋以來史傳志乘、金石文字之屬，仿大興徐氏《唐兩京城坊考》例，舉凡坊表、橋樑、壇廟、寺觀、宫宇、第宅、園林、山水之屬，一一爲之考證，或以史證圖，或以圖校史，於金石文字自諸家著録外，挾氈墨自隨，剌舟周歷城内外，觀者輒環堵。所採金石文，多前人未著録者，故論者咸稱此書可與徐松《唐兩京城坊考》後先媲美。噫，先師可以不朽矣！

《柳定生集》序

京江柳氏，入清以來，先輩以儒學名於世，流風餘韻，代有傳人。世之治經者多治《左氏》《公羊》，於《穀梁》慢之。道光間，柳興恩發奮沉思，獨立成《穀梁春秋大義述》三十卷，呈阮芸臺，阮氏稱其爲鎮江實學敦行之士，序而行之。弟榮宗著有《説文引經考異》十六卷，二人並列《清史稿·儒林傳》。柳詒徵字翼謀，號劬堂，爲我國現代著名歷史學家、教育家、圖書館事業家。家貧，七歲而孤，依外氏以居，遺命詒徵必讀書，母鮑氏流涕從命，自課之。遂日讀生書，背熟書，背後始得早餐。其生活最艱困時，無錢買菜，先生自言，以制錢三文買醬腐乳一方，一文買麻油浸之，自晨至暮，母子三人，以佐粥飯，歡然有餘味焉。此與古之斷齏畫粥，可稱後先輝映。一八九五年，赴金壇應科舉試。一九〇一年，由陳善餘之薦，入江楚編譯局任分纂。一九〇三年，繆荃孫奉派赴日考察教育，先生隨行，在日五周，歸國後撰《日遊彙編》一書，介紹考察日本教育之收穫。一九〇五年，辭江楚編譯局職，任江南高等學校教習。嗣後歷任兩江師範學堂、南京高等師範學校、東南大學等校教授，造就人才甚衆。一九二七年，聘先生爲江蘇省立第一圖書館館長後改名爲江蘇省立國學圖書館，在館二十年，先後編成《江蘇省立國學圖書館總目》三十册，《年刊》十册。影印館藏善本古籍九十六部。一九四八年，當選爲中央研究院院士。一九四九年，被聘上海市文物保管委員會委員。一九五六年二月三日病卒。子一，屺生，字慈明。歷任光華大學、南京航空學院、上海交通大學、上海工學院教授。女一，定生，字静明，中央大學歷史系畢業。歷任中央大學柏溪分校講師、武漢大學圖書館學系外聘教授、南京圖書館古籍部主任。從事圖書館事業近四十年，傳承家學，開拓創新，爲文化事業辛勤耕作，奮鬥終身，培養了不少專業人才。今女士子女以元、以昕、以寧、以嫻姐弟四人，篤念杯棬，摭集遺文，欲予略綴數言於簡端。予與女士友誼屬同事，多年相處，固辭不獲，遂檢故記，述其先德之嘉言懿行。《詩》云：『孝子不匱，永錫爾類。』斯之謂歟。

《冶山存稿》序

自三代以來，古賢遺跡著於金石載籍者多矣，然時移世易，存於今者什不得一。良以歲月久遠，風雨侵蝕，磨滅殘毀，理亦宜然。迨趙宋間，歐、趙之《録》出，以時代爲次，始三代秦漢，迄唐五代，録其全文，附以考證，讀之者瞭然如指諸掌。夫金石之學，與經史相表裏，蓋記述多出後人之手，載筆不能無失，獨金石出於千百年前，猶能得見古人真面目，故可寶也。金陵邵君磊，劬學媚古，近以所著《冶山存稿》相示，屬繫數語，以弁其端。自慚耄朽，聞見淺鮮，深愧不能讀先生之書，勉力披閲，中多記碑碣、官私印章、錢幣諸文，博學明辨，考訂精核，時代自漢魏迄明清，地域則在金陵百里閒，皆身歷其境，目睹其物，自非有絶人之識，爲日久而用心專，安能爲此常人之所難爲哉！此書出，不僅備一方之掌故，且可補地志之所闕，試質之邵君，其以吾言爲然乎否？

#《春水集》序

丁酉中秋，李軍仁棣持其近著《春水集》來，索序於余。余受而讀之，所述皆近世文化名人舊聞佚事，間及文物流散。時序自同光，下迄近代。人物如記過雲樓主人顧文彬與北京松筠庵心泉和尚交往，其所藏書畫精品，多得之心泉。又如考辨棱伽山民姓氏、西園主人生平、章太炎蘇州講學、張元濟嫁女奩具清單、周肇祥事跡、胡適悼念母親、鄧之誠與冼玉清交往、高名凱丹青生計，上述諸事，均未經人道過。佚文則有譚獻、康有爲、李叔同、周作人、顧頡剛、俞平伯、陳夢家、顧廷龍等，佚詩有袁枚、俞陛雲、王國維、汪東、趙尊嶽、龍榆生、錢鍾書，全係手跡，並未見在任何書刊上發表，故彌覺珍貴。文物有松下清齋所藏隋開皇本《蘭亭》、唐永隆二年《比丘尼法燈墓誌》、清鶴洲和尚拓本《瘞鶴銘》、宋范純仁告身、元黄公望《畫理》稿本、元刻《普寧藏》、明『松石間意』古琴、清乾隆角花箋、《隨園女弟子湖樓請業圖》，以及陸恭、潘祖蔭遺印，吴昌碩、張大千畫作。收藏有王國維、高學濂、王文伯、吴湖帆、袁安圃、唐益公、譚光等。李軍仁棣愛素好古，讀書得間，能於不經意處著手，表微闡幽，洵非易事。以余觀之，此書可與潘世璜《須静齋雲煙過眼録》、徐康《前塵夢影録》後先輝映，故余略綴數言，樂予推介如上。

《片瓦草堂珍藏印學資料述録》序

印章始自秦漢，盛行於明清。至宋之宣和，乃有印譜。印譜目録，近代似以葉銘之《葉氏印譜存目》爲嚆矢。厥後羅子期、張魯盦繼之，前修未密，後出轉精。瓦翁老人，吴門名家，搜羅名人雅制，上自秦漢，下迄明清，鑒别精審，曾選其優，録存百部。其中明刻十八種，已捐獻於蘇州圖書館，供衆閲覽，餘者仍庋藏衛氏片瓦草堂。金陵杜君志强，愛素好古，對衛氏所藏諸譜，甄録無遺，一一提要鉤玄，詳解形制，録其序跋，釋其文字，俾讀者讀其文如見原物，厥功甚偉。杜君以僕與瓦翁有一面之雅，頃以提要見示，索數言以弁其端。余不辭固陋，爰書數語以歸之。

《持齋讀書圖》跋

渝州易持齋先生愛書成癖，殖業餘閑，無日不以訪書爲事。今出示此圖，囑書數語。夫私人藏書肇自兩宋，盛於明清，以余所知，藏家除露纂雪鈔、編次書目外，往往倩人繪圖以自娱。明崇禎間，虞山毛氏有《汲古閣圖》，題識者俱一時勝流。清嘉慶間，黄蕘翁每得一書異本，必繪圖以紀其事，繪有《得書圖》《續得書圖》，惜迭經滄桑，散佚不存，今僅見其名。近代則江安傅增湘有《雙鑑樓圖》，秋浦周叔弢有《自莊嚴堪勘書圖》，祁陽陳澄中有《郇齋讀書圖》，長恩永守，雅韻欲流。持齋先生步武前哲，多蓄古本，護持弗失，尚冀其善藏善讀，並遥祝先生與紙同壽，歲次丁酉仲夏，九四老人沈燮元跋。同觀者吴縣李軍。

劉知遠故事的演變

劉知遠『發跡變態』的故事，在俗文學的領域裏，始終顯得非常活躍。關於敘述他的故事的有《五代史平話》[一]、《劉知遠傳諸宮調》[二]、元劉唐卿《李三娘麻地捧印》[三]、元明間的《白兔記》[四]、《紅袍記》[五]、無名氏的《後白兔》[六]。其他如皮黄寶卷、灘黄以迄電影等，無慮有十餘種之多，真夠得上稱一聲洋洋大觀，時間歷數百年而傳唱不衰，空間方面也傳播得相當廣，甚至在我的故鄉一帶[七]，迄今還流傳著一句諺語叫『一朝發跡劉知遠』，談到劉知遠的故事來，他（她）們要比你熟悉得多。由此可見，劉知遠的故事，早已深深地打入了民間。

劉知遠的故事，有時雖以劉妻三娘爲主角，然而重心却仍在劉知遠身上，不過借李三娘的遭遇來陪襯他的『發跡』過程罷了。故事的本來面目，很簡單，經過無名的民間藝人的想象和不斷接受大衆的需要，結果産生了無數次的增飾和修改，把原來的内容，放大了好幾倍。至元明間的《白兔記》出，其結構可謂已登峰造極，使後來寫作劉知遠故事的，始終跳不出它的圈子。整個演變的跡象，可列成下表：

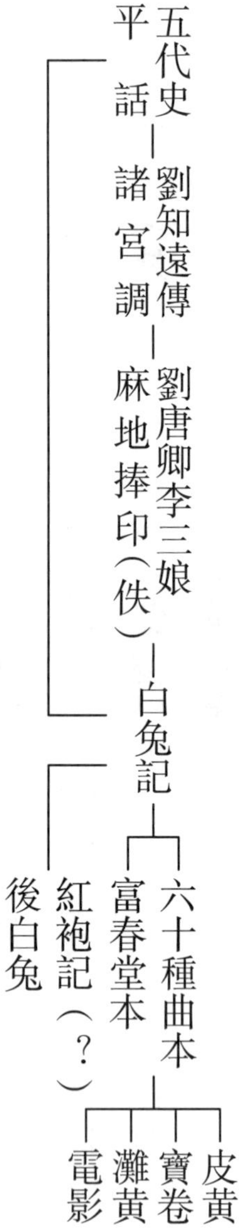

劉知遠的故事，見之於最早的記載是《五代史平話》。其中《漢史》分上下二卷，上卷自『劉知遠本沙陀部屬』這個節目起，直到『知遠帶取夫人回府』止，共有三十三個節目，都是講他個人『發跡變態』的故事的。故事的主要内容，大概説劉知遠因父亡家貧，母親不得已而改嫁慕容三郎。知遠不好讀書，終日使槍弄棒。後來因好賭，輸了錢，回家不得，就到太原去投軍。經過孟石村，天晚無處投宿，就在一家花院門口打睡。莊主李敬儒夢見

他們樓上有一條赤蛇，纏繞作一團，被敬儒一棒，那赤蛇化成青龍而去。敬儒醒後，就叫門子去看門下有什麽物事。衹見一個大漢睡在那裏，敬儒問了他的身世，就收留下來，叫他管理馬匹。一日，忽然聽見群馬嘶鳴，李敬儒入内一看，見知遠睡在地上，有一條黄蛇從知遠鼻孔内自由出入，敬儒知此人日後必大大的『發跡』，就把女兒三娘嫁給知遠爲妻。三娘的哥哥洪信、洪義却極力反對，以爲爺娘恁地無見識，把妹妹嫁給一個窮鬼。不多時，李敬儒夫婦相繼亡故，洪信、洪義兄弟又預備把知遠趕出去。知遠因錢花光，衹得再去投奔太原府。半年後，三娘生了個孩子，洪信、洪義嗾使妹妹把小孩溺死，並時加駡詈，三娘把孩子設法送到太原府，知遠取了個名字，叫『承義』。十二年後，知遠爲北京留守。承義因出外走馬，被軍卒戲笑：『宣贊跨馬躍毬快活，怎知恁的娘娘在孟石村，日夕在河頭擔水，多少苦辛。』承義聽了，就跑去告訴父親。明日，知遠便帶了人到孟石村。知遠扮做打草人，洪信、洪義見了全不理睬，衹有三娘的叔叔李敬業殷勤招待著，知遠也和三娘見了面。第二日，换了衣服再去請三娘出來拜受夫人宣命，捉將洪信、洪義跪於階下，經李敬業説了好話，纔把他們放了。劉知遠帶了三娘回到北平，關於他個人的故事也便結束。從這最初的敘述裏，我們可以看出幾個特點：

（一）劉知遠睡在莊門口的時候，李敬儒已先夢見一條赤蛇化成青龍，仿佛是見『真命天子』的徵兆，這是《五代史平話》所特有的，諸宮調、《白兔記》都没有。

（二）三娘嫁給劉知遠，《五代史平話》所敘述是由父母作主，諸宮調則由三娘拔下金釵與知遠約爲姻眷，不過通知父母一聲罷了。

（三）從軍卒的口中説出『在那孟石村，日夕在河頭擔水』，敬業告訴知遠道：『你的妻房在這裏吃哥哥萬千磨難，日夕監他去河頭挑水，受盡苦辛……』後來的諸宮調、《白兔記》便根據了這一點寫成了汲水遇子之事。挨磨、分娩咬臍等似尚未發生，大約到寫諸宮調、《白兔記》時纔陸續添進去的。

（四）劉承義的尋到母親，並非像後種所説，打獵時遇到，而是由軍卒傳告纔知道。

（五）知遠扮做打草人和三娘相會，而無像諸宮調、元雜劇所載的『麻地捧印』的故事[八]。

（六）描寫很簡略草率，後來的諸宮調、元雜劇、傳奇都根據這一藍本放大，增飾。

其次要説的便是《劉知遠傳諸宮調》。此書據向覺明先生的推測，大約當爲十二世紀左右之物[九]。就時代而論，似較《董西廂》尤古[一〇]。原本共十二則，今僅殘存：

知遠走慕家莊沙佗村入舍弟一

知遠别三娘太原投事弟二

知遠充軍三娘剪髮生少主弟三殘存二頁

知遠探三娘與洪義廝打弟十一

君臣弟兄子母夫婦團圓弟十二

等五則，缺了七則。幸首尾完整，我們還可以看出個大概來。此書與《五代史平話》最不相同的地方，有下面幾點：

（一）李洪義在酒館裏的時候，就被劉知遠打了一頓，從此與知遠結下海般深仇，因此在諸宫調裏的李洪信、洪義兄弟，描寫暗算知遠、虐待三娘，更是詳細。後來的《白兔記》裏的洪信兄弟夫婦，還帶有丑角的色彩，在這裏，則是不折不扣的『惡人』。

（二）團練岳司公見知遠頂上有紅光結成鬥龍形勢，暗歎曰：『此人異日富貴，不可言盡』，便叫人做媒，把女兒嫁給他。這一節事實是《五代史平話》所没有的，爲後來的《白兔記》所本。

(三)據諸宮調第三則『知遠充軍三娘剪髮生少主』殘存二頁推測，和第十一、十二兩則裏看來，剪髮、挨餓、挨磨、汲水、打獵等節目在本書裏都有的，但絶無《白兔記》那樣詳細。

(四)因和洪信、洪義夫婦惡戰，出現了郭彦威、史洪肇二人。同時又有五百個强人把小李村圍住，搜刮財寶，把三娘擄了去。彦威、洪肇不敵，知遠出戰，不料賊人就是他的兄弟慕容彦超、慕容彦進，於是夫妻母子兄弟一時相會。這是一個大團圓的場面，和任何敘述劉知遠故事的結局都不相同，這是適應當時『瓦子』裏的一般聽衆纔這樣寫的。你不聽見作者在最後唱著：『尾：曾想此本新編傳，好伏侍您聽明英賢，有頭尾結末劉知遠。』

元劉唐卿的《李三娘麻地捧印》[一二]，這部作品已佚，我們無法知其内容，但從題目上，還約略可以看出，就是諸宮調第十一則知遠與三娘相會的一幕。知遠因三娘不相信他已『發跡』，並對他説『想你窮神，怎做九州安撫使？』知遠便從懷中取出金印，三娘見了，喜不自勝，無論如何不肯還給知遠，知遠説：『收則收著，一個管無失，一個限三日，將金冠霞帔，依法取你來。』其他的節目，根本無從猜測。這是一個很大的損失，據我的推測，這本雜劇和《六十種曲》本《白兔記》一定有密切的關係[一二]，可惜我們看不到。

故事發展到元明間的《白兔記》，結構可謂已登峰造極。《六十種曲》本文辭古樸，或許要比富春堂本早些，內容方面也有顯著的不同：

（一）兩本《白兔記》最大的不同點，便是當三娘遇見咬臍郎，《六十種曲》本有白兔做牽引，而福春堂本没有，因之有人懷疑内中的一種或許不是《白兔記》而是《紅袍記》[一三]。

（二）《六十種曲》本有小姐在樓上擲紅袍，因而與知遠成姻這段，富春堂本也没有。其餘情節，相差無幾。兩種《白兔記》和其他敘述劉知遠故事的多了一段降服瓜精因而得了頭盔戰甲、兵書寶劍的事。《紅袍記》從未見過著録，唯在《金瓶梅詞話》裏提到[一四]，所講當即《六十種曲》本卷下的第四、第五兩齣的事實，和薛仁貴似乎是同型的故事[一五]。最後要説到《後白兔》[一六]，大意講：『知遠攻賊於鐵籠山，其子承祐，遇白兔引入賊巢，得以除亂，前劇因白兔見母，此因白兔成功，故名《後白兔》云。』事跡多牽强附會，顯然是産生在兩種《白兔記》以後的東西。和這個劉知遠的故事没有什麼深切的關係。

從《五代史平話》起，一直到《白兔記》止，其主要人物的姓名也往往不同，兹列表比較如下：

《五代史平話》	《劉知遠傳諸宮調》	《六十種曲》本《白兔記》	富春堂本《白兔記》
劉光贊	劉光珽	？	劉琠
劉知遠初名成保	劉知遠更名曰暠	劉暠字智遠	劉高（暠）字智遠
李敬儒	李三傳	李文奎	李太公
李敬業	李四叔	李三公	李相
李洪信	李洪義	李洪一	李洪義
李洪義	李洪信	李洪信	李洪信
三娘子	三娘	三娘	三娘
劉承義	劉承祐	咬臍郎	劉承祐

以上對於劉知遠故事的演變，僅僅作了一個極粗淺的探索，不滿意的地方很多，希望將來有重行寫定的機會。

注釋

［一］《五代史平話》有董康景刊本、黎烈文標點本（商務版）兩種。
［二］《劉知遠傳》有來薰閣影印本（題《金本諸宮調劉知遠》），又曾收入鄭振鐸編《世界文庫》第二册内。
［三］姚燮《今樂考證》第二本著録一，王國維《曲録》卷二雜劇部上。
［四］《白兔記》有明萬曆富春堂本及明末汲古閣本二種，古本題爲《劉知遠白兔記》，見《南詞敘録·宋元舊篇》，青木正兒疑元末人所作，鄭振鐸先生以爲：『汲古閣本文辭樸質，當是元人舊本。』見《痀僂集》二八五頁，故我把他置在元明之間。
［五］見《金瓶梅詞話》第六十四回。
［六］《曲海總目提要》卷三十一。
［七］無錫北鄉陡門秦巷。
［八］當即《劉知遠傳諸宮調》第十一則的事實。
［九］見向覺明先生的題記。
［一〇］詳見馮沅君《古劇説彙·天寶遺事輯本》題記。

［一一］僅見著録，見注［三］。

［一二］鄭振鐸先生逕稱《白兔記》的一種爲元傳奇，這一點，頗使我心折。據我的推測，《南詞敘録·宋元舊篇》裏的《劉知遠白兔記》説不定就是《六十種曲》本所依據的底本。

［一三］周貽白師便是懷疑的一個，他曾對我提過好幾次。

［一四］原文云：『子弟鼓板響動，遞上關目揭帖。兩内相看了一回，撿了一段劉知遠紅袍記，唱了還未幾折，心下不耐煩。』見民國中央書店排印本，七七九頁。

［一五］這一點蒙趙景深先生提示。謹誌謝意。

［一六］《後白兔》一名《五龍祚》，見《曲海總目提要》。

屠紳年譜

序

小説至於明清間，作者雲興霞蔚，後先相望，而江陰屠笏巖先生紳，尤推一時眉目。先生早負異稟，與同郡洪亮吉、趙懷玉諸先生遊，掉鞅詞壇，才譽藹鬱，壯歲遠宦滇南，得江山風雲之助，成《蟫史》《瑣蛣雜記》，文字逋峭，自張一軍。魯迅先生《中國小説史略》，嘗爲專章論述。顧其生平事跡，因遺著散佚，大氐湮没不彰。光緒間，同邑金溎生先生彙刻先生遺稿時，詢之里人，已無人能道其詳者。遺篇淪落，姓氏翳如，此固徵文考獻之士所爲扼腕歎息者也。曩余弱冠讀書，即服膺先生之學，洎旅學海上，嘗博徵乾嘉諸家文集，旁及方志稗乘，考厥生平，繫以年次，成先生年譜略一卷，行笈乏書，深多罣漏，兼以人事見牽，藏諸篋衍，未遑董理，前歲移居金陵，賡續舊業，偶有所獲，别紙録存，凡舊譜闕奪者益之，牴牾者正之，露鈔雪纂，積久成帙，視原作無慮過半，因重爲寫定，而以先生剩餘詩文殿焉。雖零篇斷簡，不足窺先生之全，然殘膏賸馥，猶足霑惠後學，付諸剞劂，儻亦知人論世者之一助歟。是譜創始，承雲南大學教授葉德鈞先生，自昆明遠道貽書，殷殷相助，今兹書成，而先生墓木已拱，無由質正，曷深感愴！面牆之學，深愧弇陋，仍冀方聞君子，進而教之，則幸甚矣。

清乾隆九年　甲子　公元一七四四　先生生

先生名紳，字賢書，一字笏巖，别署黍餘裔孫、磊砢山人、竹勿山石道人，江蘇江陰人，生於江陰縣治西鄉西觀村。

金捧閶《客牕偶筆》卷一：『余家半里許西觀村屠氏，世業農，乾隆壬午癸未，屠氏子名紳，字笏巖，鄉會聯捷，授雲南師宗令，擢尋甸州牧，今任廣州别駕。……』

金武祥《粟香隨筆》卷二：『屠笏巖刺史名紳，又號賢書，所居西貫，與余居前後相望。』

按先生所撰《蟫史》説部，書中有桑蠋生，蓋作者自寓，其言有云：『予甲子生也。』與先生生年正同。

祖六吉，配顧氏，子二，伯□□，殤。仲覲文，即先生父，以暴疾卒於京師。伯姊適常州中河橋汪氏。先生幼孤，資質聰敏。

金捧閶《客牕偶筆》卷一：『方笏巖之祖六吉，年三十餘，僅舉一子，尚幼，薄暮偶戲鄰人田畔，鄰適舉鋤，無意間劚兒頂，兒立斃。……越歲餘，笏巖之父覲文生。……覲文年二十餘，讀書通曉，翁遣入都，時先君子官助教，遂師事先君，先君以其爲善人之後，將提挈之，居無何，暴疾卒。……笏巖幼孤，資質聰敏。』

洪亮吉《卷施閣詩》卷第一《傭書東觀集》：『《屠大令紳以報最入都話舊，賦贈四首》詩注，君伯姊適汪氏，與余鄰居，君恒主其家。』

乾隆十一年　丙寅　一七四六　三歲

陽湖洪亮吉稚存生。

乾隆十二年　丁卯　一七四七　四歲

武進趙懷玉億孫生。

乾隆十四年　己巳　一七四九　六歲

武進黄景仁漢鏞生。

乾隆二十一年　丙子　一七五六　十三歲

遊邑庠。

金捧閶《客牕偶筆》卷一：『年十三，遊邑庠。』

乾隆二十七年　壬午　一七六二　十九歲

鄉試中式。

金捧閶《客牕偶筆》卷一：『十九捷鄉薦。』

乾隆二十八年　癸未　一七六三　二十歲

成進士。

正考官爲刑部尚書金匱秦蕙田樹灃，副考官爲禮部侍郎滿洲正白旗德保仲容，兵部侍郎錢塘王際華秋瑞。

李周望、德沛《國朝歷科題名碑録》：『乾隆二十八年癸未，賜同進士出身第三甲一百三十名，屠紳，江蘇常州府江陰縣民籍。』

按先生列第三甲第十名。

陳延恩、李兆洛《江陰縣志》卷十四選舉二：『乾隆二十八年癸未秦大成榜，屠紳，字賢書，雲南尋甸州知州。』

法式善《清秘述聞》卷七：『乾隆二十八年癸未科會試，考官刑部尚書秦蕙田字樹澧，江南金匱人，丙辰進士。禮部侍郎德保字仲容，滿洲正白旗人，丁巳進士。兵部侍郎王際華字秋瑞，浙江錢塘人，乙丑進士。題「子曰甯武」二句，「子曰無憂」一句，「淳于髡曰去之」。賦得「從善如登」得「難」字。』

金捧閶《客牕偶筆》卷一：『二十成進士，翁指先生祖六吉以覃恩膺誥命，德配顧氏贈太宜人。』

乾隆三十四年　己丑　一七六九　二十六歲

是年七月，與洪亮吉、趙懷玉、莊寶書、邵辰煥、劉駿等，訪陳明善刺史於城西徐墅亦園，唱和詩極多。

呂培等《洪北江先生年譜》：『三十四年己丑，先生二十四歲……七月，與諸同人訪城西徐墅陳刺史明善於亦園，與無錫邵秀才辰煥、江陰屠進士紳、同里劉文學駿、中表莊上舍寶書、趙上舍懷玉，唱和詩極多。』

洪亮吉《更生齋詩》卷第三《山椒避暑集》：『《十九日偕陳刺史明善同詣亦園夜宿即席賦贈》：我初來亦園，主人耽賦詩。坐客劉文學駿邵文學辰煥屠刺史紳，各各拈吟髭。我再來亦園，主人思彈冠。名士欲出山，笑殺蔣侍御舅氏與袁大令枚。……』

趙懷玉《亦有生齋集》詞卷第一《秋籟吟》：『《沁園春·亦園次屠賢書韻》：弱冠科名，唾手拈來，宜乎近狂。任一門才望。封胡遏末，同時聲價，沈宋錢郎。但喜高歌，常拚痛飲，相遇名園共醉鄉。秋初到，試回風落葉，一聽虛堂。論詩何必宗唐。祇小技從人議短長。看紫薇籠月，花陰濃淡，紅蓮著露，煙水蒼茫。僕本多愁，君能自放，禮法寧爲我輩防。匆匆別，記蜘蛛簾幕，蟋蟀林塘。』

黄景仁《兩當軒集》卷第二十二：『《别亦園諸君即用屠笏巖贈別原韻》：我懷鬱塞何由開，當頭白月照我杯。我恨綿綿幾時已，却似東流大江水。天風吹我遊名園，上座衮衮羅群賢。鳩形鵠面忽闌入，不逢睡噦翻遭憐。憐我亦何有，愛我意殊厚。贈我瓊瑶篇，酌我醽醁酒。我雖不才感則多，君縱不言愧若何。十年飄泊膽肝膽，指胸欲語聲荷荷。寧雄飛，莫雌伏。千里萬里各在足，人生隨處可不惡，人生及時且行樂。脱帽露頂長叫呼，狂奴故態今復作。須臾月落城啼烏，酒酣看劍光模糊，舉頭喝雲雲爲逋。噫吁嚱！此時行樂不可無，此時欲别將何如？』

金武祥《粟香四筆》卷四：『距余家東北十餘里徐墅，爲武進循理鄉，有徐氏亦園，國朝陳廷揚先生國柱創築，……乾隆間，其孫野航太守明善增築之。……』

八月十九日，先生與錢璟、莊寶書、劉駿、洪蓮洪亮吉原名集趙懷玉味辛齋賞月，趙氏有詩紀其事。

趙懷玉《亦有生齋集》詩卷第一：『《八月十九日錢八璟莊四寶書劉大駿洪大蓮屠二紳

集味辛齋桂樹下》：平分秋色秋剛半，屈指年光速流換。庭前老桂一夜開，黃雪飛香清鼻觀。招邀同輩三五人，據石臨流設風幔。是時日午懸清光，大豁前楹敞虛館。評詩争論唐以前，傳酒何辭爵無算。名山事業付阮屐，敝屣功名笑嵇鍛。雪泥鴻爪亦何常，浮梗飄篷合終判。諸公要作席上珍，而我不辭廚下爨。二難四美兹夕并，過眼雲煙君莫歎。江山閒福天所私，他日得之當壟斷。聲聲壺漏刻屢移，卜飲詎嫌宵復旦。酒闌乘興蹋六街，冷月侵衣人影散。歸來牆角雞三號，東有啓明光爛爛。』

與趙懷玉、洪亮吉在味辛齋聯句。

趙懷玉《亦有生齋集》詩卷第二：『《味辛齋聯句》：霜節開元冬，雲蹤感素友。言過平原居江陰屠紳賢書，喜得嵇阮耦。庭鞠澹可餐懷玉，高文疑即剖。忽憶兩楊子煒煐、紳，如隔三秋久。相邀到元亭懷玉，共話入談藪。工詩駕盧前紳，讀書屏唐後。狎每脱形骸懷玉，交弗忘杵臼。夕暝分袂歸紳，徑暗循牆走。高朋快合并懷玉，幽齋少氛垢。拌揮辟塵犀紳，欲覓掃愁帚。芳情訊漆膠懷玉，雅報失瓊玖時期洪蓮不至。空復期蘆碕紳，邈焉隔林阜。禦寒乞圍爐懷玉，遣興聊鬭酒。嚼螯試蠶食紳，吸盞類鯨吼。盤飧羞腐儒懷玉，卮言傲蒙叟。矯如龍破壁紳，縮若魚罹罶。豁達披膽肝懷玉，精誠結心口。允矣保參辰紳，壯哉吞八九。俠或舞雙丸懷玉，傲不甘五斗。燭跋顧爾僕紳，樽空謀諸婦。丁丁共圍棋懷玉，嗚嗚獨擊缶。含情欲寄誰紳，問狂孰如某。機心畏木貓懷玉，錦字謝芻狗。今是昨豈非紳，君然吾詎否。問年人在丁懷玉，博物山窮酉。絶俗比癯仙紳，惜陰嘉哲后。才名等浮雲懷玉，時運或豐蔀。處甕憐醯雞紳，象人譏土偶。巧聽莫如聾懷玉，餂言直欲嘔。世途一綫危紳，吾道三緘守。短衣困風塵懷玉，半面昧姸醜。術擬乞壺公紳，身合侍金母。人生貴適意懷玉，與俗誠何咎。但無戟橫胸紳，底須印懸肘。少年多公卿懷玉，小隱宜畎畝。泉明曾荷鋤紳，子雲嗟覆瓿。襟期托滄洲懷玉，睥睨撼培塿。淮陰出敝袴紳，季布居廣柳。國士當固窮懷玉，鴻聲慮速朽。榮枯總難料紳，得失兩何有。嚴城柝漸催懷玉，遠寺鐘初叩。腸恐車輪回紳，裘想狐貉厚。寒雨滴空階懷玉，驚飈落虛牖。人已違拍肩謂洪秀才蓮、紳，吟還試叉手。品附李郭間懷玉，句讓韓孟右。毋使晚節凋紳，當與名山壽。嘉會亦匪常懷玉，清宵詎堪負。車笠訂牲盟紳，東西任馬首。勖兹忠信懷懷玉，息彼兒童詬。後日紀詩篇紳，亥月歲己丑懷玉。』

同上書卷第二：『《味辛齋後聯句》：宴景方移序，霜風乍戒嚴。庭堆林葉滿懷玉，池印月痕纖。坐處侵書帶屠紳，行來側帽簷。氈爐思集友洪蓮，酒琖欲呼蟾。良讌欣併合懷玉，時名畏被漸。不知還食蛤紳，若笑豈如鹽。刻燭更初二蓮，呼盧技每兼。韻寧辭競病懷玉，言或鬬炎詹。作賦杞從鞠紳，掄才梓共枏。醉憑青袖涴蓮，香漸綠窗熸。茗列龍團品懷玉，書標獺祭籤。詠諧當一鳳紳，氣誼合雙鶼。瓊玖千金報蓮，溪山四壁粘。頭屏應誤觸懷玉，胸石試教磏。少小推曇首紳，襟懷企子瞻。高談應振聵蓮，狂態恐成痁。誰爽羊求約期蔣民部熊昌不至。懷玉，而違烏鵲占。半生交耐久紳，十載意誰忺。枉顧南頭阮蓮，仍眠北牖潛。捷輸蜣易轉懷玉，槁識蚓難廉。與物何涇渭紳，宗儒任洛濂。實慚爨內儁蓮，譽仰邑中黔。无咎囊須括懷玉，何能髮可鉗。舞拌鸜鵒巧紳，裘擬鷫鸘添。賤子年同禹蓮，群公筆授淹。各深情款款懷玉，自覺喜沾沾。敢以斑窺豹紳，要當膽勝蚺。茂先矜博物蓮，大令善揮縑。月旦尊吾鄗懷玉，風流照里閻。醉醒恒病獨紳，毀譽總謀僉。半角看愁篆蓮，同根託蔓蘞。功名歸煮芋懷玉，生計恃磨鎌。往往儒冠誤紳，行行素履跕。地卑終惡濕蓮，啖盛詎趨炎。守舍三尸護懷玉，居肓二豎殲。

卞和偏屢刖紳，司馬竟傷閹。識羡臨淵網蓮，機參射雉籈。行藏宜卜豫懷玉，酬酢貴鳴謙。劇愛參軍短紳，因懷學士髯謂錢進士璟。但能交有道蓮，奚復蹟相嫌。位置星辰上懷玉，搜羅花草拈。隔窗人悄悄紳，擁被夜厭厭。板屋雞聲凍蓮，茅齋樹影尖。忍寒親棐几懷玉，拂曉坐緗簾。有句驚青出紳，無心到黑甜。奇篇橅石鼎蓮，新詠薄香奩。佳會頻敲管懷玉，塵懷請下砭。清樽傾北海紳，白日惜西崦。地昔棲鸞樹蓮，人今倚玉蒹。吟殘望朝旭懷玉，深隱酒家帘紳。』

是年冬初雪，先生與洪亮吉往訪趙懷玉，趙氏有詩紀其事。

趙懷玉《亦有生齋集》詩卷第二：『《初雪屠二紳洪大蓮過訪用聚星堂韻》：虬枝凍裂飛乾葉，昨朝臘八今朝雪。雪兮久別如故人，豁眼凝空呼快絕。有客相招出門去，亂撲不知巾角折。安得羊羔酒淺斟，要令鶴氅塵先滅。强將斗笠遮寒侵，遥看青帘被風掣。天邊鴈影低作字，池畔冰花碎成纈。揭來清賞繼聚星，吾輩雄談驚鋸屑。歸途暝色亂昏雅，燈火柴扉正飄瞥。呼童炙硯笑學步，好事歐蘇試重説。門外怕看三尺深，兩腳縮眠衾似鐵。』

和洪亮吉《典衣行》。

洪亮吉《玉塵集》卷上：『臘後一日，寒甚，午後忽屠笏岩、趙味辛、黄仲則過訪，余拉入酒肆痛飲，明日典衣償之，作《典衣行》，三君皆和韻以贈。屠《後雨夜懷人絶句》云：旗亭風雪便句留，一榼能教五體投。我憶洪都狂道士，興闌親典鷫鸘裘。』

按先生和詩今佚，趙氏詩見《亦有生齋集》詩卷第二。

先生除與洪、趙、黄諸人時相唱酬外，在當時獨處窮鄉，似不甚得意。

趙懷玉《亦有生齋集》詩卷二：『《歲暮懷人二十首·屠紳賢書》：暨陽屠進士，生計祇空囊。人病嵇康傲，吾憐阮籍狂。醉恒眠酒市，勇不遜詞場。風雪江邨裏，裁詩寄草堂。』

乾隆三十八年　癸巳　一七七三　三十歲

是年署雲南師宗縣知縣。

阮元、王崧《雲南通志》卷一百二十二秩官志二之十四：『師宗縣知縣，屠紳，三十八年任，見前。』

乾隆三十九年　甲午　一七七四　三十一歲

首次校士。

師範《師荔扉先生詩集》卷二十八附録『檀萃《考績吟》序：趙州師君荔扉，以甲午舉於鄉，爲亞元，出老友屠公笏巖門。……』

乾隆四十二年　丁酉　一七七七　三十四歲

正月，自滇運銅至京，有《銅人詠》之作。

遇門人師範。

師範《師荔扉先生詩集》卷一原《金華山樵詩前集·觀海集刪稿》：『《京邸晤房師屠笏崖先生，出示近作蛇字韻詩七首，依數次之》。』詩從略

同上書卷二原《金華山樵詩前集·芙蓉館存稿》：『《笏巖師復以卓異至都夜過寓邸賦呈四十韻》詩注：丁酉春以運銅至都，有集名《銅人詠》。』

瀕行，與徐書受、錢致純、王復、胡梅諸人話別並聯句。

徐書受《教經堂詩集》卷四：『《春夜集屠笏巖明府寓齋話別聯句四十韻》：蹤跡天

涯合書受，盤桓夜漏沉。壯懷乘萬里錢致純，良會抵千金。幾點星明户王復，三更月逗林。壺觴同繾綣胡梅，硯席見嵚嶔。市近猶聞筑屠紳，車閑好載琴。百蠻憑勝概書受，六詔恣幽尋。鳥道懸如綫致純，烏蒙矗似簪。諸猺分僰爨復，列障界滇黔時筠巖還師宗任，地當雲貴接壤處。馬首煙迎瘴梅，牛蹄水積涔。浮湘回望斗紳，躡棧記捫參。圖史攜傢具書受，梗柟獻國琛。喜同毛捧檄致純，悴異屈行吟。入境繁花燦復，垂簾細蘚侵。雄才探大酉梅，下邑畏僉壬。斯道甘三刖紳，維躬凜四箴。化應聞蜢蠓書受，廉不貴璆琳。彌勒雙峰繞致純，盤江一派湛。專城資墨綬復，利器別霜鐔。治本由經術梅，吾方愛德音。鶩名仍足繭紳，食字尚書蟫。佩自紉蘭蕙書受，人誰溉釜鬵。散儒嗟在昔致純，薄宦感於今。結納疇王貢復，遨遊或向禽。輕裝餘笠繖梅，古誼重苔岑。匪石能攻玉紳，將磁可引鍼。毋卑升斗禄書受，且惜寸分陰。傾蓋知何晚致純，移棨坐轉深。艱難聊把臂復，出處共題襟。杜若搴芳沚梅，楊枝蘸碧潯。驪歌俱掩抑紳，鳧舄漫登臨。計里瞻亭堠書受，催時聽鳩鵀。袖籠雲靉靆致純，鞭拂樹橚槮。獠許奴耕耨復，獞看女織紝。土饒民反朴梅，風癘氣多喑。改歲飛遥札紳，他邦占素心。俗徒矜諤諤書受，年與驟駸騣。聞望期騰達致純，馳驅敢滯淫。東方愁欲曙復，南浦思難禁。岐路成孤往梅，羈懷耐淺斟。黯然從此別紳，夙志佇爲霖書受。』

同上書卷四：『《再次莊四韻贈屠笏巖》：天門開詄蕩，玉闕朝群真。雲烟散縹渺，上有餐霞人。萬物各生子，元氣實老親。迢遥去蓬島，大藥求之頻。黄金卒難致，百感憂傷神。飄飄雙白鳧，矯矯迥絶倫。萬里忽相接，告我良諄諄。故鄉十載别，遠道復苦辛。寒冬走風雪，又及瀛洲春。花枝何離離，花落催作薪。三人促坐席，四人挈衣巾。盍簪此高會，廉吏固不貧。朝飛向雲渚，暮鳴宿沙湄。儔侣各相慕，毛羽紛矜新。且可安飲啄，未易離風塵。善爲衆人母，毋失赤子仁。大隱隱朝市，山林難重陳。男兒既許國，詎宜私厥身。』

乾隆四十五年　庚子　一七八〇　三十七歲

三月，先生以報最入京，重遇師範話舊。

師範《師荔扉先生詩集》卷二原《金華山樵詩前集·芙蓉館存稿》：『《笏巖師復以卓異至都夜過寓邸賦呈四十韻》：弟子名偏拙，先生道獨親。再逢皆萬里，小别亦三春。衮衮嗟前事，悠悠笑此身。但求收賈誼，那復羨王峋。憶昔披雲日，初當折桂晨。菲材叨剪拂，哲匠妙陶甄。謬許南中傑，高登席上珍。詩陪蘇軾賦，經向馬融陳。琴劍征途啓，冠裳帝里新。頓思騰弱羽，寧致老潛鱗。一蹶魂猶悸，長鳴志未伸。趨庭餘筆墨，挾策走風塵。杖履重相接，文章始見真。艱虞浮蜀水，慷慨詠銅人丁酉春以運銅至都，有集名《銅人詠》。曲演玲瓏玉，香侵鑿落銀。詞壇瞻跋扈，酒陣怯逡巡。忽向青門外，言歸北海濱。夢迴煙闇淡，雪映影酸辛。離索工爲客，追隨僅浹旬。所期堅素抱，聊以謝洪鈞。螢聚虛窗曉，書攤斗室勻。靜招秋月語，閒卜白鷗隣。石性誰能轉，龍心詎肯馴。尋山安冷眼，運甓養勞筋。後進紛儇薄，卑棲異隱淪。卞和終戀楚，張祿更遊秦。蘂榜緣仍仄，瓊林望欲湮。每懷金鸑鷟，恥作書麒麟。舄喜朝天至，歌驚斫地頻。光明消險阻，舉動露嶙峋先生中途曾罹无妄，旋得白。愧我狂如故，翻云詣已純。燭斜河壓户，話久淚盈巾。無路酧知己，何時置要津。乾坤開盛世，禮樂擁儒臣。原憲羞稱病，揚雄尚守貧。坐施花政事，卧試藥經綸。跌蕩情堪憫，蒼茫興有神。持躬悲鹿鹿，善誘感循循。意氣由來合，輕肥不足論。燕臺今夜景，垂象在星辰。』

晤洪亮吉、徐書受，二人賦詩贈之。

洪亮吉《卷施閣詩》卷第一《傭書東觀集》：『《屠大令紳以報最入都話舊賦贈四首》：遠宦迢迢十載餘，相逢我亦頷添鬚。賢勞已覺官聲起，憂患偏憐壯志虛。釜欲生魚推上考，書應成蠹少寧居。重來流輩俱清秩，莫哂狂奴尚鹿車。一縣無能滿百家，水深山瘴路尤賒。未妨茅廨吟詩鉢，慣聽荒城破曉笳。民雜猺獞難定户，官清胥吏厭隨衙。敝衣報政來京闕，却使尋常計吏譁。剪蔬我奉北堂餐，市酒君憐阿姊寒君伯姊適汪氏，與余鄰居，君恒主其家。五載篝燈通夜紡，常時籬落饋春盤。青雲志節賓朋慰，緑鬢升沉里巷看。今日乍逢先涕下，板輿天末羨承歡。門前都復有青山，憂患時時擬閉關。客早自憐華鬢改，官貧莫愧俸錢慳。閒中歌板消年歲君喜度曲，歸後谿船遞往還。我亦尚營千載業，著書多欲待君删。』

徐書受《教經堂詩集》卷六：『《酬屠笏巖入都投贈之作即送還滇南》：與子别五載，彈指未爲久。何爲夢寐勞，顛倒靡不有。自君宰遐陬，城郭大於斗。獄訟常顰眉，豪猾遽拱手。當時年最少，濯濯似春柳。今忽鬚鬑鬑，立身固非苟。爾去延年苛，已慰不疑母。祿養寧嫌卑，高堂進卮酒。抱有垂髫孫，侍有椎髻婦。念爾去天涯，風塵送馬首。吾儒學爲政，恥在古人後。南夷矧强悍，讐殺置不剖。由來官吏懦，凜凜保印綬。隱忍心懷慚，不暇詰誰某。君怒殲厥魁，先爲渙群醜。智若止水澄，力足負山走。氣攝千夫雄，囊挾三日糗。褫此生奸魂，憫彼死骨朽。傳聞互驚嗟，何況身所受。定變殊從容，一矢幾曾掊師宗地七百里，夷最雄桀，邑令懼激變，常優容，笏岩至，立磔一人，此風少息。惟予性樸訥，交誼貴盈缶。豈敢矜知人，十恒中八九。悠悠視秦越，忽忽耗卯酉。未解箋蟲魚，已詡辨蝌蚪。躁進精已銷，何以肩重負。我敢憂遲遭，造物玉我厚。倉卒羞臨民，無由向田畝。愛君十年吏，充腹尚藜莠。薄俸雖無餘，猶堪贍八口。長孫伯周間，列爾漢廷右。』

乾隆四十六年　辛丑　一七八一　三十八歲

與洪亮吉約，擬共買洪氏外家鸛蕩莊別業，未果。

洪亮吉《卷施閣詩》卷第二《憑軾西行集》：『《與丁二履端夜話即以贈別》詩注，時余約與屠大令紳，共買外家鸛蕩莊別業，丁君言已爲渠親串所得，並以志感。』

乾隆四十八年　癸卯　一七八三　四十歲

黄景仁漢鏞卒，年三十五。

乾隆五十二年　丁未　一七八七　四十四歲

遷尋甸州知州。

阮元、王崧《雲南通志》卷一百二十一秩官志二之十三：『尋甸州知州，屠紳，江陰人，進士，五十二年任。』

第二次運銅至京，師範後先生十餘日至，未遇，成詩寄尋甸州署。

師範《師荔扉先生詩集》卷四原《金華山樵詩前集·駢枝集》：『《笏崖師復以運銅來京，予抵都前十餘日，始由潞河還南，未及追晤，遂依先生所題《跨月圖》韻，成詩一章，寄呈署中》：馬嘶燕樹春，帆挂潞河色。那冀咫尺區，相違永相憶。我師宦滇海，萬里限南北。篋有星斗文，風雨不敢蝕。排空縱龍性，傅日展鵬翼。兩任令與牧，政簡訟自息。記題跨月圖，能使枉者直。移情操水仙，可望未可即。幾時扣官齋，雄談洗俗臆。故紙束牛腰，長踞証所得。桃李先生門，何必非嘉植。峩峩鳳梧山，把酒祝明德。』

回滇時經常州，晤同邑金捧閶先生，歌《赤壁賦》，金氏賦《鳳凰臺上憶吹簫》一闋贈之。金捧閶《客牕偶筆》卷一：『歲丁未，笏巖遷尋甸州刺史，入覲回滇，過常郡，余與晤於蔣潁州太守立庵齋，燈昏畫燭，鼓打譙樓，爲余歌《赤壁賦》，余填《鳳凰臺上憶吹簫》贈之云：「千古眉山，兩番赤壁，而今遇此風流。想賦詩横槊，百萬貔貅。羽扇綸巾談笑，東來鶴，西望旌斿。君休悵，吹簫客去，遺響還留。悠悠。十年報最，聽竹馬兒童，和此清謳。奈青衫寄跡，黄卷埋頭。愧我從前盛氣，蹉跎矣，酒也含愁。渾攜取，江流有聲，一葉扁舟。」迄今魚雁音乖，雲山望杳，四方奔走，故我依然，而每憶浩歌，猶覺洋洋盈耳也。』

友人趙懷玉、吴錫麒，咸有詩詞送行。

趙懷玉《亦有生齋集》詩卷第九：『《送屠二紳之官滇中》：十年未改舊狂名，且喜頭銜近乍更。治績即今傳絶徼，賦才多半屬閒情。幾人宿草頻增感湯大令大奎、黄秀才仲則，萬里炎風又送行。畢竟輕軀故山穩，得歸何待有田畊。』

吴錫麒《有正味齋詞集》卷三《佇月樓琴言》三：『《齋天樂·送屠笏巖州牧紳還尋甸》：

東風又緑今番柳，一枝拚爲君折。燭醉前宵，雲吟萬里，帶去長安春色。光陰轉瞥。料細雨蠻天，跳歌聲歇。草長花飛，冶情都仗舊鶯説。奇書續成滿篋。早燈窗讀罷，腸更縈結。小店聽雞，荒山説虎，定念故人新别。天涯短髮。怕冷絮相尋，一簪催雪。夢入蒼茫，竹王祠下月。』

乾隆五十三年　戊申　一七八八　四十五歲

在廣通任，以所撰《瑣蛣雜記》示師範。

師範《師荔扉先生詩集》卷五《南還紀行》：『《廣通縣署謁笏崖師即席賦呈》：庚子與師别，都門花正紅。董春疏問難，王粲舊飄蓬。名恐傳經拙，文慙落魄工。尚餘奇字在，立雪許誰同。雨過訟庭静，四山圍一城。未抽賒酒券，時出詠詩聲。傲吏俱如此，閒花不記名。鼠肝與蟲臂，觸處露深情時出示《瑣蛣記》。』

乾隆五十五年　庚戌　一七九〇　四十七歲

在尋甸任，師範來訪，並爲先生題象。

師範《師荔扉先生詩集》卷六原《金華山樵詩前集·歸雲集》：『《庚戌萬壽節笏崖師約

飲壇次以詩索和恭次一律》：詩成貫蝨復穿楊，技到通神手亦忘。快覩奇珍入都市，虔瞻禮器向明堂。筵開萬壽心全赤，夢叶三刀鬢已蒼。遠憶紅雲深擁處，千官拜舞日皇皇。』

同上書卷六原《金華山樵詩前集·歸雲集》：『《庚戌八月過尋甸謁笏崖師酒次辱贈長歌依韻奉呈》：丈夫作事不受庸人絀。庸人相對恒咥咥。我師愛才如辨味，半李井上猶三咽。暗中摸索録狂生，茁軋丕休兩俱絶。是時範也方少年，金馬坊前輕賦別。都門一晤再晤春風高丁酉正月，庚子三月，秋隼盤空去飄瞥。廣通尋甸山水鄉，倒屣相迎許側彭宣列。囊貯洞庭雲，袖拂燕臺雪戊申過廣通，以南還紀行，今秋過尋甸，以《出岫集》先後就正。酒酣拔劍吟滇月，胸餘奇氣得傾洩。先生把筆爲予説，處世寧愚不可哲。任他溲勃參蓍苓，收入藥籠足怡悦。行路難於上青天，後軌何當繼前轍。聞言頓使心目開，口中未敝張儀舌。書畫雖慚老鄭虔，玉亦有瑕竹有節。舉主幸遇歐陽公，磁石何妨引頑鐵。』

同上書卷六原《金華山樵詩前集·歸雲集》：『《酒次咸懷呈笏崖師即用荆南長字韻》：鳧何短短鶴何長，蘭桂無風静抱香。劍氣只宜干薛燭，馬聲原自戀孫陽。廿年心老風雲路，萬里身依日月光。辛苦一官羅魯海，僾將吾道啓南荒。』
同上書卷六原《金華山樵詩前集·歸雲集》云：『《爲笏崖師題照》：皎皎神凝玉雪清，陶然一醉更多情。花風香沁詩人骨，撒手羅浮頂上行。』
同上書卷六原《金華山樵詩前集·歸雲集》云：『《笏崖師促荆南以詩留行次韻奉酧》：七上春明遇獨窮，萬山歸路夕陽中。秋來易發陳人感，老去常懷國士風。詩淺不嫌酧唱數，情深倍覺挽留工。師門何敢輕言别，願託離情向晚楓。』
同上書卷六原《金華山樵詩前集·歸雲集》云：『《次笏崖師酒後見遺韻即以留别並柬荆南》：子山徒自吟三婦，文舉何甘作大兒。乍愜清眠緣病酒，坐呼銀燭醉題詩。紅綾宴罷春如海，玄草成時字盡奇。麾下偏陪堪將將，文壇何處有雄師。』

乾隆五十六年　辛亥　一七九一　四十八歲

爲尋甸楊中選撰墓誌銘。

方樹梅《滇南碑傳集》卷十六屠紳撰《楊晴軒太史墓誌銘》：『予蒞任尋甸，簿書少暇，與其賢者遊，始識晴軒先生于州序，愛且重之，謂有古人郭有道之概。今年先生卒，其孤以行狀請予志銘於墓，予方以老成之慭遺，爲州人悲，因亟表彰之，用昭來許，而示後人。……先生生於康熙庚子年四月二十七日巳時，卒於乾隆辛亥年四月初六日巳時，壽七十二。』

乾隆五十九年　甲寅　一七九四　五十一歲

先生在北京，與秀水王復結兒女親。

趙懷玉《亦有生齋集》詩卷第十三：『《屠刺史紳王明府復訂昏姻之好招同人集孫比部星衍寓齋分得交字》：高齋勝侶樂投膠，宴衎欣占漸二爻。兒女關心中歲計，風塵握手廿年交。尚餘故態當筵發，各有新書付客鈔屠有《瑑蛣雜記》，王有《甲子大事表》。卜晝未妨兼卜夜，醉看斜月下林梢。』

洪亮吉《卷施閣詩》卷第十五《關嶺衝寒集》：『《歲暮懷人二十四首·屠刺史紳》：案牘如山目已迷，趁閒偏欲逞篇題。縱官刺史無千石，却學君卿有十妻。好友總抛蠻嶂外，全家憶住小湖西所居名西小湖。何時共泛南歸棹，卧聽溪禽自在啼。』

師範《師荔扉先生詩集》卷八原《金華山樵詩前集·考績吟》：『《廣通縣懷笏崖先生》：

簿書叢裏寄儽蹤，倉卒曾經此地逢。流水半河山四面，棠陰猶護舊花封。一肩行李戊申年，並馬梅林聽泠泉。誰記白頭狂弟子，題詩重掃石床煙。』

乾隆六十年　乙卯　一七九五　五十二歲

先生還滇，徐書受設筵送行，分韻賦詩。

徐書受《教經堂詩集》卷十三：『《笏岩刺史自京還滇偕秋塍瓘仙留飲小齋予分韻得六魚二首》：顛毛未改訂交初，别後頻傳萬里書。敢爲折腰辭薄禄，依然此腹貯寒菹。君應治學西門豹，我豈豪争北路魚。各有文章堪志怪，莫嫌紙貴費抄胥時君以《瑣蛣雜記》見貽，君亦索予所著《談藪》。潘車有女更同車，名士風流合讓渠。誦黑心符吾可免，服黄昏散爾何如君有數妾，近又新納一姬，故調之。典衣留客貧堪笑，刻獨題詩習未除。禽向會須婚嫁畢，約登五嶽願非虚。』

嘉慶元年　丙辰　一七九六　五十三歲

在滇，將赴廣州任，保山袁文揆爲先生題畫梅册，即以送别。

袁文揆《時畬堂詩稿》卷四：『《題屠笏岩先生畫梅册即以送别》時由滇牧陞粤東通守：

瘦梅吐春葩，意自歲寒得。寒盡春漸滋，枝頭弄顔色。惜花還惜别，折贈心惻惻。況我初逢君，風雨乍離即。誰寫君前身，春風信有力。琴鶴不可留，雲冷龍潭黑（黑龍潭紅梅二枝最古）。餘香散晴昊，逸韻灑翰墨。君去我尋梅，見梅憶舊識。舉酒酹花神，從君羅浮側。不礙路東西，更辨枝南北。我如仍赴隴，倩君寄消息。』

任廣州通判。

戴肇辰、史澄《廣州府志》卷二十三職官表七：『屠紳，江蘇人，元年任。』

《蟫史》之寫作，似已於是年開始。

魯迅《中國小説史略》第二十五篇《清之以小説見才學者》：『《蟫史》爲長篇，署磊砢山房原本，金武祥《粟香隨筆》二，云是紳作。書中有桑蠋生，蓋作者自寓，其言云，「予，甲子生也。」與紳生年正同。開篇又云，「在昔吴儂，官於粤嶺，行年大衍有奇，海隅之行，若有所得，輒就見聞傳聞之異辭，彙爲一編」，且假傅鼐扞苗之事（在乾隆六十年）爲主幹，則始作當在嘉慶初，不數年而畢，有五年四月小停道人序，次年則紳死矣。』

嘉慶二年　丁巳　一七九七　五十四歲

先生在廣州。

徐書受有詩懷先生。

徐書受《教經堂詩集》卷十四：『《懷人七律三十首·笏巖通守西河野甫華亭三大令》：天教飽啖荔枝紅，摇筆争堪賦颶風。何事齋諧矜志怪笏巖著《雜記》，尚應阿堵諱言窮華亭有《持籌握算圖》。雙眸短視讀偏敏西河，右手不仁書更工野甫善左手書。柳柳韓潮蘇儋惠，名流例占嶺西東。』

嘉慶六年　辛酉　一八〇一　五十八歲

先生在北京，與師範詩酒唱酬。

師範《師荔扉先生詩集》卷十四《嘉慶選人後集》下：『《同人小集寓齋笏巖師有詩紀事依韻和呈》：文字契合皆前緣，秋闈五度羅群賢。都向藥籠作參朮，掇拾奚用分後先。先生遠從延陵至，未親光霽逾十年。同人燕臺懽聚會，影入明鏡分媸妍。偏裨亦可侯萬户，如水有涯山有顛。昨宵新雨喜乍歇，春雲淡淡魚鱗天。脱手將相亦偶耳，夔能憐蚿誰夔憐。狂來合覓裙屐飲，猗歟吾道寧終焉。明歲此日更何處，再逢爭頌張樂全。

附原韻　　笏巖

吴儂早結文字緣，鄯闌府中得兩賢。珊瑚之網竟何有，庶幾師君稱最先。吴子遠在金齒衛，劍器蔚跂逢壬年。老夫髦矣若腐草，惟此數人人樹姸。黄金臺下駿骨朽，春塵撲面春風顛。過從頻仍會櫻筍，一樽共酌羲皇天。勳名徐徐各勿悵，意氣落落交相憐。後至酒人有季重，南皮瓜李毋忘焉。他時不識幾强健，記取風義吾徒全。

《四月初九日京邸小集席間步笏巖師韻》：老踏天衢十丈埃，新聲合譜尉遲杯。研京尚許箋平仲，瀝酒憑誰説怪哉。厄到黄楊知遇閏，吟逢白雪敢言才。爲鴛爲駿休相詫，都被孫陽剪拂來。

附原作　　笏巖

腐儒何事走塵埃，京洛相逢且舉杯。爲政此時知可矣謂荔扉達夫，求名前代陋休哉謂曉林。左遷但覓棲雞食自謂，下第仍懷薦鶚才謂友棠。多媿匡山山畔秀謂匡山，清閒還復叩扉來。』

春夏間，先生以暴疾卒於客寓。

師範《習園藏稿鷃亭詩話合序》云：『辛酉春夏間，予以選人赴吏部，屠先生適候補入都，飲酒賦詩，晨夕相往來，予出京十二日，而先生頓卒於客寓，遺愛云亡，老成凋謝，晨星零雨，愈用黯然。……』

友人洪亮吉、陸繼輅，咸有詩挽之。

洪亮吉《更生齋詩續集》卷一：『《檢得屠刺史紳所寄詩追挽一首》：故紙重繙百感興，卅年前事杳難憑。閒情究累韓光政，醇酒先亡魏信陵。曾記竺中重九讌，未忘燕市上元燈。詩人循吏談何易，一著終當讓義仍君生平慕湯義仍爲人，然作吏傷於酷，以此不及。』

陸繼輅《崇百藥齋文集》第三《邗上題襟集》：『《五哀詩》並序：年來遭師友之戚，屢欲有所譔次，以述悲悼，南北奔走，輒復無閒，秋日客黄浦，孤館客散，一燈熒然，追思往事，忽忽淚下。嗟乎！上愧端木築室之誼，次慚巨卿素車之臨。酒鑪如故，竹林之遊難再。宿草不哭，玉樹之恨何窮。聊志深痛，各爲一詩，目曰五哀，以先後爲次。《廣州通判屠君諱紳》：心期鬱鬱向誰陳，論定斯人我最真。遊戲文章都奥衍，倡狂意氣是酸辛。憐才熱淚傾如水，垂老柔鄉葬此身。却悔臨歧殊草草，危言含意未全伸。』

附録一　屠笏巖先生詩文輯存

阿井泉

洪蒙鑿無朕，禽㲉漏天一。物母之胚胎，璚源閟璇室。帝矜塵土焦，無以植甲乙。元氣不流潤，維民味陰騭。凝承俾元冥，澤逮沇所出。魍魎隨支祁，枕流被訶叱。始疑禹導菏，靈脈隱滵汩。上壽萃中古，滋生罔多術。後人尚頤養，丹液苦堙窒。遂啓阿大夫，疏渠豁蒙密。泉超釀及醴，井合鹽與橘。清濟濁河外，澄泓夜瑟瑟。銀鐺火爍金，黑衞革如漆。裍桑類靈蠵，入藥過遷朮。長官柄率育，洄酌道慈恤。狃是棄廉泉，烹齋竟口實。更聞清冷初，渴飲成腹疾。受福非偶然，精多詎蠲吉。聖人惻我心，燮理有始卒。煎熾于洪鑪，群生意翔逸。

顧季慈《江上詩鈔》卷一百二十一

南掌貢象

皇帝庚戌夏，萬方呼萬壽。馴兹南掌國，率舞致大獸。物也有孳生，大荒自婚媾。歲爲種人豢，牡先而牝後。孕及十二辰，居然子生候。厥牙未杈枒，厥目已美秀。鼻小肆旁掠，得于乳湩湊。三年氣吞牛，力與鞠育副。塗過九隆道，忽爾胎生又。嬌唬亦守雌，母教有所授。溪黑兒病涉，準長載且覆。瘴煙養肌膚，各以口食就。顧視憐最小，行行恐顛踣。入關王道平，棘刺勿心疚。邊將喜不寐，封章妙敷奏。天南象如人，夫婦偕長幼。並展君臣禮，此邦不固陋。慈雲引何窮，庶類各碩茂。大小同太平，豈徒壤奠舊。封牛及師子，上苑焉能究。此客盡室行，全家若世胄。甯甘齒潛埋，他族競耕耨。竊忝南蠻長，搜奇紛在庭。逸書紀嘉祥，斯不獻群后。煦嫗或殰殈，時和隨獮狩。人倫暨物倫，燦若文明晝。郊藪之所希，成形上列宿。庶幾命譯史，作頌光宇宙。

師範《滇繫》十二之一

清江浦晤陳瑚海用坡韻

巴船上牐猨夜呼，袁浦月出東南隅。如舟學舍向安在，半刺豁眸一語無。荆梁五月抵淮海，底事書札違潛夫。幾載憶君路成夢，不虞此地相攀扶。君身苦貧我非病，頣頷但各添黄鬚。摩訶謂蕭梅村一卧唤不起，問知我者今則迂。槐陰守寂若棋死，自植不倩春陽蘇。蠙珠照水魚戲荇，向來顧盼憐其姝。蘭心與子對牀好，銅臭無乃非真吾。鯤鵬變化自渤澥，螘視鯨甲昆明湖時訂瑚海趁滇運北行。

顧季慈《江上詩鈔》卷一百二十一

申浦寒夜懷陳瑚海

蛸户寒急月漏輝，牀陰老蜜蒙嘑饑。庭燭漸跋語漸稀，風起忽似屏玻璃。主人義却半臂私，不覺耳後皺雞皮。呼童入廚作新炊，香秔軟滑睨碧瓷。鹽豉凍立觀朵頤，摩腹已果神怡怡。無益未肯終夜思，但不僵卧閒三尸。我生仙骨非所知，若還有興鼓舞之。狂學老婦舞柘枝，危想瞎馬臨深池。東方明矣毿毫揮，聯句竊比城南詩。出門看山霜落眉，茫然百感生心脾。美人期我蘆之碕，今我不往行若遺。窗前花發未有時，坐惜烟鴟生朝曦。

顧季慈《江上詩鈔》卷一百二十一

臨清觀萬人冢

釜底遊魂竄不死，郊原夜半號鬼子。傳聞蘭若容萬人，鼠穴憑陵鬧如市。已推佛骨倒獅座，復壞僧廚堆馬矢。妖童裹頭女窄袖，刃在其頸寐而喜。前載鬼車後虎倀，犬羊自礪能羆齒。吁嗟濟漯多秫田，齋藺繅絲比羅綺。蝨蟹無端作皿蟲，耕奴之禍連織婢。朝廷恩逮乃祖父，萑苻勢合群臂指。胡不殺賊縛渠魁，或則閒道還鄉里。王師合圍命日蹙，几肉如林草閒跪。請看守陴豈呼庚，終覩焚林不喪匕。荒徼猶平蝸角蠻，中區敢鬭槐安蟻。長官勢訊頭削瓜，半付飢烏半沙水。幺麽誅鋤非大戮，且收害氣埋高壘。坤輿從此祝清寧，橫逆應提鼎鐺耳。我過清淵風日佳，會通河北絃歌起。更無射隼上高墉，但有哀鴻煩刺史。皇仁掩骼重涕零，鉦鼓聲銷五雲裏。

顧季慈《江上詩鈔》卷一百二十一

南旺分水

水合争上游，鼉鼍爲梁夾輕舟。水分惡下流，龍蛇出壑横長矛。僊人掌劈琉璃毬，贔屭畫地清鴻溝。我聞禹功疏鑿久，漯没濟河之域無復古兗州。汶河中抱蜀山獨，明湖滉瀁閒沙鷗。齋人更苦北流悍，漳河衛河千里曲折紛相糾。監河挺英謀，功與砥柱侔。障川回瀾藉高阜，一丸泥制雙蝤蛑。始焉溟涬潛結不肯瀉，繼乃束縛怒汶敵衛如敵讎。一朝壬癸執弧矢，裹戰不下坤母愁。誰其歃血者，河伯隨陽侯。雲旗雷鼓息壇坫，牝馬行地出土牛。精靈如螘磨旋轉，兩兩虎視眈其眸。邇來南支北派大啓宇，亦若群后拱手冠帶朝春秋。客從江漢來，帆飽南風柔。自入魯齋境，堤閘遇石尤。舟人指示南旺水，水勢忽倒十里誰能留。往來對面招手不得語，人家咫尺轉眼迷簾鉤。我生無能等蚍蜉，意與萬舸日夜相沈浮。從今更乞北道主，毋以急湍噴薄令我倉卒驚潛虬。

顧季慈《江上詩鈔》卷一百二十一

謝陳茝畇玉田兩同學

多情紀與諶，示我琅玕音。交獲二難友，酬將一片心。秋高惜鶚薦，歲暮作龍吟。展卷忽長歎，門前白雲深。

顧季慈《江上詩鈔》卷一百二十一

河邊曉行

客路渾無定，河流不肯平。堤風乘浪峭，海月照沙明。地險何年鑿，羈愁一旦生。故園千里道，空聽鐸鈴聲。

顧季慈《江上詩鈔》卷一百二十一

微山曉望

帆影下迴汀，湖光帶曉星。天荒微子墓，樹遠沛公亭。鳧掌牽船縠，魚鬚著網腥。沮洳雖不惡，吾道未飄萍。

顧季慈《江上詩鈔》卷一百二十一

酌酒與儲玉琴

當筵那復問悲歡，念爾茫茫感百端。風雨十年家鐵甕，雲山一夕話銅官。誰憐冷鍛嵇康竈，我愧虚彈貢禹冠。今夜蓉城好明月，醉中猶得坐團欒。

顧季慈《江上詩鈔》卷一百二十一

靈巖

鎮日篼輿逐隊忙，懸崖古洞見夷光。春風好夢留香逕，夜月疏鐘過屧廊。青疊天平烟漠漠，白浮笠澤水茫茫。湖山如畫人如織，閱盡滄桑是法王。

顧季慈《江上詩鈔》卷一百二十一

寄蕭梅村二首

問訊淮南蕭使君，幾時尊酒賦停雲。秋風鐵篴青絲幰，曉月銀鉤白練裙。授食獨容湖海士，護儲兼育鸛鵝軍。登壇五十心逾壯，不愛尋常祝嘏文。

念舊寧無一紙書，書成五夜更愁予。吴鄉暑雨連溪稻，江縣腥風滿市魚。棠蔭祇今誰翦伐，柳條猶昔尚扶疏。散人自習嵇生懶，千里相思淚有餘。

顧季慈《江上詩鈔》卷一百二十一

憶金陵舊遊三首

淮清小市夜如雲，景色秋來又幾分。何似揚州好明月，吹簫聲近杜司勳。

艓子輕盈水上歌，秦淮秋思上樓多。舊遊南指烏衣巷，桃葉無情奈若何。

岡頭綺石似瓊瑰。曾聽當年説法來。千佛同登報恩塔，更無花散雨花臺。

顧季慈《江上詩鈔》卷一百二十一

送蔣曉村别駕還河南詩序

滇官無乎不病，大者膏肓，次手足，下亦疥癬。忠孝之不講，國是民瘼之勿問，曰，吾媚于上，苟得志，他非所慮，如是則其性命也汩喪久矣。二豎庸可瘳乎！求廉潔不能，爲貪墨不肯，大僚者束縛之，馳驟之中，有至性，勿克盡也。惟人所命，自不能立也。痿痺不仁，斯人之謂，夫丈夫爲人所挫時不利耳，此邦不我穀，棄官而歸，相時而動，未必無所建白，爾時即冬無裘，午無飯，僕馬相顧，主人悲咽，困則困矣，性命何加損焉，此不足爲患者也。曉村以病免歸鄉里，是疥癬，非膏肓手足之故，友人屠紳爲詩送之云。

師範《滇繫》八之六

楊晴軒太史墓誌銘

予涖任尋甸，簿書少暇，與其賢者遊，始識晴軒先生於州序，愛且重之，謂有古人郭有道之概，今年先生卒，其孤以行狀請予誌銘於墓，予方以老成之憖遺，爲州人悲，因亟表彰之，用昭來許，而示後人。先生楊姓，諱中選，字宣霖，號晴軒。先世有中者，明嘉靖時由應天籍爲滇南統制西賓，遂家於州之胡所屯。祖大廷，父瀛，稱名秀才，並以皇恩贈翰林院庶吉士。先生賦質穎異，勤學過人，融貫經籍，發爲文章。十三補弟子員，辛酉拔貢，癸酉領鄉元，辛巳成進士，與館選，時名日起，顧温温如一黌儁云。既而改官縣令，時丁父艱，匍匐回籍，喪制盡禮，廬墓展思，不以功名之意，易其莪蒿之戚，非得於天者厚耶。庚寅謁選，筮直隸懷柔令，地附京畿，時被水浸，民無田之樂，有賦之累，先生求蘇民困，往返勘駁，經年乃豁免。先是，方下車時，邑患水災，天子命官議賑，稽察貧民，按户分給，奸胥爲梗，籍多挂漏，先生曰，此令責也，焉可使皇上德意不遍，躬親發施，得以民沾實惠，且折獄哀矜，民有涕泣不敢仰視者，非仁人之用心而能若是哉。尋以官牘失議左遷，先生僑寓欒城，設帳訓士，教育殷勤，欒人登巍科者五六輩，制府過其地，稔公才，奏請起用，再補無極令，先生吏治之餘，仍以育才自任，葺舊書舍，進書生而課之，欒人聞風躡屩至，文化之美，與政聲相表裏焉。未卒歲，復以繼母憂告去，民争致大錢，爲辦歸裝，抵家日，鄰人相與歎息曰：是從遊學歸者，何有仕宦之氣象乎。吾見先生於鄉，年七十，步履康健，遇少年且讓道，惟待修舉恩明推解者，則又汲汲然，爲閭里先，吾與先生以道相洽，其官北平時，實心爲政，退而講學，惠於文人，皆得之風雨諧談中，洵州人之典型，不可不傳，而傳之恐不能盡，蓋吾之不欲諛墓也，先生且知之矣，先生生於康熙庚子年四月二十七日巳時，卒於乾隆辛亥年四月初六日巳時，壽七十二。配牛氏，繼雷氏，均贈孺人。子昞，國學生。曙、嘻，庠生。以是年十月十八日葬先生於祖塋之葛根凹，一名鳳朝山。銘曰：

猗嗟耆英，好是翰墨。鄉貢弁髦，八磚入直。出爲郎官，經術緣飾。凡有廢舉，料民是力。拂視歸來，族黨咸式。怛化騎龍，光華不蝕。度其山陽，以妥靈魄。松柏秋風，佳城永宅。

方樹梅《滇南碑傳集》卷十六

跋《南北史樂府》後

小年欲夢，堪逞志者，墨兵大雅，相歡乍移。情兮樂部，擅三長而搦管，原四始以審音。聲與政通，辭緣情綺。論詩每稱爲史，詠史那得廢詩，振古如斯，當今無輩耳。洪君對巖，才不患多，書能求間。以譚天之口，成擲地之聲。謂夫兩介山河，六朝金粉，天醉投壺之酒，感此茫茫，人迷夾岸之花，憐其擾擾。龍争入好奇之局，鵲起高門靡之文。試將翠管填詞，難盡摸魚戀蝀，若命紅牙按曲，何妨換羽移宫。爰變新聲，獨彈古調。事或未經人道，言無不獲我心。晉啓化龍，陳亡擒虎，三百年王氣將終。甥承冒頓，舅代宇文，十六國人情可見。易淫哇而高如白雪，裁穢史則穆若清風。蓋筆有鹿盧，胸無芥蔕矣。若夫呼豨《飲馬》，陳陳已苦於相因，《鹽州》《石壕》，戛戛更難其獨造。何似取千秋金鑑，爲兩部鼓吹，登傀儡於場中，追魂而攝魄，寄陽秋於皮裏，怵目以劌心。縣門且不易千金，畫壁豈徒驚一絶，此日博聞强識，官可祕書，異時按部就班，郎宜協律。走也不知許事，欲喚奈何，樂認《鈞天》，編疑《艷異》，彼羌無故實，等閒當賸馥殘膏，苟别有會心，遮莫付銅喉鐵板。

洪亮吉《擬兩晉南北史樂府》

《鶚亭詩話》

鶚論

謝三錫雪巖

文舉《薦衡表》：『鷙鳥累百，不如一鶚。』鶚之爲言諤也，諾不如諤，故名斯亭者，其詞莊，其容悴。曰：吾效鷹鸇足矣，鸞鳳雖美，盛名易副乎，吁！此真薦賢之理。

小户逃

孫　縉雲氏

蜀釀自戎、瀘至郡，嗜飲者較他縣稍便，然濡首日益夥，酒人偏不自量也。笏巖來尹，痛懲其俗，俗以號呶爲戒，有問招飲郡舍，燭未膚寸，食箸三四下，聞有震地作嘔聲者，某從隙窺之，則尹也，遽趨出，明日詣郡曰：『小户不勝大觥，故逃遁焉。』或解嘲云：『逃者其福，猶豫不決，而坐以受困者，悔可追乎。』某爲箴詞：『酒之國，分其曹。大户叫，小户逃。逃如伏弢，叫如鼓刀。以敗爲勝，不在功高。』

判鬼僕

沈映斗挹之

雨窗作危語，客以談鬼請，予憶在汪芝厓廉使署中，僕周姓者，方午溲於舍北荒院，忽踣地作鬼哭聲，湯藥者、針灸者、善符録者雜治未效，命且不測，廉使偵知之，置僕於庭，以丹砂判詞云：『藐爾青衣，在人爲僕，居然藍面，是鬼不雄，誰從馬矢之餘，含砂以射，會見烏臺之上，秉筆而誅，返我清寧，日馭有軒轅之鏡，驅其妖蠥，星官即獬豸之精。』僕呻吟答云：『某前客僕也，魂留滯不能去，周溺吾面，故捽之，能以械繫彼三十刻，當速去，勿敢溷公矣。』廉使如所欲，二更後始甦，詢其事云：『吾就府君判，命繫庭中耳，曾不識臬君也。』三年，廉使卒於戍。

映山紅

閻季純希頴

舅氏坦園還郡日，載紅杜鵑數十本，植之中庭，云：『此花在江南北則珍貴矣，郡中惟此不甚希罕，乃至名映山紅，吾故惜之也。』命雲氏詠詩云：『映山花草映朱幡，頗似江南杏雨村。安得費長房縮地，稍移廳事傍山根。』星樓亦屬和云：『獨倚青琅玕，忽逢山躑躅。難銷杜宇魂，夜夜吐紅玉。』似磊落不及雲氏，而艷異過之。

槐影

孫緯星樓

月三日，文戰於鶚亭，不雨而潤，硯瑩然也，不風而涼，衣爽然也，捧腹而哦，仰見槐影，蓋堂面西，亭面南，槐自堂而堂，自亭而亭，無與於客。有得乎天而諛主人者，必以槐市翁，遷槐里令，擢槐安守，晉槐卿爲詞，槐顧影當自疑也。

當局迷

馮承恩奎園

僕遊於龍洞，喜其清幽，坐巖下，引盃自酌，從遊一健兒云：『崖勢欲落，不可留』，遂遷樹下，旁有棘刺，則又曰：『棘手，物且有挂礙，盍退一步』，噫！當局者迷耳，老兵果何知。

小馮君

孫　縉雲氏

五月十三日飲鷗亭，衆賓各爲觴政，奎園後出一令，頗有京兆眉嫵及吏部甕間想。客有譏行檢者，奎園曰：『吾固不識天下人，地下鬼，小馮君意氣那讓公等耶？！』

捧心吟

馮文晫岱峰

暑熱破吾舌，效刁存雞舌故事，含雅黄連分許，舌無恙矣。胃寒結竟日，命僕手推久，不得解，捧心吟云：『冷齋摩腹原非病，壘塊消時病自痊。吾舌尚存心太苦，腐儒莫吃雅黄連。』

結習

徐玉埜玠卿

奎園好射，雲氏爲正直之，一日，在鶚亭側，較勝負，奎園屢貫的，喜形於色，雲氏囅然笑曰：『君善射乎？乃今始善射乎？夫欲多上人者，吾輩結習耳。』觀笏巖射圃詩云：『能者兼衆勤，彎弧習其天。時還問得失，以結矍相緣。』角勝之思，瞠乎後矣。

乞毀碑

碑以德以功，不以名利，汲汲於名，猶汲汲於利也。營之則以致戾，毀之或以禳災。癸卯夏，郡無雨，其明年，又以愁霖害稼爲恐，尹將禱於神祠，戒無宰殺，有屠者投牒云：『牲畜，飲食之患也；碑碣，縉紳之患也，請先其大者，後其小者』，尹詰之，屠云：『丙火南向，是能燭其群陰暄，萬物之宰，乃腹負之，渠無盛德於民，無豐功於國，依南郭樹崇碑焉，厭火甚矣，乞毀之。』尹拱手稱善。

聲色臭味

孫　緯星樓

客問何聲最佳？余曰：『小兒嬉笑聲，老翁誦詩聲。』笏巖云：『聲之惡者，市儈罵座聲，婆師降神聲也。』客問何色最佳？余曰：『樹頭風色，鏡中山色。』笏巖云：『色之惡者，被霜花色，遭爨銅色也。』客問何臭最佳？余曰：『寶劍之腥，異書之澤。』笏巖云：『臭之惡者，雜佩而聞麝，濁醪而有椒也。』客問何味最佳？余曰：『竹筍之美，戎鹽之清。』笏巖云：『味之惡者，五侯之鯖，萬錢之箸也。』

手柔

屠　紳賢書

郡將王蘭畹所藏襄陽法書十數本，無體不備，有妙必臻。蘭畹不律之事，比於決射，午餘爲字，以千計，選紙以十計，大者如椀，小視拳握，磨硯者揮汗，拭几者眩頭目，蘭畹馳驟若風雨，勇賈餘也。余簡以詩云：『傳道南宮擁墨莊，今歸王氏貯青箱。晴窗健筆一揮灑，大將手柔弓挽强。』

《倉神傳》

屠述濂南洲

余每詣郡，必舍於鶚亭，癸卯臘既望，雪下，四鼓聞鶚亭西塌牆聲，呼僕燭之，則空倉被積雪壓而牆倒，且地塌，疑其下有蛇穴或碩鼠出没也，尋之，得石匣，開視楮澤如露，字稍漶可讀，蓋《倉神傳》也。其詞云：『神名億，庾姓，賜氏於春秋，時在晉曰駢其，孥爲賈氏所侵，世以不顯，蜀之先，有廩君者，其宗也，廩君死，神抱其器自立，號護儲，公蹻之盜滇，神雨粟三日，助其餉，唐宋之世，中國虚耗，神有功於西南夷，蒙氏王大理，神分遣使者詣郡國，化爲土蟥，據大囷，囷如巵不漏，如釜不竭，蒙氏喜，封之靈官，而圖其像，人首而龍身，元代版入中土，神以蠻血食久，不願受秩宗禮，徙居野人界，後子孫日蕃衍，猶擁虚號，而藏富不逮神，郡國諸使，並頽放無檢，神不能左右，以之豐功駿烈，闇然盡矣。時有鼠倆黠公子，有蛇倆巴夫人，因護儲族衰，乘間竊發，逐神之裔，奄有其居，神聞之而喟然曰：「吾不能復我邦族也，吾其長爲野人之神矣乎！遂不復返也。」』篇中不著作者姓氏，考其語，當在前代。余用焚之，而紀其事。

蟲圭

王懋賞晼蘭

孔稚圭草堂夜坐，聞有鼓吹出於沮洳間，啓户叱之，一青衣持刺前曰：『蟲大將軍圭敬詣足下』，有頃，將軍擲身入，冠惠文冠，後緑袍而前白紵，目露芒采，口哆然作草木聲，扣其世裔，曰：『我之先，蟲本黽也，漢世，蟲氏襲侯，黽族未著，憶先將軍以一怒思諸侯，爲名邦矜式，其裔亦淩夷衰微矣，時欲不平則鳴，徒聒人耳，所謂躁人之詞多也，何足道哉！且趙無恤晉陽城中，先將軍含水灌之，決其竈，惜荀瑶之無成也，王莽之世，宗人子陽躍馬白帝城，稍自誇大，新息侯薄之，夫叫囂者，不足與圖大伯業，誠未可力争，我輩不得志，甘爲草澤之雄耳，若春虵秋蚓，屈曲以避當道，而卒見惡焉者，我欲大聲以疾呼矣，雖族多不競，有逃禪於元陰池者，狀貌奇詭，雖爲僧而不免屠戮，奚若坐井尊哉！又或爲鄰里兒所延，謂之村學究，以餬余口，何不自振也，我以公賞音，故相訪，且以抒其躁妄之詞。』稚圭默然，將軍起如廁，杳無所見，始悟前者鼓吹一語，將軍頷之，而欲以覼縷之説爲閣閣者解穢也，於是稚圭作《討蟲圭露布》。

鞠先生誠子文

馮承恩奎園

鞠先生者名英，少得延年術，嘗與木公造陶令三逕，訂有道交，同時柳髯兄弟五君，並以風流自喜，陶揮之門外，不獲與二人友，唐陸天隨子，聚鞠先生之族而頤卜鄰焉，惟杞姓者，錯處其間，宇相望也，先生壽既高，益孤寄無與偶，宋王介甫吟《楚辭》一語，以責歐陽，九時不能辨，先生乃悴乎其容，知其髦已及也，進諸子而戒之曰：『汝曹不殖，將自落也，其敦而安土，以被夫化雨，無害枝葉，以繩而祖，武竹君雖老，可以寄心膂，封家十八姨，宜款洽而不可以侮，盆成氏徙居之説，毋聽之而徒自苦也，金紫之貴，天所成，黄白之術，神所生，蜂奪吾魄，螘損吾形，蟬悲風則思命，鶴警露則思誠，夫惟韜精，是能延齡，吁！此真性命圭旨也。』

説雲

孫　縉雲氏

雲可説乎？曰：『可。』『雲無形色，天龍之氣爲之。雲無晦明，日月之精爲之。占雲者，占龍也，占日月也。』或曰：『山川出雲，漢人之説信乎？』曰：『何以出則龍也。』或曰：『雲行雨，施日月去遠矣？公何引麗乎天者哉？』曰：『雲載乎雨，其柄在龍，而能載者日月，胚胎之，非日月無以呈雲之能也，故雲待乎生，而龍無不生，雲有時而盡，而日月無盡，然則雲之象著乎有，而雲之理融於無，知此則可得而説也。』

平鼷紀略

池映斗挹之

鼷國在西南隅，其君長穴居，國人以剽竊爲生，夜出晨返，禽之者，或寢食其皮肉，拔其鬚爲筆穎，建子之歲，鼷破烏斯藏，攻小王子城治，戎於版屋之上，以馳逐搏擊，逞長技，烏斯王赫然怒，命苗帥討之，苗帥者，名豸，號虎頭將軍，其先韓國人，竄西域，因累世爲將，討鼷有殊勳，將軍生有異質，毛被體如毯，文采炳若，每怒視，則目光如炬，發聲如裂帛，指爪銛利，善縛諸部酋，惟性慵，嗜晝寢卓午，目細若一發，占時晷無不合，又老饞，善噉生魚宿肉及雞卵，獲則飽而嬉，其奉命討鼷也，登板屋逐之，縋而下蹙，叱咤之，白鬚上刺，鼷亟奔竄，將軍力掣其項，殊死鬥，三踴而逸，將軍怒曰：『鼠子敢爾！』乃仰面仆地爲受創狀，鼷直前扼其吭，將軍大吼，手足合圍，鼷度不能脱，向背旋轉如碌碡，毛血赤其庭，將軍囓其首，咍之有聲，緊四肢猶栩栩動，將軍屍其體於板屋，而露布以告諸部也。嗚呼！烈矣。始緊未亡，其族駬公者居松州，戒以無跳梁，爲人所圖，緊勿聽，而惑於溷鄉侯一隅自大之説，故開板屋釁，以及於難。

凝香亭

徐玉埜玠卿

亭在郡廳事之東，笏巖所謂東堂者是。六月朔，既雨而霽，雲氏命僕施坐具焉，時聽城頭鼓聲初下，雲漏卵色，風從蜀葵中來，蟲響，間作筵，揮之而已，談則岱峰精於理，笏巖精於氣，雲氏星樓以老、莊參之，奎園衍朱、陸異同之旨，皆妙諦也。又希頴爲《淮南》神仙之論，挹之爲《鬼董狐新編》，令客忘倦，有秦聲出於東南者，則富游戎小伶演雜劇也。頃之，燈光熒於户外，不見其人，雲氏曰：『此必竈下啬夫也，其人戇而古，知禮法，彼不敢遥行吾亭』，察之，燈轉出後扉，呼之以細語應，夫何恭而謹願若是，或賦其事云：『凝香亭下清談處，疊鼓無聲萬慮澄。誰似廚頭老居士，不眠深夜静擕鐙。』

參軍鬼語

孫　縉雲氏

干寶聞冢中鬼婢之論，遂傳《搜神》，儒者供談助而已。惟傳奇家好演其事，一日，郡小吏祀社神，伶者爲《唐太宗還魂》小説，觀者如堵，婦豎見閻羅主者，旁列諸獰面人，率悚然髮立，又刀山血湖諸幻相，復以手掩面而啼，有頃，黑雲蔽日，欲雨，余雖秉儒性，性兹少惑焉。參軍徐玠卿云：『是非妄也，吾亦見之。』參軍故誠慤，無誑語，曰：『我未三十，即棄舉子業，入貲爲郎，神啓之也，曾記二十七歲時，卧病三月，即昏寐不飲食言語，醫人患之，一夕，覺有人促予起者，似隸卒狀，引之出門，心悵惘無所適，欲還鄉不可得，所涉皆煙水鄉，飛行可絶跡，困極憩道旁，始經宿始甦，見城闕，闖然進一宮殿，頗似曩所歷道院，聞呼名，趨跪於階下，殿中深黝不見人，惟大聲霹靂，謂『爾已離塵世矣』。余始哀怖，又聞殿中作温語聲云：『爾祖掩骼之功，不可以無報，其益爾算，還家可乎。』余首崩角，請於神曰：『某榜中列名否？』神云：『無也，輸租起家耳。』余問祖父母算，曰：『皆可二十四年。』命前隸送滯魂歸，仍如前卧，頃之扶病起，始能辨室中老幼，先大父坐於牀，余叩以掩骼故事？大父矍然曰：『此事頗秘，爾何由知之』，余以神貺告，然私心竊喜，祖父母可延二紀，乃今皇帝龍飛之二十四年，祖父母相繼即世，余益信神語不復，事占畢輸注今職也。』嗟乎！是可以續干寶之書矣，紀參軍鬼語。

鴿

謝三錫雪巖

鶉首七宿，《虞書》：『星鳥之謂風』，《詩》：『薄之比於鵲』，以其善淫也，夫鴿自爲配，不若盧蒲慶氏之易內矣，則淫而不亂焉，惟孌童嬖女，憑闌之暇，觀其友態而悅之者，神蕩色駭，情一發而理不可以止，宜於鴿乎罪之，鴿不節於內，爲人所詬病，士有惡其羽毛而責責者，輙不自檢，則又何也？！

銛公子

孫思庭坦園

沈休文作《齋書》，夢和帝截其舌斷矣，猶之劓刵宮罪之而已，不若從而馳驟之，以縱其欲，而即於無忌憚之小人之尤僞，久則鑠誠人遠則化物，非蒼蒼者畀以才而奪之福耶？！若銛公子軼事，可以嘅矣。公子姓金，其舌自鼓如笙簧，因以銛名，族侈大，在秦爲諞言氏，在楚爲謡氏、諑氏，闢其教者漢周昌、晉鄧艾也。銛母夢劍入懷而生，銛能言，時有神人過其門，見之色然駭曰：『此讒星之精也，其舌可柔鐵』，驗之益信。神人取匕首刺其舌爲兩，兩舌如蝮蛇形，既長，眊乎其目，黯乎其容，而舌鋒所指，無不靡者，又能以兩舌左右卷，或面迎而背攻也，始公子交滿州郡，競偁其能，無何，愛其舌者，一一爲所刺，群聚而唾其面，公子佯忍之，而心益險鷙，無賴相與搆舌戰之，禍其族，有鈍生者，卒爲所陷，然公子亦疲於奔命矣。一夕，公子窺鏡，見其身亦人也，而面毛有角如夜叉，兩舌轉側合如環，出見舊所與遊，争以大梃奮擊，或投以溲器，公子委頓以死，兩舌爲盜所攫，丸藥迷路，人而銛也，鬼不靈矣，哀哉！

陋辨

馮文暐岱峰

徐玠卿晝夢得《陋室銘》於壁，笏巖爲陋辨曰：『室其外也，心其内也。室陋則昏，心陋則晦也。晦於事則罔，晦於理則誖也。匹夫之容，七尺之塊。利盡必營，勢窮迺背。諂彼廝養，驕於儕輩。山澤匿情，風雲變態。求盧過韓，得馬忘代。氣虧中滿，骨靡旁潰。

顧我則笑，陋其謦欬。受人之憐，陋其曖昧。惟庸故陋，能進而能退也。惟庸斯劣，有亡而不悔也。才不逮夫僉壬，惡無殊於大憝。聞者齒寒，見而心痗。陋者不足與談，但言之而有嘅也。若居室之湫隘，不能方其梗概也。』

江僊

徐玉埜玠卿

僊有七子，貧不能鞠，遂去不知所之，其初吴門市人也，五子俱冠，惟二稚尤小，日嬉戲無節，陽春之月，相率鳴紙鳶，畏其翁知之也，掩户而謀，若有窺於隙者，歎息而去，是日失僊所在，檢案頭得數十字，乃以第六子屬其長君，第七子屬其次君，命撫之成立，餘無所戒，舉室號之，親串不敢吊，亦不敢賀，或疑其下海船，終身爲島夷也。又有傳天台采藥故事，往來迷逕者，嘖嘖焉人未之測，太生刺史，其第六子，癸酉舉於鄉，由廣文擢令牧，前後垂三十年，無讀禮之戚，嘗欲以病乞休，涉江海，歷泰華，求其尊人竟不果，勤其官而死，爲弄棟神。先是，其長君爲少尹於嵩少間，家已有子，成進士，由京秩出守，乞假還鄉縣，入嵩山道院小憩，一披髮翁龐眉策杖呼太守，與語曰：『汝憶吴閶江某乎？』太守失聲曰：

『此吾祖名也，叟何以識之？』翁大笑曰：『吾非他，爾即吾孫也，傳與俗人，毋以神仙爲妖妄』，言訖竟杳。太守乃圖僊之像，日夕香祝，不能已云。

十日想

屠紳笏巖

僕性褊急，嘗與人角，猝不可忍，郡伯坦園先生曰：『非直忍而已，忍之即入於陰險，反不如角之。』僕詢何藥可治褊急之疾？曰：『惟十思散可。』僕不之解，曰：『無喜怒愛憎者非人情，吾有所拂，但作十日想，渙然而釋，蓋理漸足而氣漸平也』，謂之『十思散』。

金銀花氣

徐玉埜玠卿

花色如黄白二米，故名金銀，實則耐冬花也。一夕，於東堂月出時晤之，頎而深淺紅者爲蜀葵，蒙茸落盡猶舞者爲虞兮，已謝餘陳根者爲鼠姑婪尾，未殖而葉黄隕者爲菊，舉無香氣，氣椒若蘭，若夜來香，若嗅而疑之。雲氏爲偈語云：『花香自鼻觀，無感更無寂。臭味於金蘭，得非氣者逆。』笏巖豎指云：『金銀花笑人，人不見金銀。妙想不可説，我身比花身。』或解之曰：『此金銀禪也。』

稗賦

邵倫清鑑堂

亦風亦露，時秀時實。有草名稗，爲禾所嫉。吾謂其熟也何得，而鉏也何失？較錙銖而尚輕，以麄糲而爲質。祝哽者再而三，療飢者十之一。剔齒而惡其疏，嚙牙而傷於密。饘不潔於廚，醴不馨於室。苟視舌之尚存，雖充腸而遑恤。亂曰：『如苗滿畦兮，似穀盈盤。以繁有子兮，以細名官。惟聖者能惡莠兮，惟賢者能鉏蘭。我行野而歎息兮，悲嘉禾之獨難。』

柳溪

池映斗挹之

芒部，北柳溪小村落也。坦園郡伯以公事至其地，占四絶云：『竹籬茅舍自清幽，客到黄昏古渡頭。忘却征途人況瘁，今宵且喜枕寒流。』『軒外鳴禽水際煙。凌虚一閣更超然。醉來不覺滇雲遠，疑坐江南載酒船。』『深林仄徑少人行，漁火星星向晚明。何事關心渾不寐，憐他夜雨落檐聲。』『疊翠環鋪院落西，無邊竹樹拂長隄。懽然一宿難爲別，何日重來過柳溪。』馮岱峰父子俱屬和。

盜有道

盜亦有道，雲氏論其事云，前明鄖陽山中多大猾，集其徒以千計，分渠領之，有所偵掠，一竹矢號召，越嶺度溪，經宿數百里，鄖撫闕名某，嘗以夏月納涼庭中，月黑燈耿，一物自檐下疾趨捽撫軍，則白於思而黑衣人也。手利匕首如雪，撫軍駭極，乞所欲，曰：『以白鏹二百爲贐物者，吾貸汝』，即如教，黑衣人騰而起，如鼓翼狀，入晦冥不見，撫軍募善捕人數十輩，縣重賞不獲，鞭撻血其背，妻子械於獄，或舉舊獄卒以進，年七十餘矣，先以老病退，至是召之來，自偁願攜三月糧入山谷，盜可致也，從之。老卒肩卧具芒履徑去，行數日，經一山市，人異其語，舍異其食，卒登肆大瞰，醉後作惡聲，即有酒家胡數人，縛之去，其渠執訊於庭，老卒匍匐以所事告，仰睇渠貌，圓目黄眉，面狹而背稜起，白髭染緑，根尚半露，如五六十歲人，趺坐臯比，儼沐猴而冠也。然四十年前，曾與老卒有胠篋之交，遂自掖以起，亟以竹矢稽其黨。越宿，引一白皙者進謁，年可十七八許，頤輔若女郎，其渠叱之，叩頭謝，謂老卒曰：『是兒即白於思人也，前者竊與撫軍戲耳。』蓋白鬚乃其盜具，留老卒信宿而別，謂『汝歸語撫軍，無多榜掠捕人也，吾徒已原璧歸趙矣。某雖豪客，頗嗜名，幸以敵國視我，誓不負，早晚歸命朝廷，取都督印，如反掌耳』。老卒惘然出谷，見撫軍，殊未有言，撫軍曰：『疇昔之夜，見黑衣人，還所攫而去矣』，計其時，即叩頭謝渠之日也，計程三百里遥，斯盜也，何道也？

巴布馬先生

張蔭培翼齋

馬惺齋洲，於人未嘗有所臧否，笏巖初尚疑之，後於稠人中見惺齋終日無一語，冠履秩秩無惰容，有虎而冠者，曾與遊處，歲餘無故，輒毁惺齋，笏巖以告，將有以窺惺齋也，乃俛焉，若愧仰焉，若思曰，吾有過乎哉，過也苦不自知也，詞色間，靜無毫忽愠意，家畜一僕，爲黠夷所略，入巴布，巴布者，川南夷落也。其酋聞惺齋行高，放之還，時人名之曰巴布馬先生。

貪羊

屠紳笏巖

貪，畜性也。何怪乎爾，弱之肉，强之食，未聞倒而行之，且不食肉而茹毛，其饕之奇而不法者耶？！尉曹翌齋馬不瘠，而秃其尾，吾疑之，翌齋云：『鬖鬖者羊食之矣，夫馬尾何害而羊惡之，食馬尾何補而羊甘之，使長喙主簿而盡若此也，不特房駟之精自危，凡鬣者無完，膚脛者無全體矣。』然則觸貪羊者，宜何如自惜焉。

《燒香詞》

孫緯星樓

上巳，城南元寶山，遊者駢集，謝雪巖廣文作《燒香詞》云：『千山寶氣一山浮，三月風光三日柔。不見天梯舊遊伴，南峰尋到北峰頭。』『桃花李花年復年，每逢時節禮天元。也知心蕩魔難蕩，入道風鬟又可憐。』『白面郎從烏撒來，披裘一躍上春臺。日斜只索支離去，爲有城中小隊催。』『巴歌激楚是秦聲，曲到迎神氣未平。何似蠻村簫鼓夜，一番花信候清明。』

魚腸美

孫　縉雲氏

泉出山腹中，亦此邦之丙穴也。魚則龍見而出，虹藏而没。旱甚則爍其脂，霖多則腐其骨。非罟師而能耽耽，爲釣者之所咄咄。或垂綸於風，投餌於月。文牽乎荇藻，光鑒我毛髮。翠釜涎流，晶盤筋滑。受之辛以，薑被其澤。以腷小户之胸，忮老饕之興勃。恨不禱於龍公，時能驅以獱獺者也。魚腸之美，涇餅之縷，柔不厭乎九迴，肥必充乎六腑。誰能轉之轆轤，而若織諸綺組。短長之故難量，曲直之形可數。精心獨縈，潔意自吐。膏凝鳳髓，珍過龍乳。夫魚卒爲人所烹，腸雖美，而何取哉！

無言

馮文暐岱峰

雪巖遠出，還郡，笏巖出白紙箋書云，兩日不面，見各默然，吾欲叩數君名，君不能舉，君轉以他事叩吾，吾隨舉輒斷如霞起天外，因風吹散，時雲氏在座，高詠：『落花無言，人澹如菊』之句。

二巖

馬　洲　星齋

大巖洞石樹森疏，時有虎豹攫人之想，然郡北秀蔚，以此偁首。一蜀士刻石壁云：『巖何名大，聞此邦有二巖，深以不遇爲悵』，下注云：『雪巖、笏巖，崖岸過峻，則有之矣，如大巖洞之虎豹在山，行者滋懼可乎？』馮子奎園曰：『果有文也，而虎豹何害？』

鬼雄

屠　紳笏巖

七月夜將半，衆星旋西，燦銀濯漢。蟋蟀之族，颯響頻換。主人方將追步虛之聲，酌沆瀣而仰盥。有客四人，倚户永歎。主人揖而進之，如見虎豹熊羆，而色駭背汗也。四人曰：『僕等生無功德於民，而有餕有椒，死何憎惡於君，而魂之不招，酒之不澆。君視之如木偶，恐得罪於驃姚也。』主人叱曰：『汝爲帥而債，爲鬼奚雄。生徒烈於几上，死宜入於甕中。麾使出户，化爲飄風。』呼僕然燭，以誅其蹤。閣北隅之廚，有四木主而塵封。廓則黝黑，中飾竊紅。官銜用其長，若挂壁之蜈蚣。曰禄與位，不知何所折衷焉。主人舉烈腥出於户，僕以手掩口，求四人立談之處。竹柏寂然，高卧如故。

雙鶴堂

程應璜抑谷

鶚亭舊爲雙鶴堂，更今名自僕始。壬癸之歲，邑政多暇，於是以翱以翔，一鶴也亦未有其匹，顧兹堂有雙鶴之説何居？或云：『前令君以雙鶴畜於堂陰故名。』噫！左矣，爲支遁耶？則神駿之勿憐，何有於鶴，爲林逋耶？則未有無梅妻而僅有鶴子者，夫名既無謂，謂之支，支詞害政，僕得而易之矣。士貴無雙，一鶚已足，斯鶚亭之謂乎，笏巖故接踵而起者，有鶚之風，雪巖與僕同好，著鶚之論，表章前事，匪賢者勿爲工固也。甲辰冬，笏巖以詩話見示，僕詢以鶚亭更名所由，笏巖惘惘，僕云：『前此爲雙鶴堂，乃易於我。』笏巖曰：『滔滔者皆雙鶴也，宜先生之放鶴而薦鶚也。』僕在鶚亭，無奇人無奇事，故佳話不一傳，笏巖則鳴而和者衆矣，殆一鶚而鷙鳥從之遊乎？行役長淮，向笏巖索所見詩話，搜檢無有，疑爲靈鳥攫之而去，今年笏巖出諸懷而與，且請志簡末，僕欣然曰：『諾哉！諾哉！笏巖與僕其合之爲一鶚，分之爲雙鶴者哉。』嗟乎！此更其亭名之意也。

附録二　屠笏巖先生軼事

讀鍾芸書屠賢書唱酬之作依韻奉寄鍾諱□英，武進人，歲貢生。屠名紳，别字笏嵓，同邑人，乾隆癸未進士，原任廣州府别駕。

陳　瑛

閉門息塵慮，何似禪關掩。一枕坡公詩，恍與同薙簟。友示松陵篇，題襟誼非淺。語語出清新，佻纖㖞卉犬。索詩如索逋，債臺避豈免。押韻如待敵，斫陣息寧喘。昨宵側弁哦，色飛神復颭。透徹參大乘，肯爲法華轉。嗟彼劣詩魔，府焦自傳染。賡唱雜俳諧，塗乙費鼉黿。詩裏誰揮戈，傾頹挽巇崦。俗學如秋螢，未足須彌點。君詩誇示人，詞客敢褒貶。方當掣鯨魚，滄溟汎碧瀲。詎屑蘭苕榮，堦砌伴員蘚。顧我格律疏，良楛了不辨。送似巴人詩，爲我榛蕪剪。

芸書賢書約九日登姬山未值因就賢書齋中拈九字韻賦贈

昨别如遠離，況此雲霞友。故人下我榻，訂我重聚首。風物正清嘉，著意作去重九。當年狂孟嘉，勝跡堪追否？龍山渺何處，約略是姬阜。登臨自古今，何必小培塿。亭勢俯蒹葭，潭影卧楊柳。山麓梵宇亘，半偈持苕帚。我今佩萸來，怕落群公後。兹山如息壤，前盟詎容負。簷馬響修廊，緗帙紛座右。坐氈跂歸旍，自午直至酉。沉唫忽移時，銅槃挂林藪。泚筆詢其由，遠媿題餻手。

九字韻成芸書隨至同步山頂暮始散去芸書作詩見答爲賢書解嘲次韻奉酬

晴原澹秋色，商意歸寒條。選地事登陟，節不負鹿糕。伊余踐夙約，不見舉手招。霜風颯懷古，翹首空山椒。嘲客詞乃拙，寄遠情頗遥。移時我友至，烏帽殊丰標。然諾故山重，肯隨落葉飄。期我蘆之碕，疑走春江濤。清景俯荒阜，一洗胸中囂。黄花笑無主，媿彼栗里陶。林暗暮蒼蒼，路歧意迢迢。别腸車輪轉，何如愈與郊。新詩珠琲粲，離思懸旌摇。且喜互賡唱，逸興飛亭皋。

舟檥鸞和橋遥望穹窿末上同金丈勗旃金源潔屠賢書訪袁墓光福諸山賢書以道遠歸舟予三人至暮始還金丈諱汝望，郡庠生，源潔名有孚，國子生。

姑胥城外多名山，我聞袁墓奇且癖。靈境只溯梵天遊，穹峰不上尋春屐。逶迤馳道無崎嶇，中有二人覓籃輿。賢書告況瘁，掉首回中途。浮嵐暖翠複嶺合，穿林度樾三人俱。因憐遠行客，真有看山癖。九步訊土人，十步乃一息。荒邱道左披蒙茸，巍亭天半撑孤峰。迴岑難指水精域，隔林却吼蒲牢鐘。漁洋遠岫參差見，朝烟夕翠開南面。曲磴盤紆映赤欄，蒼稜夭矯排銀練寺前長松萬株，横卧湖上。新安塢畔碧雲深，志里村邊暝色侵。忘疲還謁司徒廟，但見古柏蚴蟉詰屈飛陰森青芝山北鄧司徒廟中有古柏四株，蓋數百年物。去去走蹣跚，迢迢光福里。豈知東西崦，忽落芒鞵底。擅勝閣，虎山橋。無數青巒入望遥。濃春煙景知何似，一帆風雨送歸橈。

賢書自滇來淮招同入都用坡韻見贈賦此奉答

東山月出如可呼，美人窅眇來庭隅。咫尺清光萬里共，經時孤盼雙魚無。牂牁舊夢落淮浦，應嗤彈鋏真非夫。險不必惶恐，灘戒不必塗。毒鼓鬧邊小卒騾鳴鉦，挽舟到此色如土。洪流石齧聲填雷，衆工負纜争掀豗。千鈞一髮心爲摧，須臾決溜羈脱馬。長年有柁不堪把，兩厓如墜挾舟瀉。十里五鬧行濡遲，掩窗拳手時搘頤。長途淹人少逸思，盛夏窘客多炎曦。却勝披星驢足動，板橋踏破千家夢。

舟中讀賢書詩賦贈長句用清虚堂韻

雙槳點撥恒河沙，仙吏放舟如放衙。大筆濡染若垂露，青睛蕩炫時生花。屹立長城凜欲壓，飢忘脯糗行忘家。乍裁凄練下顧兔，何有炎翅翔金鴉。桑經酈注訂遺闕，江亭燕榭紛奇葩。痛飲苦無若下酒，且復飲我頭綱茶。清吟欲廢衆蟬噪，高歌正助前飆撾。莫言鴻溝割時代，古人癢處多搔爬。歐公螺蛤意騷屑，山谷郙莒神咨嗟。飄然坐窺稗海大，莽蒼一氣凌青霞。

《瑚海詩鈔》卷九

次韻芸書江城悵別寄賢書進士

乍接題襟侶，相看暝色凄。晚潮隨客上，纖月報蛩齋。舞羨雲間鶴，棲慚樹裏雞。江干成小別，凝盼曉煙迷。

舟中漫興示賢書

鷁首排空上，何如附翼行。世人争利涉，吾子慎縱横。節近急遥夢明日蒲節，途長緩去情。客愁攻易得，吟管出奇兵。

同賢書夜坐怡然成詠

四野浩風露，逌然長道心。溪澄收衆籟，月澹出疏林。觀化形同釋，忘機暑不侵。清言餘逸韻，如聽穎師琴。

《瑚海詩鈔》卷十三

河定聞大風雨和賢書

犇流約束舟穿峽，急響砰訇地殷雷。嵐影半沉雲欲墮，溪光全黝雨初來。十年旅雁乘風志，萬里仙凫作楫才。雜沓群靈翔坐鎮，掀篷邀月話深杯。

津門同吴念湖進士張治丞孝廉屠賢書明府過從彌日旋將入都志別吴名人驥，天津人，壬辰進士。張名制，宜興人，庚寅舉人。

袂合癸亭騷坫客，水通丁字直沽舩。蒹葭倚樹真良晤，鷗鳥忘機總昔緣。海上浮雲燕市近，江頭清夢滆湖連治丞六年未歸。曹騰折盡關門柳，莫惜音塵到日邊。

《瑚海詩鈔》卷十七

歲暮懷人絶句

瘴雨蠻煙六詔間，雙凫飛去杳難攀。昨宵夢躡凌風屩，攜手同登英武山居賢書令師宗三載。

《瑚海詩鈔》卷二十二

按上列古今體詩十二首，爲先生友人同邑陳瑛渭英所作，載《瑚海詩鈔》，作詩年代，難以考定，故不敢羼入年譜，附繫於此，藉讀年譜者，知先生晚年行蹤及盍簪之樂焉。

余里中舊有謝中丞旻園亭，百年前極裙屐之盛，今其半廢爲因樹庵矣。暇日，與屠進士笏巖紳遊其地，因奮筆作聯句云：『優曇空有嗣屠，詞客竟無靈余。佛火清宵静余，山精白晝冥屠。』因縱飲大醉，合成三十韻而返。

屠進士紳，弱冠即通籍，其爲詩有雋才，余最愛其《佳禾篇》《贈何明府》云云，七古《送陳伯玉》云云，《十月朔偕黄仲則飲旗亭》云云，《憶上人某》云云，近體亦佳，記其一聯云：『風雨十年留鐵甕，雲山千古話銅官。』有《笏巖近稿》，余及趙君味辛爲之序。

屠笏巖《芒碭山行》有云：『秦煙蒼蒼漢月白，行人屏息過大澤。』余極賞之，以爲不減『亭長歸來作天子』句。……

洪亮吉《玉麈集》卷上

暑夜集慎永齋偕謝進士聘次屠笏巖韻，余成詩四章，有『吴下酒徒推蔣濟，江東詩價擬湯休。』『書傳白下憐楊意，客久江東憶貫休。』及『應有功名似馬周。』『西家夢婕有莊周』

等句。謝戲曰：『安得此千佛名經。』

今尋甸刺史屠笏崖先生，予甲午實出其房闈中，一别音問弗通，丁酉春，晤於都門，示予所疊東麓少寇蛇字韻詩七章，予以一夕次答，先生喜極，且有見贈之作，後半律云：『蒼洱文章于古近，蓬萊才望匪今賒。起予倍覺傷離索，瓊玖真同報德蛇。』時以銅差留滯寓邸，吟《祀竈詞》十章有云：『玉皇若問人間世，莫道儂無香火緣。』又云：『勿嫌寒乞真無賴，曾見高僧破竈來。』擬以付梓，予力阻之，乃不果。

洪亮吉《玉麈集》卷下

屠刺史紳，生平好色，正室至四五娶，妾媵仍不在此數，卒以此得暴疾卒，余久之哭以詩曰：『閒情究累韓光政，醇酒終傷魏信陵。』蓋傷之也。

師範《蔭椿書屋詩話》

洪亮吉《北江詩話》卷二

屠州守紳詩，如栽盆紅藥，蓄沼文魚。

洪亮吉《北江詩話》卷一

『州守風流憶往時，滇南舊澤尚留遺。瑣言蟫史今傳遍，零落文魚紅藥詩。』

屠笏巖刺史名紳，居西貫，與大岸前後相望，先曾祖筆記中有《屠氏善報》一條，滇人師君荔扉刻《鴞亭詩話》，敘述遺愛甚詳，其《六合内外瑣言》二十卷，《蟫史》二十卷，近年上海以洋版印行，流傳頗廣，洪北江《詩話》云：『屠州守紳詩如蓄沼文魚，栽盆紅藥。』庚申亂後，詩集殊罕覯也。

金武祥《陶廬雜憶》

蘇南區文物管理委員會方志目録

據稿本影印

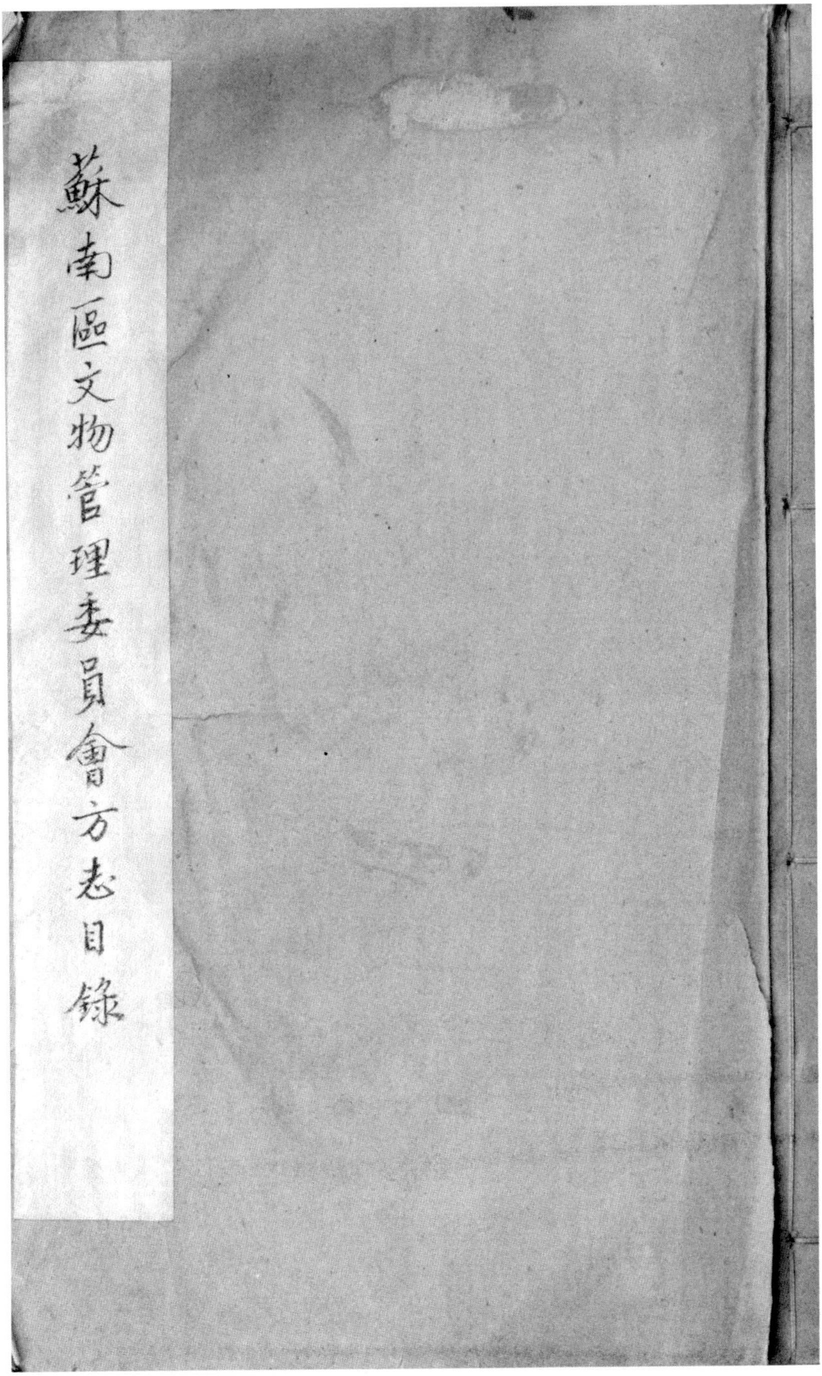
蘇南區文物管理委員會方志目錄

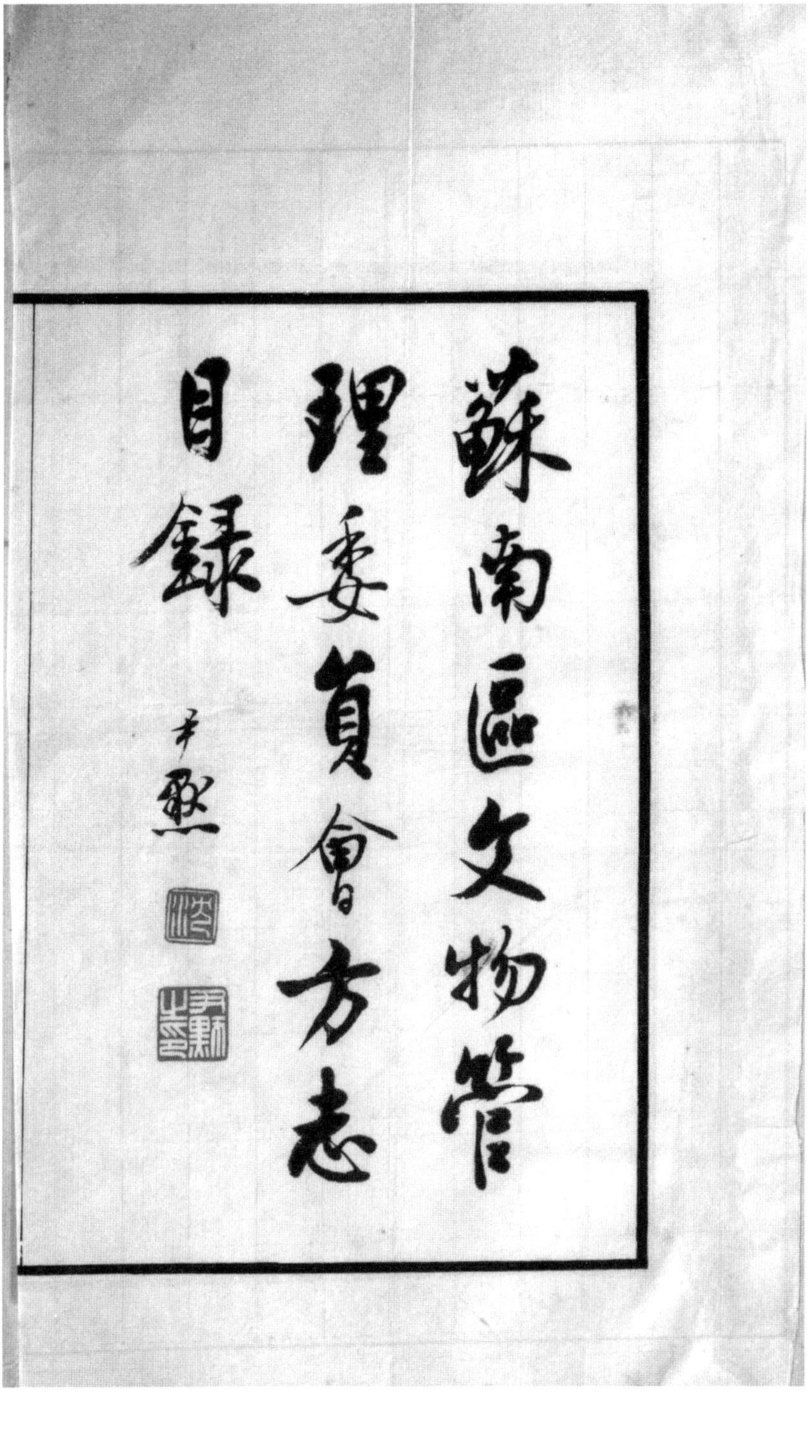

蘇南區文物管理委員會方志目録

尹默

一九五三年

十月印行

序

方志之興尚矣。周官誦訓「掌道方志以詔觀事」，說者謂即後世邑乘之權輿。然其文不曰「掌方志」而曰「掌道方志」，故鄭玄注云「說四方所識久遠之事，以告王觀博古所識，若魯有大庭氏之庫、殽之二陵」，明其爲口頭傳說，非有成書也。古人方隅地史今日所存莫早於袁康越絕書之吳地、越地兩傳，垂二千年；次則常璩華陽國志，將千七百年矣。讀隋書經籍志地理一類，元康、永初並有地記，冀州、齊州各纂圖經，涼州、交州同志異物，京口、吳郡俱撰記文，知魏晉以下亦直綫日闊，分類與轉從日繁，斯學因之大盛。其書雖什九亡佚，而酈善長作水經注，川流所過地方故實纖細必登，蔚為我國地理學之寶典，亦以其時代憑藉大優於前，積累易博，擇取易精，初非一人之功也。自唐暨清，歷史觀念益強，方志之學益進，郡邑之志漸成鉅帙。即以吾吳論：唐陸廣微吳地記一卷耳，北宋朱長文吳郡圖經續記十卷耳，皆一日可讀畢；及乎南宋范成大吳郡志五十卷矣，至明則王鏊姑蘇志六十卷矣，至清則石韞玉、馮桂芬兩蘇州府志皆百五十卷矣，至民國即吳縣志且八十卷矣。此非苟以求勝於前人，時代後則史料富，探討途門數增，不容其不擴充也。以我國疆域之廣，作者之眾，其中不知續存若干珍本，是為學術界闢新天地者。惜哉當日流通狹隘，收藏者又鮮其人，遂非一般治學論政者所習見。顧亭林先生崛起，囊萬域，獨具明眼，徧求方志而讀之，加以史書、文集之可以證成者，選其政治、疆域之資料為肇域志百卷，又擷其交通、經濟、水利之資料為天下郡國利病書百二十卷，使來者知其中大有可供利用者在，方志之發於斯著矣，顧尚未盡也。且先生生值明季，但就私家借覽，其所涉獵猶未周也。近百年中，帝國主義諸邦挾利器以窺我，入戶升堂，恣意蒐採，無尺土寸籍非其所注目者，乃發見我方志中有至詳備之交通、里程，有至完善之物產調查，又有至豐賸之人情風俗與夫種族、宗教之紀載，為之鑽研譯述，所謂不勞而獲，條晰之端緒矣，凡所接觸悉從窮而歸納之，理之，以攫攝其所欲得焉。俾更作進一步之調查

國內學人聞之，悚然動色相告，師其法以自為之，於是方志之

價值始大顯。辛亥後地方圖書館接踵而起，視其財力，力足則徵搜及於全國，不足則保其本省本縣之舊編志書，遂呈集中現象，又有朱士嘉綜合各地藏目為之輯成總錄，故學者每有所稽，幾可必得。生於今日，較之亭林之世，規模恢擴不啻數十倍，詎非一大幸事耶！我江蘇省為千餘年中文化所鍾萃，昔人修纂志書獨多，省、府、廳、州、縣而外，有志鄉鎮者焉，有志山川、水利、關隘者焉，有志書院、義塾、廟宇、人物、冢墓、金石、經籍者焉，其為書有刻本焉，有鈔本焉，有稿本焉，實非一館一時所克搜聚，是以負文化建設之責者，其網羅之功為特艱。蘇南文物管理委員會成立於解放初，五年以來，精進遍行蒐收，並舊圖書、博物兩館，已傑然為國內重鎮。沈君燮元好治流略之學，掌理圖書，在陳主任委員領導下，多方奔走，畢力尋求，等錫蘇君良見文華抗戰中所收若干種歸之，凡得方志千四百餘種，以江蘇省百七十七種為最，河北、山東、浙江、四川次之，皆逾百種。因纂編一目，以資檢索，有志為地方文獻之學者，知必有取於斯。抑諸君將事固勤，其事猶未竟也。何者？他省之志，特供旁參來例，學之用之弗亟；至於本省，義當求全，應隨事取資，無復遺憾。今試校以蒲圻張石公先生中國地方志考所錄，則闕書一二可數，而遠在當時藏家具在。如弘治句容縣志、嘉靖吳邑志及高淳縣志，寧波天一閣有之；洪武蘇州府志、正德丹徒縣志、萬歷永洲縣志，北京圖書館有之；嘉靖蘇州府識略，山東圖書僅有之正德江寧縣志、萬曆應天府志，日本內閣文庫有之，是皆三百年前本省志書僅存於寰宇者也。其時代較近而傳本已稀者，如康熙昭文縣志、乾隆元和縣志，徐家匯藏書樓並有之。其於工業有特殊關係而已不易覓者，如太湖濱之香山鎮為千年來土木工人之所自出，北京巍峨之宮闕成於其手，香山小志中記其藝事孔多，是書二十年前編吳縣志時尚見題綜，今乃杳不知其所在矣。徧求而幸存之，其不可得而有者，或為複寫，或加攝影，取副本以實書庫，貽後世，是則蘇南文物管理委員會與邦人君子所當交勵互勉者。故敢表其微末之愚忱，曰：事猶未竟，力猶未可弛也！

公元一九五四年三月，顧頡剛謹序於滬西寓舍。

凡例

一本編所載以本會所藏自唐宋以來曆代省府廳州縣及民國所修之方志為主兼及邊鎮志衛志鹽井志等清末各直省州縣所修之鄉土志及江蘇浙江私家所撰之鄉鎮志别為附錄

一書有以志為名而與地方經制無關者概不闌入

一凡方志之彙刊於叢書内者不采采叢書單行本

一本編排列[redacted]次序因各志多屬清代所修故按嘉慶一統志所載府廳州縣次第排列而一地有數種者再以時代先後為序嘉慶以後添設之省區則排列原屬省區之後藉便檢閱

一各志首列書名次卷數次修纂人姓名次刊印年代及版本冊數

一書名采原志卷一首行所載間有首行不載者則從書口或封面

一書名悉依原文[redacted]如遂寧或作遂甯桓臺或作桓台之類餘類推

一修纂人姓名采原志卷端職名所列之第一人其有主修人自行秉

筆或經其最後削定者則稱某人纂修如修纂不止一人則取主要負責人稱某某等修或纂私家著述則稱撰或纂

一方志修纂與刊印每不同時者但書其刊印年代易滋混淆今由序跋及凡例中詳核其年代以存其真

一凡志中有增續補修者其增補人之姓名及年代如有可考一併著錄書有重刻補刻增刻者並加注明

一凡志有殘缺者載其存卷並於另行標明缺卷以資考核

一各志如有複本載其版本不同者於另一行注明之

[redacted]

~~一編末附書名筆畫索引各注修纂年代卷數以便查閱~~

一本編承 沈尹默先生題字顧頡剛先生撰序潘景鄭顧起潛朱士嘉先生指

多處

正立此誌謝

本編屬稿於一九五三年八月至十月而蒇事所收方志自以斯時所有為限嗣後如有所獲當再續輯

一[redacted]

[redacted]惟以書倉卒舛譌之處自所難免尚冀　閱覽諸君隨時

批評指正

[redacted]

蘇南區文物管理委員會方志目錄

目次

山東
河南
陝西
甘肅
寧夏
青海
浙江
江西
湖北
湖南
四川
西康

~~蘇南區文物管理委員會方志目錄~~

[redacted]河北 殘存 舊直隸

畿輔通志 一百[redacted]十九卷卷首一卷 清唐執玉等修 陳儀等纂 雍正十三年刻本 存七十九冊

四百十卷卷首一卷

缺卷六十一

畿輔通志 三百卷卷首一卷 清李鴻章等修 黃彭年等纂 光緒十年刻本 二百四十冊

河北通志稿 不分卷 王樹枏等纂 民國□年鉛印本 存三十九冊

光緒順天府志 一百三十卷附錄一卷 清萬青藜等修 張之洞等纂 光緒十二年刻本 六十四冊

良鄉縣志 八卷 周志中修 呂植等纂 民國十三年鉛印本 四冊

固安縣志 八卷 清陳崇砥修 陳福嘉纂 咸豐九年刻本 六冊

永清縣志 二十五篇 清周震榮修 章學誠纂 乾隆四十四年刻本 四冊

安次縣舊志四種合刊 郭鴻群等輯 民國二十五年鉛印本 十二冊

東安縣志 殘存五卷 明鄭之成修 馮泰運纂 民國二十五年鉛印明天啟五年本 [redacted]

原卷數待考存卷二至卷六

(低一格排)

[redacted]河北 舊直隸

（低一格排）東安縣志 十卷 清王士美等修 張墀等纂 民國二十五年鉛印清康熙十六年本 [redacted] 二冊

（低一格排）東安縣志 二十二卷 清李光昭修 周琰等纂 民國二十五年鉛印清乾隆十四年本 [redacted] 四冊

（低一格排）安次縣志 十二卷 熊濟熙修 劉鍾英等纂 民國二十五年鉛印 [redacted] 民國三年本 [redacted] 四冊

（頂格排）[redacted] 通州志 十卷卷首一卷卷末一卷 清高建勳等修 王維珍纂 光緒五年刻本 十二冊

三河縣志 十六卷 清陳鼎修 王大信等纂 乾隆二十五年刻本 四冊

寶坻縣志 十八卷 清洪肇楙修 蔡寅斗纂 乾隆十年刻本 八冊

又一部 民國六年石印清乾隆十年本 八冊

光緒昌平州志 十八卷 清吳履福等修 繆荃孫等纂 民國二十八年鉛印本 六冊

順義縣志 五卷 清黃成章修 張大酉纂 民國四年鉛印清康熙五十八年本 五冊

密雲縣志 八卷卷首一卷 臧理臣等修 宗慶煦纂 民國三年鉛印本 八冊

涿縣志 十八卷 宋大章等修 周存培等纂 民國二十五年鉛印本 四冊

房山縣志 八卷 馮慶瀾等修 高書官等纂 民國十七年鉛印本 八冊

霸縣新志 八卷 劉延昌等修 劉崇本等纂 民國二十三年鉛印本 八冊

文安縣志 十二卷卷首一卷卷終一卷 陳楨修 李蘭增等纂 民國十一年鉛印本 十二冊

平谷縣志 六卷 李興焯修 王兆元纂 民國二十三年鉛印本 八冊

保定府志 七十九卷卷首一卷 清李培祜等修 張豫塏纂 光緒七年刻本 三十二冊

清苑縣志 十八卷卷首一卷 清李逢源修 諸崇儉纂 同治十二年刻本 八冊

清苑縣志 六卷 金良驥等修 姚壽昌纂 民國二十三年鉛印本 六冊

滿城縣志略 十六卷卷首一卷 陳寶生修 楊式震等纂 民國二十年鉛印本 七冊

徐水縣新志 十二卷卷末一卷 劉延昌修 劉鴻書纂 民國二十一年鉛印本 八冊

定興縣志 二十六卷卷首一卷 清張主敬等修 楊晨纂 光緒十六年[redacted]刻本 八冊

新城縣志 八卷卷首一卷 清高基重修 馬之驦等纂 康熙十四年刻本 四冊

新城縣志 十八卷卷首一卷 清李廷榮修 王振鐘等纂 道光十八年刻本 六冊

唐縣志 十二卷卷首一卷 清陳詠修 張惇德纂 光緒四年刻本 八冊

蠡縣志 十卷 清韓志超等修 王其衡等纂 光緒二年刻本 十冊

[redacted]河北 舊直隸

二

雄縣新志 二十一篇 秦廷秀等修 劉崇本等纂 民國十八年鉛印本 十册

祁州志 八卷 清羅以桂等修 張萬銓等纂 同治間修補乾隆二十一年本 四册、

祁州續志 四卷 清趙東恆等修 劉學海等纂 光緒元年刻本 二册

（低一格排）

束鹿五志合集 謝邁度輯 民國二十六年鉛印本 八册

束鹿縣志 十卷 清劉崑修 陳信等纂 民國二十六年鉛印清康熙十年本 [redacted]

（低一格排）

束鹿縣志 十二卷 清李文耀修 張鍾秀等纂 民國二十六年鉛印清乾隆二十七年本 [redacted]

（低一格排）

束鹿縣志 十卷 清李符清修 沈樂善等纂 民國二十六年鉛印清嘉慶四年本 [redacted]

（不用低）

束鹿縣志 十卷 清李符清修 沈樂善等纂 嘉慶四年刻本 四册 [redacted]

[redacted]

（低一格排）

束鹿縣志 八卷 清宋陳壽纂修 民國二十六年鉛印清同治本 [redacted]

（低一格排）

光緒束鹿鄉土志 十二卷 清李中桂等輯 民國二十六年鉛印清光緒三十二年本

高陽縣志 十卷 李大本修 李曉泠等纂 民國二十二年鉛印本 十册

永平府志 二十四卷卷首一卷卷末一卷 清李奉翰等修 王金英纂 乾隆三十九年刻本 十二册

永平府志 七十二卷卷首一卷卷末一卷 清游智開修 史夢蘭纂 光緒五年刻本 三十二册

昌黎縣志 十卷 清何崧泰修 馬恂等纂 同治五年刻本 四册

濼州志 八卷卷首一卷卷末一卷 清吳士鴻等修 孫學恒纂 嘉慶十五年刻本 八冊

樂亭縣志 十四卷卷首一卷卷末一卷 清陳金駿纂修 乾隆二十年刻本 六冊

樂亭縣志 十五卷卷首一卷卷末一卷 清史夢蘭纂 光緒三年刻本 六冊

臨榆縣志 十四卷圖一卷 清鍾和梅纂修 乾隆二十一年刻本 六冊

臨榆縣志 二十四卷卷首一卷 清趙允祜修 高錫疇等纂 光緒四年刻本 十冊

獻縣志 二十卷圖一卷表一卷 清萬廷蘭修 戈濤纂 乾隆二十六年刻本 十二冊

初續獻縣志 四卷 清李昌祺纂修 咸豐七年刻本 二冊

肅寧縣志 十卷 清尹侃等修 談有典纂 乾隆[redacted]十九年刻本 五冊

寧[redacted]津縣志 十二卷卷首一卷 清祝嘉庸修 吳潯源纂 光緒二十六年刻本 八冊

景州志 六卷卷首一卷 清屈成霖修 趙栘等纂 乾隆十年刻本 四冊

景縣志 十四卷 耿兆棟等修 張汝漪纂 民國二十一年鉛印本 十四冊

吳橋縣志 十二卷 清倪昌燮修 馮慶楊等纂 光緒元年刻本 八冊

[redacted]河北 舊直隸 三

東光縣志 十二卷卷首一卷 清周植瀛修 吳潯源纂 光緒十四年刻本 十冊

續修故城縣志 十二卷卷首一卷 清張熯修 范翰文等纂 光緒十一年刻本 八冊

重修天津府志 五十四卷卷首一卷卷末一卷 清沈家本等修 徐宗亮等纂 光緒二十五年刻本 二十八冊

天津縣志 二十四卷 清朱奎揚修 吳廷華等纂 乾隆四年刻本 八冊

續天津縣志 二十卷卷首一卷 清吳惠元修 蔣玉虹等纂 同治九年刻本 八冊

靜海縣志 八卷 清鄭士蕙纂修 同治十二年刻本 四冊

青縣志 十六卷卷首一卷 萬震霄修 高遵章等纂 民國二十年鉛印本 十冊

滄縣志 十六卷卷首一卷附文編二卷 張鳳瑞等修 張坪纂 民國二十二年鉛印本 十二冊

南皮縣志 十五卷卷首一卷卷末一卷 清殷樹森修 汪寶樹等纂 光緒十四年刻本 八冊

鹽山縣志 十六卷卷首一卷卷末一卷 清江毓秀修 潘震乙纂 同治七年刻本 八冊

鹽山[redacted]新志 三十卷（[redacted]卷十三至卷十四有目無書） 賈恩紱纂 民國五年刻本 八冊

慶雲縣志 三卷卷首一卷卷末一卷 清潘國詔修 崔旭纂 戴絅孫重修 咸豐五年刻本 三冊

正定府志 五十卷卷首一卷 清鄭大進纂修 乾隆二十七年刻本 三十二冊

正定縣志 四十六卷卷首一卷卷末一卷 清賈孝彰等修 趙文濂等纂 光緒元年刻本 十四冊

河北 舊直隸 四

井陘縣志 八卷 清鍾文英修 吴觀白等纂 雍正八年刻本 四冊

續修井陘縣志 三十六卷 清常善修 趙文濂纂 光緒元年刻本 二冊

獲鹿縣志 十二卷 清韓國瓚修 石光璽等纂 乾隆元年刻本 四冊

獲鹿縣志 十四卷卷首一卷卷末一卷 清俞錫綱等修 曹鋆纂 光緒四年刻本 十冊

靈壽縣志 十卷附録一卷 清陸隴其纂修 康熙二十四年刻本 四冊

欒城縣志 十四卷卷首一卷卷末一卷 清陳詠修 張惇德纂 同治十一年刻本 六冊

平山縣志 八卷 清王滌心修 郭程先纂 咸豐三年刻本 六冊

贊皇縣志 十卷卷首一卷卷末一卷 清黄嶌竹纂修 乾隆十六年刻本 四冊

續修贊皇縣志 二十九卷 清史賡雲等修 趙萬泰等纂 光緒二年刻本 二冊

無極縣志 十二卷卷末一卷 清黄可潤纂修 光緒十九年補刻乾隆二十二年本 四冊

無極縣續志 十卷卷首一卷卷末一卷 清曹鳳來纂修 光緒十九年刻本 四冊

重修新樂縣志 六卷 清雷鶴鳴等修 趙文濂纂 光緒十一年刻本 八冊

鉅鹿縣志 十二卷卷首一卷 清凌燮修 赫慎修纂 光緒十二年刻本 六冊

廣宗縣志 十六卷卷首一卷卷末一卷附文徵二卷 姜榓榮等修 牛韞璠纂 民國二十二年鉛印本 五冊

唐山縣志 十二卷卷首一卷卷末一卷 清蘇玉修 杜靄等纂 光緒七年刻本 八冊

重修廣平府志 六十三卷卷首一卷 清吳中彥修 胡景桂纂 光緒二十年刻本 二十四冊

永年縣志 四十卷卷首一卷 清夏詒鈺纂修 光緒三年刻本 八冊

肥鄉縣志 三十六卷 清李鵬展修 趙文濂纂 同治六年刻本 八冊

邯鄲縣志 十七卷卷首一卷卷末一卷 畢星垣等修 王琴堂纂 民國二十一年刻本 八冊

成安縣志 十二卷 清王公楷修 張橓纂 康熙十二年刻本 六冊

磁州志 十八卷 清蔣擢修 樂玉聲等纂 康熙三十九年刻本 四冊

磁州續志 六卷 清程光瀅纂修 同治十三年刻本 四冊

大名府志 二十二卷卷首一卷續志六卷卷末一卷 清武蔚文等修 郭程先纂 咸豐三年刻本 二十冊

大名縣志 四十卷卷首一卷 清張維祺等纂修 乾隆五十四年刻本 十二冊

開州志　八卷　清李符清修　沈樂善纂　嘉慶十一年刻本　六冊

開州志　八卷卷首一卷　清陳兆麟修　祁德昌纂　光緒七年刻本　八冊

長垣縣志　十六卷　清李于垣修　楊元錫纂　嘉慶十四年刻本　八冊

續修長垣縣志　二卷　清葛之鏞等修　蔣庸等纂　道光二十九年刻本　二冊

增續長垣縣志　二卷　清觀祜等修　齊聯芳等纂　同治十二年刻本　二冊

直隸遵化州志　二十卷　清傅修纂修　乾隆五十九年刻本　八冊

遵化通志　六十卷卷首一卷　清何崧泰修　[redacted] 史樸纂　光緒十二年刻本　三十一冊

豐潤縣志　十二卷　清[redacted]牛昶煦等纂修　光緒十四年刻本　十二冊

又一部　[redacted]　民國十年鉛印清光緒十四年本　四冊

直隸易州志　十八卷卷首一卷　清張登高纂修　乾隆十二年刻本　八冊

冀州志　二十卷續編一卷　清范清曠纂修　乾隆十二年刻本　八冊

河北[redacted]舊直隸

五

南宮縣志　五卷　明葉恒嵩修　劉汀纂　民國二十二年南宮邢氏[redacted]求己齋景印明嘉靖三十八年本　一冊

南宮縣志　十六卷　清周栻修　陳柱纂　道光十一年刻本　八冊

東強縣志補正　五卷　清方宗誠纂修　光緒二年刻本　二冊

衡水縣志　十四卷　清陶淑纂修　乾隆三十二年刻本　五冊

直隸趙州志　十六卷卷首一卷卷末一卷　清孫傳栻纂修　光緒二十三年刻本　六冊

趙州屬邑志　八卷　佚修纂人名　光緒二十三年刻本　四冊

柏鄉縣志　十卷卷首一卷　清鍾賡華等纂修　乾隆三十一年刻本　六冊

[redacted]晉縣志　十一卷　蘇毓琦等修　張震科纂　民國十八年石印本　八冊

深州風土記　二十二卷附表五卷　清吳汝綸纂修　光緒二十六年刻本　八冊

直隸定州志　二十二卷卷首一卷　清寶琳等纂修　道光二十九年刻本　十二冊

定縣志　二十二卷卷首一卷　何其章等修　賈恩紱纂　民國二十三年刻本　八冊

蘇[redacted]錄

察哈爾

察哈爾省通志 二十八卷卷首一卷附大事記三卷 宋哲元修 梁建章纂 民國二十四年鉛印本 十二冊

萬全縣志 十卷卷首一卷 清左承業原修 施彥士訂正 道光十四年修訂重刻乾隆十年本 四冊

宣化府志 四十二卷卷首一卷 清王畹[redacted]修 吳廷華纂 乾隆[redacted]年刻本 二十二 重 八年 十六冊

宣化縣志 三十卷 清陳坦修 林慤纂 康熙五十年刻本 六冊

宣化縣新志 十八卷卷首一卷 陳繼曾等修 郭維城纂 民國十一年鉛印本 十冊

龍門縣志 十六卷 清章焞纂修 康熙五十一年刻本 五冊

蔚縣志 三十一卷 清王育榞修 李舜臣等纂 乾隆四年刻本 四冊

蔚州志補 十二卷 清楊世昌修 吳廷華纂 乾隆十年刻本 六冊

蔚州志 二十卷卷首一卷 清慶之金修 楊篤纂 光緒三年刻本 八冊

察哈爾 一

西寧縣新志 十卷卷首一卷 清寅康等修 楊篤纂 同治十三年刻本 四冊

陽原縣志 十八卷圖一卷 劉志鴻等修 李泰棻纂 民國二十四年鉛印本 四冊

懷安縣志 八卷卷首一卷卷終一卷 清蔭祿修 程燮奎纂 光緒二年刻本 四冊

保安州志 八卷 清楊桂森纂修 光緒三年重印道光十五年刻本 四冊

保安州續志 四卷 清尋鑾瑨等纂修 光緒三年刻本 一冊

延慶州志 十卷卷首一卷 清李鍾俾修 穆元肇等纂 乾隆七年刻本 六冊

延慶州志 十二卷卷首一卷卷末一卷 清何道增等修 張惇德纂 光緒六年刻本 十冊

16神

蘇南區文物管理委員會方志目錄

熱河

熱河志 一百二十卷 清和珅纂修 民國二十三年遼海書社鉛印清乾隆四十六年本 二十四冊

承德府志 六十卷卷首二十六卷 清海忠纂修 民國三年重印清道光十年刻本 二十四冊

朝陽縣志 殘存二十二卷 周鐵錚修 孫慶璋等纂 民國十九年鉛印本 存四冊
原三十六卷缺卷二十三至卷三十六

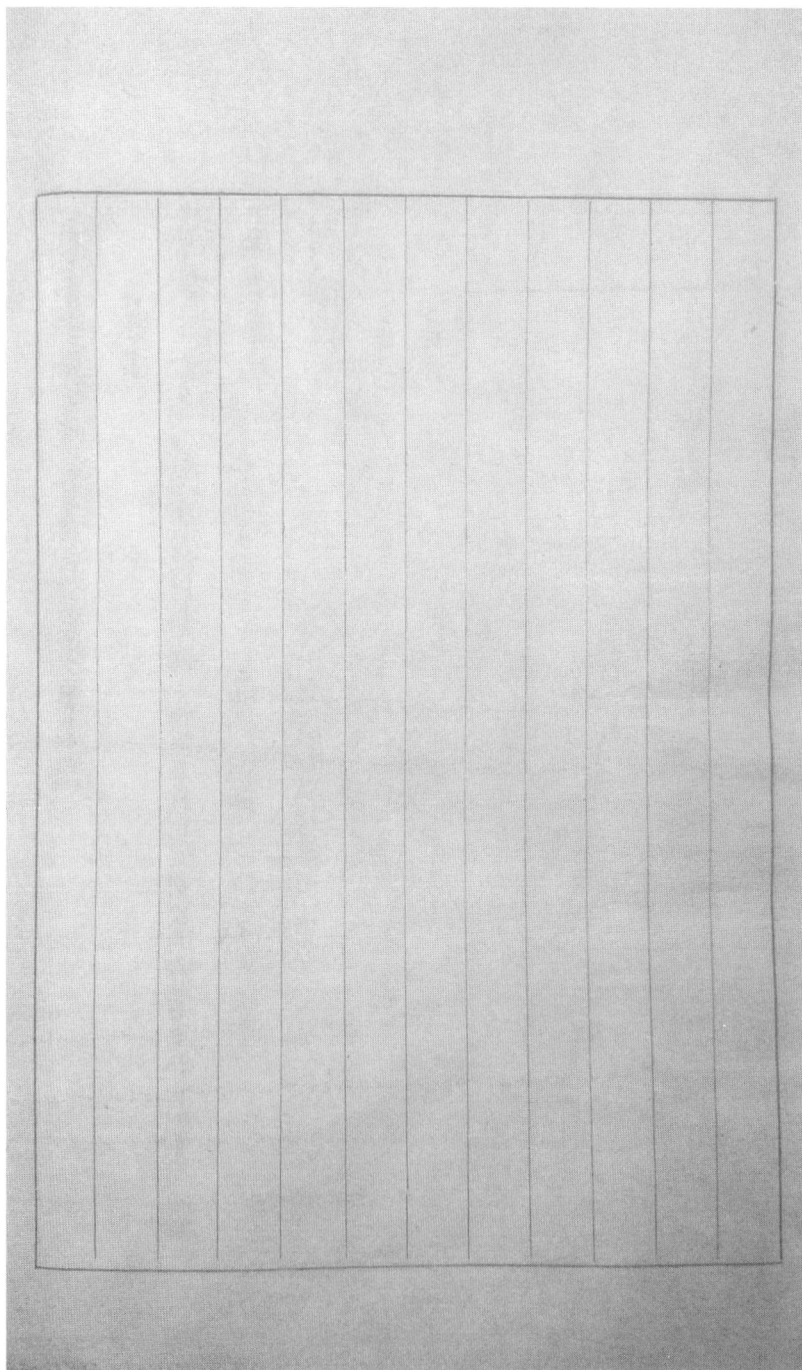

[redacted]

遼寧

遼東志 九卷附解題一卷校勘記一卷 明畢恭等原本 任洛續修 解題日本稻葉岩吉撰 校勘記民國高鳳樓許麟英撰 一九三四年遼海書社鉛印明嘉靖十七年本 四冊

全遼志 六卷附校勘記一卷 明畢恭等原本 李輔等增修 校勘記民國高鳳樓許麟英撰 一九三四年遼海書社鉛印明嘉靖四十五年本 六冊

盛京通志 四十八卷卷首一卷 清呂耀曾等修 魏樞等纂 乾隆元年刻本 二十冊

承德縣志書 十類 清全正元修 張子瀛等纂 宣統二年石印本 二冊

瀋陽縣志 十五卷卷首一卷 趙恭寅修 曾有翼等纂 民國六年鉛印本 六冊

撫順縣志略 不分卷 清程廷恒修 黎鏡芙纂 宣統三年石印本 二冊

遼陽縣志 四十卷卷首一卷 裴焕星等修 白永貞等纂 民國十六年鉛印本 十二冊

遼中縣志 二十九卷卷首一卷 徐維淮修 李植嘉纂 民國十九年鉛印本 六冊

海城縣志　八卷　廷瑞修　張輔相等纂　民國十三年鉛印本　八冊

蓋平縣志　十六卷卷首一卷卷末一卷　石秀峯等修　王郁雲纂　民國十九年鉛印本　六冊

開原縣志　十二卷卷首一卷　李毅修　王毓琪纂　民國十九年鉛印本　十二冊

鐵嶺縣志　二十卷　黃世芳等修　陳德懿纂　民國二十年鉛印本　十冊

鐵嶺縣續志　十二卷　楊宇齊修　張嗣良纂　民國二十二年鉛印本　二冊

復縣志略　不分卷　程廷恒修　張素等纂　民國九年石印本　六冊

錦縣志　八卷　清王奕曾等修　范勳等纂　一九三四年遼海書社鉛印本　一冊

廣寧縣志　殘存六卷　清項蕙修　范勳纂　一九三四年遼海書社鉛印本　一冊
[redacted]缺卷七卷八

安東縣志　八卷卷首一卷　王介公修　于雲峰纂　民國二十年鉛印本　六冊

興京縣志　十五卷卷首一卷　張耀東修　李屬春纂　一九三五年鉛印本　八冊

海龍縣志　二十二卷　王永恩修　王春鵬纂　一九三六年鉛印本　十冊

西安縣志略 十三卷 清雷飛鵬等修 段盛梓等纂 宣統三年石印本 二冊

新民縣志 十八卷 王寶善修 張博惠纂 民國十五年石印本 四冊

昌圖縣志 四卷 程道元修 續文金纂 民國五年鉛印本 四冊

黎樹縣志 甲編四卷乙編十卷丙編八卷丁編四卷戊編三卷己編二卷 包文峻修 李溶等纂 一九三三年鉛印本 八冊

鳳城縣志 十六卷卷首一卷 沈國冕修 蔣齡益纂 民國十年石印本 四冊

莊河縣志 十八卷卷首一卷卷末一卷 王佐才修 楊維嶓等纂 一九三三年鉛印本 四冊

寬甸縣志略 不分卷 程廷恒修 闞牧纂 民國四年石印本 二冊

通化縣志 四卷 李春雨修 邵芳齡等纂 民國十六年鉛印本 四冊

撫松縣志 五卷卷首一卷 張元俊修 車煥文纂 民國十九年鉛印本 四冊

遼寧 二

28 神

[redacted]

吉林

- 吉林通志 一百二十二卷圖一卷 清長順修 李桂林等纂 光緒十七年刻本 四十八冊
- 吉林新志 不分卷 劉爽撰 一九三四年鉛印本 一冊
- 樺川縣志 六卷 鄭士純等修 朱衣點纂 民國十七年鉛印本 六冊
- 樺甸縣志 十卷卷首一卷卷末一卷 胡聯恩等修 陳鐵梅纂 民國二十一年鉛印本 六冊
- 雙城縣志 十五卷卷首一卷 高文垣等修 張鼒銘纂 民國十五年鉛印本 四冊
- 賓縣志 四卷 宋雲桐等修 朱衣點纂 民國十八年鉛印本 四冊
- 依蘭縣志 不分卷 楊步墀纂修 民國十年鉛印本 一冊
- 寧安縣志 四卷 王世選修 梅文昭纂 民國十三年鉛印本 六冊
- 珠河縣志 二十卷卷首一卷 孫荃芳修 宋景文纂 民國十八年鉛印本 六冊
- 庫頁島志略 四卷 石榮暲撰 民國二十四年鉛印本 陽新石氏琴城仙館 二冊

吉林 一

10神

[redacted]

黑龍江

黑龍江志稿 六十二卷卷首一卷圖一卷附黑龍江大事志四卷 萬福麟修 張伯英等纂

民國二十一年鉛印本 三十一冊

黑龍江述略 六卷 清徐宗亮撰 光緒十七年石埭徐氏觀自得齋刻本 二冊

訥河縣志 十二卷 崔福坤修 叢紹卿纂 民國二十年鉛印本 六冊

呼蘭府志 十二卷 黄維翰纂修 民國四年鉛印本 五冊

呼蘭縣志 十六卷卷首一卷 廖飛鵬修 高玉堂纂 民國十九年鉛印本 八冊

蘇[redacted]

江蘇

江南通志 二百卷序目一卷卷首四卷 清尹繼善等修 黄之雋等纂 乾隆元年刻本 八十册

江蘇通志稿 三百五十二卷 繆荃孫等纂 稿本 三百五十二册

景定建康志 殘存四十六卷 宋周應合纂 清嘉慶六年刻本 存十五册

原五十卷 缺卷四十四至四十七

重刊江[redacted]府志 五十六卷 附校勘記一卷 清呂燕昭修 姚鼐纂 光緒六年重刻嘉慶十六年本 [redacted]十二册

續纂江[redacted]府志 十五卷 附勘誤一卷 清蔣啟勛等修 汪士鐸[redacted]纂 光緒[redacted]六年刻本 [redacted]十二册

同治上江兩縣志 二十九卷卷首一卷 清莫祥芝 甘紹盤等修 汪士鐸等纂 同治十三年刻本 十二册

句容縣志 十卷卷首一卷卷末一卷 清曹襲先纂修 光緒二十六年重刻乾隆十五年本 八册

續纂句容縣志 二十卷卷首一卷卷末一卷 清張紹棠修 蕭穆等纂 光緒三十年刻本 二十册

溧水縣志 二十二卷卷首一卷 清傅觀光等修 丁維誠纂 光緒八年刻本 十二册

一

江蘇

六合縣志 八卷圖說一卷附錄一卷 清謝延庚修 賀廷壽等纂 光緒九年刻本 十冊

高淳縣志 二十五卷卷首一卷 清朱紹文纂修 乾隆十六年刻本 六冊

高湆縣志 二十八卷卷首一卷 清楊福鼎修 陳嘉謀等纂 光緒七年刻本 十冊

高[redacted]湆縣志 二十八卷卷首一卷 劉春堂修 吳壽寬等纂 民國七年刻本 十冊

江浦埤乘 （另一行）原四十卷卷首一卷缺卷[redacted]首 卷一至卷十四 殘存二十一卷 清侯宗海 夏錫寶纂 光緒十七年刻本 存今訂二冊

吳地記 一卷（附後集一卷） 舊題唐陸廣微撰 （後集 宋佚名撰） 清同治十二年江蘇書局刻本 一冊

吳地記 一卷附後集一卷 舊題唐陸廣微撰 後集宋佚名撰 清嘉慶十年虞山張氏照曠閣刻本 一冊

吳郡圖經續記 [redacted] 三卷 宋朱長文撰 嘉慶八年虞山張氏照曠閣刻本 一冊

吳郡圖經續記 三卷校勘記一卷 宋朱長文撰 清同治十二年江蘇書局刻本 一冊

吳郡志 五十卷 宋范成大撰 明汲古閣刻本 八冊

姑蘇志 六十卷 明王鏊等纂 正德元年刻本 三十冊

蘇州府志 八十卷卷首一卷 清雅爾哈善等修 習寯等纂 乾隆十三年刻本 四十冊

蘇州府志 一百五十卷卷首十卷 清宋如林等修 石韞玉纂 道光四年刻本 八十冊 殘存三十九冊 存一四六卷 缺一〇一——七卷

蘇州府志 一百五十卷序圖一卷卷首三卷 清李銘皖等修 馮桂芬等纂 光緒九年刻本 八十冊

吴縣志 八十卷 曹允源等纂 民國二十二年鉛印本 四十册

玉峯志 三卷續志一卷 宋淩萬頃邊實同撰 [redacted]（嘉定錢氏）鈔本 四册

崑山郡志 六卷 元楊譓纂 清咸豐元年[redacted]本 一册

又一部 光緒二十年刻本 一册

崑山新陽合志 殘存二十七卷卷首一卷 清鄒召南（張予介）等修 王峻等纂 乾隆十六年刻本 存八册

原三十八卷卷首一卷卷末一卷 缺卷十三[redacted]十四 卷二十四至卷三十八 卷末

崑新兩縣志 殘存二十八卷卷首一卷（四十卷） 清張鴻（來汝緣）等修 [redacted]（王學浩等）纂 道光六年刻本 十七册

~~原四十卷卷首一卷卷末一卷 缺卷三十九[redacted]十卷末~~

崑新兩縣續修合志 五十二卷卷首一卷卷末一卷 清金吴瀾（丁廷鸞）等修 汪堃等纂 光緒六年刻本 二十四册

崑新兩縣續補合志 二十四卷 連德英等修 李傳元纂 民國十一年刻本 十册

琴川志 十五卷 宋孫應時原本 元盧鎮等增修 [redacted] 明毛晉汲古閣刻本 十册

琴川三志補記 十卷補記續八卷 清黃廷鑑編 道光十一年刻十四年續刻本 三册

常熟縣志 殘存十八卷 清高士鶚修 錢陸燦纂 康熙二十六年刻本 存十册

原二十六卷卷首一卷 缺卷首 卷一至卷八

昭文縣志 十卷卷首一卷 清勞必達修 陳祖范纂 雍正九年刻本 六册

江蘇 二

常昭合志 殘存十一卷卷首一卷 原十二卷卷首一卷缺卷八 清王錦 顧德昌 等修 言如泗纂 嘉慶二年刻本 存十一冊

又一部 光緒二十四年重刻嘉慶二年本 十四冊

常昭合志稿 四十八卷卷首一卷卷末一卷 清鄭鍾祥 [redacted] 張瀛 修 龐鴻文等纂 光緒三十年木活字本 十六冊

吳江縣志 [redacted] 四十六卷卷首一卷 清郭琇修 葉燮等纂 康熙二十三年刻本 六冊

吳江縣志 五十八卷卷首一卷 清陳葦纕等纂修 民國[redacted]□年石印清乾隆十二年本 十二冊

吳江縣續志 四十卷 清金福曾等修 熊其英纂 光緒五年刻本 八冊

震澤縣志 三十八卷卷首一卷 清陳和志修 倪師孟等纂 光緒十九年重刻乾隆十一年本 八冊

松江府志 八十四卷序圖一卷卷首二卷 清宋如林修 孫星衍等纂 嘉慶二十四年刻本 四十冊

松江府續志 四十卷序圖一卷卷首一卷 清博潤修 姚光發等纂 光緒十年刻本 二十四冊

雲間志 三卷 宋楊潛撰 清 [redacted] 嘉慶十九年華亭沈氏古倪園仿宋紹熙四年刻本 三冊

又一部 清光緒二十年石埭徐氏觀自得齋刻本 二冊

重修華亭縣志 二十四卷卷首一卷 清楊開第等修 姚光發等纂 光緒四年刻本 十冊

婁縣志 三十卷卷首二卷 清謝庭薰修 陸錫熊等纂 乾隆五十一年刻本 十六冊

婁縣續志二十卷 清汪坤厚等修 張雲望等纂 光緒五年刻本 六冊

重修奉賢縣志二十卷卷首一卷卷末一卷 清韓佩金修 張文虎等纂 光緒四年刻本 六冊

金山衛志六卷附校[redacted]記一卷 明張奎修 夏有文等纂 校記民國陳乃乾撰 民國二十一年傳真社景印明正德十二年本 四冊

金山縣志三十卷卷首一卷 清龔寶琦等修 黄厚本等纂 光緒四年刻本 八冊

上海縣志八卷 明郭經修 唐錦纂 民國二十九年景印明弘治十七年本 二冊

上海縣志八卷 明鄭洛書修 高企纂 民國二十一年傳真社景印明嘉靖三年本 三冊

同治上海縣志三十二卷卷首一卷卷末一卷 清葉廷眷等修 俞樾等纂 同治十年刻本 十六冊

上海縣續志三十卷卷首一卷卷末一卷 吴馨等修 姚文枬等纂 民國七年刻本 十二冊

民國上海縣志二十卷 吴馨等修 姚文枬等纂 民國二十四年鉛印本 六冊

光緒南匯縣志二十二卷卷首一卷卷末一卷 清金福曾等修 張文虎等纂 光緒五年刻本 十二冊

南匯縣續志[redacted]二十二卷圖一卷 嚴偉等修 秦錫田等纂 民國十七年刻本 [redacted] 八冊

[redacted]

江蘇

三

江蘇

青浦縣志 三十卷卷首二卷卷末一卷 清黎庶昌等修 熊其英等纂 光緒五年刻本 十二冊

青浦縣續志 二十四卷卷首一卷附編一卷 張仁静修 錢崇威等纂 民國二十三年刻本 六冊

咸淳毗陵志 三十卷[redacted] 宋史能之撰 [redacted] 鈔本 四冊

重修常州府志 二十卷 明劉廣生修 唐鶴徵等纂 萬曆四十六年刻本 十六冊

常州府志 三十八卷卷首一卷 清于琨修 陳玉璂等纂 康熙三十四年刻本 三十六冊

又一部 三十八卷卷首一卷附校勘記一卷 清于琨修 陳玉璂等纂 [redacted] 校勘記 清陸彥袍[redacted]撰 光緒十二年重刻康熙三十四年本 二十一冊

陽湖縣志 十二卷[redacted] 清陳廷柱等修 虞鳴球等纂 傅鈖[redacted]乾隆三十年本 八冊

武進陽湖縣合志 三十六卷卷首一卷 清孫琬[redacted]修 王德茂合 李兆洛等纂 光緒十二年重[redacted]道光二十二年本 木活字印 三十冊

光緒武進陽湖縣志 三十卷卷首一卷 清王其淦等修 吳康壽 湯成烈等纂 光緒五年刻本 二十冊

武陽志餘 十二卷卷首一卷 清莊毓鋐 陸鼎翰纂 合 光緒十四年木活字本 十五冊

無錫縣志 四卷 不著撰人名氏 民國十一年鉛印本 三冊

婁縣續志 二十卷 清汪坤厚等修 張雲望等纂 光緒五年刻本 六冊

重修奉賢縣志 二十卷卷首一卷卷末一卷 清韓佩金修 張文虎等纂 光緒四年刻本 六冊

金山衛志 六卷附校[redacted]記一卷 明張奎修 夏有文等纂 校記民國陳乃乾撰 民國二十一年傳真社景印明正德十二年本 四冊

金山縣志 三十卷卷首一卷 清龔寶琦等修 黄厚本等纂 光緒四年刻本 八冊

上海縣志 八卷 明郭經修 唐錦纂 民國二十九年景印明弘治十七年本 二冊

上海縣志 八卷 明鄭洛書修 高企纂 民國二十一年傳真社景印明嘉靖三年本 三冊

同治上海縣志 三十二卷卷首一卷卷末一卷 清葉廷眷等修 俞樾等纂 同治十年刻本 十六冊

上海縣續志 三十卷卷首一卷卷末一卷 吳馨等修 姚文枏等纂 民國七年刻本 十二冊

民國上海縣志 二十卷 吳馨等修 姚文枏等纂 民國二十四年鉛印本 六冊

光緒南匯縣志 二十二卷卷首一卷卷末一卷 清金福曾等修 張文虎等纂 光緒五年刻本 十二冊

南匯縣續志 [redacted] 二十二卷圖一卷 嚴偉等修 秦錫田等纂 民國十七年刻本 [redacted]八冊

[redacted]

江蘇 三

川沙廳志 十四卷卷首一卷卷末一卷 清陳方瀛修 俞樾等纂 光緒五年刻本 六冊

川沙縣志 二十四卷圖一卷卷首一卷 方鴻鎧等修 黄炎培等纂 民國二十六年鉛印本 十二冊

（接青浦後、咸字號陵志前）

清黎庶昌等修 熊其英等纂 光緒五年刻本 十二冊

張仁静修 錢崇威等纂 民國二十三年刻本 六冊

撰 [redacted] 鈔本 四冊

唐鶴徵等纂 萬曆四十六年刻本 十六冊

修 陳玉璂等纂 康熙三十四年刻本 三十六冊

校勘記一卷 清于琨修 陳玉璂等纂 [redacted] 校勘記 清陸彥[redacted]撰 光緒十二年重刻康熙三十四年本 二十一冊

陽湖縣志 十二卷 [redacted] 清陳廷柱等修 虞鳴球等纂 傳鈔[redacted]乾隆三十年本 八冊

武進陽湖縣合志 三十六卷卷首一卷 清孫琬[redacted]王德茂合修 李兆洛等纂 光緒十二年重[redacted]木活字印道光二十二年本 三十冊

光緒武進陽湖縣志 三十卷卷首一卷 清王其淦吳康壽等修 湯成烈等纂 光緒五年刻本 二十冊

武陽志餘 十二卷卷首一卷 清莊毓鋐 陸鼎翰合纂 光緒十四年木活字本 十五冊

無錫縣志 四卷 不著撰人名氏 民國十一年鉛印本 三冊

江蘇

無錫縣志 三十六卷 明吳鳳翔修 李舜明纂 弘治七年刻本 四冊

金匱縣志 二十卷 清王允謙修 華希閔纂 乾隆七年刻本 八冊

無錫金匱縣志 四十卷卷首一卷 清韓履寵[redacted]等閻登雲修 秦瀛纂 嘉慶十八年刻本 三十二冊

無錫金匱續志 十卷卷首一卷 清李彭齡[redacted]等孫達堯修 楊熙之等纂 道光二十年刻本 四冊

錫金志外 五卷 清沐雲叟撰 道光二十三年刻本 [redacted]二冊

錫金考乘 十四卷卷首一卷 清周有壬撰 清道光間世瑞堂刻本 四冊

又一部 民國二十年環溪草堂鉛印本 四冊

無錫金匱縣志 四十卷卷首一卷附殉難紳民表二卷列女姓氏錄四卷 清裴大中倪咸生等修 秦緗業等纂 光緒七年刻本 二十冊

江陰縣志 二十八卷卷首一卷 清陳延恩修 李兆洛等纂 道光二十年刻本 十六冊

江陰縣志 三十卷卷首一卷 清盧思誠等修 季念詒等纂 光緒四年刻本 二十冊

江陰縣續志 二十八卷附江陰近事錄三卷 陳思修 繆荃孫纂 民國九年刻本 十二冊

荊溪外紀 二十六卷 明沈敕撰 嘉靖間刻本 十冊

四

江蘇

重刊宜興縣舊志 十卷卷首一卷卷末一卷 清李先榮徐喈鳳原纂修 阮升基 [redacted] 唐仲冕增修 寧楷 [redacted] 等增纂 光緒八年重刻嘉慶二年增補康熙二十五年 [redacted] 本 十冊

重刊宜興縣志 四卷卷首一卷 清阮升基等修 寧楷纂 光緒八年重刻嘉慶二年本 二冊

重刊荊溪縣志 四卷卷首一卷 清唐仲冕等修 寧楷纂 光緒八年重刻嘉慶二年本 二冊

重刊續纂宜荊縣志 十卷卷首一卷 清葉潤森等 李玫修 吳德旋纂 光緒八年重刻道光二十年本 四冊

宜興荊溪縣新志 十卷卷首一卷卷末一卷 清施惠 潘樹長等修 吳景牆等纂 光緒八年刻本 八冊

光宣宜荊續志 十二卷 陳善謨修 徐保慶等纂 民國九年刻本 六冊

靖江縣志 十六卷卷首一卷 清葉滋森修 褚翔等纂 光緒五年刻本 八冊

嘉定鎮江志 二十二卷卷首一卷附錄一卷校勘記二卷 [redacted] 宋盧憲 [redacted] 撰 清劉文淇 [redacted] 校勘記撰 道光二十二年丹徒包氏刻本 七冊

至順鎮江志 二十一卷卷首一卷附錄一卷校勘記二卷 [redacted] 元俞希魯 [redacted] 撰 清劉文淇 [redacted] 校勘記撰 民國十二年刻本 八冊

丹徒縣志 六十卷卷首四卷序例圖目一卷 清何紹章等修 呂耀斗等纂 光緒五年刻本 三十二冊

丹徒縣志摭餘 二十一卷 清李恩綬輯 民國李丙榮續輯 民國二十年增補刻本 十二冊

續丹徒縣志 二十卷卷首一卷 張玉藻等修 高覲昌等纂 民國十九年刻本 十二冊

江蘇

丹陽縣志 三十六卷卷首一卷 清劉誥等修 徐錫麟等纂 光緒十一年刻本 十六册

溧陽縣志 十四卷卷首一卷 清徐一經等纂修 康熙六年刻本 四册

原十二卷缺卷五 卷首 卷末

溧陽縣志 殘存十卷 清吳學濂纂修 乾隆八年刻本 存五册

溧陽縣志 十六卷 清陳鴻壽等修 史炳等纂 嘉慶十八年刻本 十册

溧陽縣續志 十六卷續補一卷 清朱畯等修 馮煦等纂 光緒二十五年木活字本 八册

金壇縣志 十二卷卷首一卷 馮煦纂修 民國十五年鉛印本 四册

淮安府志 三十二卷 清衛哲治等修 顧棟高等纂 咸豐二年重刻乾隆十三年本 十六册

淮安府志 四十卷卷首一卷 清孫雲錦修 吳昆田等纂 光緒十年刻本 合訂二册

[redacted]

山陽縣志 二十一卷圖一卷 清孫雲修 丁晏等纂 同治十二年刻本 八册

續纂山陽縣志 十六卷 邱沅等修 段朝端等纂 民國十年刻本 合訂一册

阜寗縣志 二十四卷卷首一卷 清阮本焱等修 陳肇祁等纂 光緒十二年刻本 十册

阜寧縣新志 二十卷卷首一卷卷末一卷 龐友蘭等纂 民國二十三年鉛印本 十册

鹽城縣志 十七卷卷首一卷 清劉崇照修 陳玉樹等纂 光緒二十一年刻本 十册

五

江蘇

續修鹽城縣志稿 十四卷 胡應庚纂修 民國二十二年鉛印本 一冊

續修鹽城縣志 十四卷卷首一卷 林懿鈞等修 胡應庚等纂 民國二十五年鉛印本 四冊

清河縣志 二十四卷卷首一卷 清吳棠修 魯一同纂 咸豐四年刻本 六冊

清河縣志附編 [redacted] 二卷 清吳昆田修 魯蕡纂 同治十二年刻本 一冊

清河縣志再續編 二卷 清吳昆田纂修 同治十二年刻本 一冊

光緒丙子清河縣志 二十六卷 清胡裕燕修 吳昆田等纂 光緒二年刻本 六冊

安東縣志 十五卷卷首一卷 清金元烺修 吳昆田等纂 光緒元年刻本 四冊

民國第一次修泗陽縣志 二十五卷卷首一卷 李佩恩等修 張相文[redacted]纂 民國十五年鉛印本 今行三冊

重修揚州府志 七十二卷卷首一卷 清張世浣等修 姚文田等纂 嘉慶十五年刻本 [redacted]四十八冊

續纂揚州府志 二十四卷 清英傑修 錢振倫等纂 同治十三年刻本 八冊

江都縣志 三十二卷 清五格等纂修 光緒七年重刻乾隆八年本 十冊

江都縣續志 十二卷卷首一卷 清王逢源修 李保泰纂 光緒七年重刻嘉慶二十四年本 四冊

光緒江都縣續志 三十卷卷首一卷 清劉汝賢等修 劉壽曾纂 光緒九年刻本 八冊

江都縣續志 三十卷卷首一卷 趙邦彥等修 桂邦傑纂 民國十四年刻本 十冊

江都縣新志 十二卷補遺一卷 陳肇燊修 陳懋森等纂 民國二十四年刻本 四冊

增修甘泉縣志 二十四卷卷首一卷 清吳鶚峙等原纂修 陳觀國等續纂修 徐成敟等增纂修 光緒十一年彙編增續乾隆八年嘉慶十五本 二十冊

甘泉縣續志 二十九卷卷首一卷 趙邦彥等修 桂邦傑纂 民國十四年刻本 八冊

重修儀徵縣志 五十卷卷首一卷 清王檢心修 劉文淇等纂 光緒十六年重刻道光三十年本 [redacted] 二十冊

高郵州志 十二卷卷首一卷 清楊宜崙修 夏之蓉等纂 馮馨增修 道光二十五年重刻嘉慶十八年增修乾隆四十八年本 十八冊

續增高郵州志 不分卷 清左輝春等纂修 道光二十三年刻本 六冊

再續高郵州志 八卷卷首一卷 清金元烺等修 夏子錫纂 光緒九年刻本 六冊

三續高郵州志 八卷附補遺正誤 胡為和等修 高樹敏等纂 民國十一年刻本 合訂三冊

重修興化縣志 十卷 清梁園棣修 薛樹聲等纂 咸豐元年刻本 十冊

興化縣小通志 不分卷 阮性傳撰 鈔本 二冊

寶應縣志 十二卷 明陳燡修 吳敏道等纂 萬曆二十二年刻本 六冊

重修寶應縣志 二十八卷卷首一卷 清孟毓蘭等纂修 道光二十一年刻本 十冊

寶應圖經 六卷卷首二卷 清劉寶楠撰 光緒九年淮南書局刻本 三冊

寶應縣志 三十二卷卷首一卷 江輔勤修 馮煦等纂 民國二十一年鉛印本 十冊

江蘇 六

江蘇

泰州志 三十六卷卷首一卷附泰州新志刊誤二卷 清王有慶等修 梁桂等纂 刊誤[redacted]任鈺等撰 道光七年刻本 十二冊

東臺縣志 四十卷 清周右修 蔡復午等纂 道光十年增刻嘉慶二十一年本 十冊

徐州府志 殘存二十五卷 清石杰修 王峻纂 乾隆七年刻本 存十三冊

原三十卷卷首一卷缺卷首 卷一至卷五

同治徐州府志 二十五卷 清朱忻修 劉庠等纂 同治十三年刻本 十六冊

銅山縣志 二十四卷卷首一卷 清崔志元修 全左泉等纂 道光十年刻本 十二冊

銅山縣志 七十六卷 卷七五附[redacted]未見疑佚 余家謨等修 王嘉詵等纂 民國十五年刻本 十冊

蕭縣志 十八卷卷首一卷 清潘鎔等纂修 嘉慶十九年刻本 十冊

續蕭縣志 十八卷 清顧景濂等修 段廣瀛等纂 光緒元年刻本 六冊

碭山縣志 十四卷圖一卷 清劉王瑗纂修 乾隆三十二年刻本 合訂一冊

豐縣志 十六卷卷首一卷 清姚鴻杰修 季運昌等纂 光緒二十年刻本 八冊

沛縣志 十六卷 于書雲修 趙錫蕃等纂 民國九年鉛印本 六冊

抄

(清)彙刻太倉舊志(五種)按一種排
中吳紀聞 六卷 宋龔明之撰
玉峯志 三卷 宋凌萬頃 邊實同撰
玉峯續志 一卷 宋邊實撰
崑山郡志 六卷 元楊譓撰
太倉州志 十卷 明桑悅撰

江蘇

沛縣民國新志 一卷 于書雲修 趙錫蕃等纂 民國九年鉛印本 一冊

邳州志 二十卷卷首一卷 清董用威等修 魯一同纂 咸豐元年刻本 四冊

同治宿遷縣志 十九卷 清李德溥等修 方駿謨纂 同治十三年刻本 六冊

宿遷縣志 殘存十八卷 嚴型修 馮煦等纂 民國二十四年鉛印本 存八冊
[redacted] 原二十卷缺卷二 卷三

睢寧縣舊志 十卷 清葛之莫修 陳哲等纂 民國十八年鉛印清康熙二十二年本 四冊

光緒睢寧縣志稿 十八卷 清侯紹瀛修 丁顯纂 光緒十二年刻本 六冊

彙刻太倉舊志 五種二十六卷 清端方輯 光緒 宣統元年 间 刻本 八冊

太倉州志 十卷 明張寅纂修 傳鈔[redacted]嘉靖二十七年本 四冊

太倉州志 十五卷 明錢肅樂修 張采纂 清康熙十七年修[redacted]鐫明崇禎十五年本 八冊 六冊

直隸太倉州志 六十五卷 清蘇圖等修 王昶等纂 嘉慶七年刻本 二十四冊 二十四冊

壬癸志稿 二十八卷 清錢寶琛撰 光緒六年刻本 四冊

太倉州志 二十八卷卷首一卷卷末一卷 王祖畬等纂 民國七年刻本 十五冊

七

江蘇

鎮洋縣志 十四卷首一卷卷末一卷 清金鴻等修 王[illegible]等纂 [illegible] 乾隆九年刻本 八冊

鎮洋縣志 十一卷卷末一卷附錄一卷 王祖畬等纂 民國七年刻本 五冊

崇明縣志 二十卷卷首一卷 清趙廷健修 韓彥曾等纂 乾隆二十五年刻本 十冊 存九冊

崇明縣志 十八卷 清林達泉等修 李聯琇等纂 光緒七年刻本 十二冊

嘉定縣志 二十二卷 明韓浚修 張應武等纂 傅鈫[redacted]萬曆三十三年本 八冊

嘉定縣志 十二卷卷首一卷 清程國棟等纂修 乾隆七年刻本 [redacted]十二冊

嘉定縣志 三十二卷卷首一卷 清程其珏修 楊震福等纂 光緒八年刻本 十六冊

嘉定縣續志 十五卷卷首一卷卷末一卷附錄一卷 陳傳德修 黄世祚纂 民國十九年鉛印本 八冊

寶山縣志 十卷卷首一卷 清趙酉修 章鑰纂 乾隆十年刻本 五冊

寶山縣志 十四卷卷首一卷 清梁蒲貴等修 朱延射等纂 光緒八年刻本 十冊

寶山縣續志 十七卷卷首一卷卷末一卷 張允高等修 錢淦等纂 民國十年鉛印本 五冊

寶山縣再續志 十七卷卷首一卷卷末一卷 吴葭修 王鍾琦纂 民國二十年鉛印本 二冊

寶山縣新志備稿 十三卷 趙恩鉅修 王鍾琦纂 民國二十年鉛印本 一册

嘉慶海州直隸州志 三十二卷首編一卷 清唐仲冕修 汪梅鼎等纂 嘉慶十三年修補十六年刻本 十册

增修贛榆縣志 四卷 清王城修 周萃元纂 嘉慶元年刻本 四册

光緒贛榆縣志 十八卷 清王豫熙修 張謇等纂 光緒十四年刻本 四册

贛榆縣續志 四卷 王佐良修 王思衍纂 民國十三年鉛印本 一册

直隸通州志 二十二卷 清王繼祖修 夏之蓉等纂 乾隆二十年刻本 十六册

通州直隸州志 十六卷卷首一卷卷末一卷 清梁悅馨等修 季念詒等纂 光緒元年刻本 十六册

如皋縣志 二十四卷 清楊受廷等修 馬汝舟等纂 嘉慶十三年刻本 合訂三册

如皋縣續志 十二卷 清范仕義修 吴鎧纂 道光十七年刻本 二册

如皋縣續志 十六卷 清周際霖等修 周項等纂 同治十二年刻本 六册

光緒泰興縣志 二十六卷卷首一卷卷末一卷 清楊激雲等修 顧曾烜等纂 光緒十二年刻本 十册

海門廳圖志 二十卷卷首一卷 清劉文澂等修 周家祿等纂 光緒二十五年刻本 四册

蘇南區文物管理委員會方志目録

安徽

重修安徽通志 三百五十卷原奏舊序一卷補遺十卷 清吳坤修等修 何紹基等纂 光緒四年刻本 一百二十冊

安徽通志稿 不分卷 安徽通志館輯 [redacted] 民國二十三年鉛印本 存七十五冊

皖志便覽 六卷 清李應珏撰 光緒二十[illegible]年刻本 二冊 每門冊數自為起訖 [redacted]

懷寧縣志 三十四卷卷首一卷附補一卷校勘記一卷 朱之英修 舒景蘅等纂 民國四年鉛印本 十三冊

桐城續修縣志 二十四卷卷首一卷 清廖大聞等修 金鼎壽纂 道光七年刻本 十二冊

望江縣志 八卷 清鄭交泰等修 曹京纂 乾隆三十三年刻本 八冊

新安志 十卷 宋羅願撰 清光緒十四年李宗煝重刻康熙本 四冊

徽州府志 十八卷 清丁廷楗等修 趙吉士等纂 康熙三十八年刻本 十七冊

[redacted] 缺圖

徽州府志 十六卷卷首一卷 清馬步蟾修 夏鑾等纂 道光七年刻本 三十冊

安徽

歙縣志　十六卷　石國柱等修　許承堯纂　民國二十六年鉛印本　十六冊　（歙縣旅滬同鄉會）

休寧縣志　二十四卷　清何應松修　方崇鼎纂　道光三年刻本　十二冊

重修婺源縣志　七十卷　葛韻芬等修　江峯青等纂　民國十四年刻本　二十八冊

祁門縣志　四卷　明余士奇修　謝存仁纂　傅鈁[redacted]萬曆二十八年本　二冊

祁門縣志　三十六卷卷首一卷　清王讓修　桂超萬纂　道光七年刻本　八冊

祁門縣志　三十六卷卷首一卷　清周溶修　汪韻珊纂　同治十二年刻本　十二冊

黟縣志　十六卷卷首一卷續志五卷　清吳甸華修　俞正燮等纂　詹錫齡等續修　同治九年重刻嘉慶十七年道光五年本　十六冊

黟縣三志　十六卷卷首一卷卷末一卷　清謝永泰修　程鴻詔等纂　同治九年刻本　十六冊

黟縣四志　十六卷卷首一卷卷末一卷　吳克俊等修　程壽保等纂　民國十一年刻本　十二冊

寧國府志　三十六卷卷首一卷卷末一卷　清魯銓等修　洪亮吉等纂　民國八年景印清嘉慶二十年本　三十二冊

涇縣志　三十二卷卷首一卷　清李德淦等修　洪亮吉等纂　嘉慶十一年刻本　十[redacted]六冊

又一部　民國三年景印清嘉慶十一年本　十四冊

涇縣續志　九卷　清阮文藻纂修　民國三年景印清道光九年本　二冊

南陵縣志 四十八卷卷首一卷卷末一卷 徐乃昌等纂修 民國十三年鉛印本 二十四册

旌德縣志 十卷補遺一卷附訂一卷 清[redacted]陳柄德修 趙良霨纂 民國十四年景印清嘉慶十三年本 十一册

旌德縣續志 十卷附兩江忠義錄二卷 清王椿林修 胡承珙纂 民國十四年景印清道光六年本 四册

石埭縣志 八卷 清姚子莊修 周體元纂 民國十四年鉛印清康熙十四年本 四册

續石埭縣志 四卷 清石謠燦纂修 民國二十四年鉛印本 一册

石埭縣志採訪錄 不分卷附籲請御賢原委 清董汝成撰 民國二十四年鉛印本 一册

蕪湖縣志 六十卷 余誼密等修 鮑寔纂 民國八年石印本 八册

廬州府志 五十四卷圖一卷 清張祥雲修 孫星衍纂 嘉慶八年刻本 十六册

續修廬州府志 一百卷卷首一卷卷末一卷 清黃雲修 汪宗沂等纂 光緒十一年刻本 四十八册

合肥縣志 三十六卷卷首一卷 清左輔纂修 民國九年景印清嘉慶九年本 十二册

光緒鳳陽府志 二十一卷 清馮煦等修 魏家驊等纂 光緒三十四年木活字本 二十四册

鳳陽縣志 十六卷卷首一卷 清于萬培原本 謝永泰續修 光緒十三年增補乾隆四十年本 十二册

安徽

壽州志 三十六卷卷首一卷卷末一卷 清曾道唯等修 葛蔭南等纂 光緒十六年木活字本 十六册

鳳臺縣志 十二卷 清李兆洛纂修 嘉慶十九年刻本 十册

又一部 民國二十五年鉛印清嘉慶十九年本 四册

潁州志 二卷 明李宜春纂修 傅釪[redacted]嘉靖二十六年本 二册

潁州府志 十卷卷首一卷 清王斂福修 潘遇莘纂 乾隆十七年刻本 十三册

阜陽縣志 二十四卷卷首一卷 清周天爵等修 李復慶等纂 道光九年刻本 十二册

亳州志 二十卷卷首一卷 清鍾泰等修 袁登庸等纂 光緒二十年木活字本 十四册

渦陽縣志 十八卷卷首一卷 黄佩蘭修 王佩箴等纂 民國十三年鉛印本 八册

滁州志 十卷卷首一卷卷末一卷 清熊祖詒纂修 宣統元年木活字本 十册

全椒縣志 十六卷卷首一卷 張其濬修 江克讓等纂 民國九年木活字本 八册

歷陽典錄 三十四卷附補編六卷 清陳廷桂纂輯 同治六年和州官舍重刻嘉慶道光本 十二册

泗虹合志 十九卷 清方瑞蘭修 江殿颺等纂 光緒十四年刻本 八册

盱眙縣志稿 十七卷 清王錫元等纂 光緒二十九年重校十七年刻本 拾册

47册

蘇南區文物管理委員會方志目錄

山西

山西通志 一百八十四卷卷首一卷 清曾國荃等修 王軒等纂 光緒十八年刻本 九十六冊

山西志輯要 十卷卷首一卷附清潯山志輯要二卷 清雅德纂 乾隆四十五年刻本 十二冊

清潯山志輯要缺下卷

陽曲縣志 十六卷 清李培謙等修 閻士驤等纂 民國二十一年鉛印清道光二十三年本 十冊

太原縣志 十八卷 清員佩蘭修 楊國泰纂 道光六年刻本 六冊

榆次縣志 十六卷卷首一卷 清俞世銓等修 王平格等纂 同治二年刻本 八冊

太谷縣志 八卷卷首一卷卷末一卷 清章青選等修 章嗣衡纂 咸豐五年刻本 九冊

太谷縣志 八卷附外編一卷 安恭己修 胡萬凝纂 民國二十年鉛印本 八冊

祁縣志 十六卷 清劉發岏等修 李芬纂 光緒八年刻本 十冊

清源鄉志 十八卷卷首一卷 清王勲祥修 王效尊纂 光緒八年刻本 六冊

山西

山西

文城縣志 十八卷 清洪璟纂修 康熙四十八年刻本 六冊

文水縣志 十二卷卷首一卷卷末一卷 清范啟堃等修 陰步霞纂 光緒九年刻本 六冊

洪洞縣志 九卷 清余世堂修 蔡行仁纂 雍正八年刻本 八冊

浮山縣志 三十七卷 清賈園原本 慶鍾續修 同治十三年刻本 八冊

新修曲沃縣志 四十卷 清張坊纂修 乾隆二十三年刻本 八冊

續修曲沃縣志 三十二卷 清張鴻逵等修 韓子泰等纂 光緒六年刻本 六冊

翼城縣志 二十八卷 清王燿章等修 閻奮鵬等纂 光緒六年刻本 八冊

太平縣志 十六卷卷首一卷 清李炳彥修 梁棲鸞纂 道光五年刻本 八冊

蒲州府志 二十四卷圖一卷 清周景柱纂修 乾隆二十年刻本 十冊

永濟縣志 二十四卷 清李榮和等修 胡仰廷等纂 光緒十二年刻本 十四冊

臨晉縣志 八卷 清王正茂纂修 乾隆三十八年刻本 四冊

續修臨晉縣志 二卷 清艾紹濂修 姚東濟等纂 光緒六年刻本 二冊

滎河縣志 十四卷卷首一卷 清馬鑑等修 尋鑾煒等纂 光緒七年刻本 六冊

猗氏縣志 八卷 清宋之樹修 何世勳等纂 雍正七年刻本 四冊

山西

長治縣志 八卷卷首一卷 清李楨等修 楊篤等纂 光緒十九年刻本 十册

長子縣志 十二卷卷首一卷 清劉樾修 樊莬纂 嘉慶二十一年刻本 六册

重修襄垣縣志 八卷 清李廷芳修 徐珏等纂 乾隆四十七年刻本 八册

潞城縣志 四卷 清崔曉然等修 楊篤纂 光緒十一年刻本 八册

壺關縣志 十卷卷首一卷 清茹金纂修 道光十四年刻本 二册

汾州府志 三十四卷卷首一卷 清孫和相修 戴震纂 乾隆三十六年刻本 十六册

汾陽縣志 十四卷卷首一卷 清李文起修 戴震纂 乾隆三十七年刻本 七册

汾陽縣志 十四卷卷首一卷 清周貽繩等修 曹樹穀纂 咸豐元年刻本 八册

汾陽縣志 十四卷卷首一卷 清方家駒等修 王文員纂 光緒十年刻本 十册

孝義縣志 二十卷 清鄧必安纂修 乾隆三十五年刻本 六册

重修平遥縣志 八卷 清王綬修 康乃心纂 康熙四十五年刻本 四册

平遥縣志 十二卷卷首一卷 清恩端等修 武達材等纂 光緒九年刻本 八册

介休縣志 十四卷 清徐品山等修 熊兆占等纂 嘉慶二十四年刻本 八册

二

山西

澤州府志 五十二卷 清朱樟修 田嘉穀等纂 雍正十三年刻本 十六冊

鳳臺縣志 二十卷 清林荔修 姚學甲纂 乾隆四十九年刻本 十冊

高平縣志 八卷 清龍汝霖纂修 同治六年刻本 六冊

渾源州志 十卷 清桂敬順纂修 乾隆二十八年刻本 五冊

廣靈縣誌 十卷卷首一卷卷末一卷 清郭磊纂修 光緒七年重刻乾隆十九年本 四冊

廣靈縣補誌 十卷卷首一卷 清楊亦銘纂修 光緒七年刻本 二冊

寧武府志 十二卷卷首一卷 清魏元樞原本 周景柱纂修 乾隆十五年刻本 六冊

偏關志 二卷 明盧承業等原本 清馬振文等增修 王有宗校訂 民國四年鉛印清道光本 二冊

左雲志稿 十卷卷首一卷 清袁大𪧐原本 余卜頤增修 傅鈞嘉慶八年增補雍正七年本 四冊

馬邑縣志 二卷 明宋子質修 王繼文等纂 民國□年鉛印明萬曆三十六年本 一冊

平定州志 十六卷卷首一卷 清賴昌期修 張彬等纂 光緒八年刻本 十六冊

盂縣志 二十二卷卷首一卷卷終一卷 清張嵐奇纂修 光緒八年刻本 十冊

壽陽縣志 十三卷卷首一卷 清馬家鼎等修 張嘉言等纂 光緒八年刻本 六冊

忻州志 四十二卷 清方戊昌修 方淵如纂 光緒六年刻本 八冊

定襄縣志　八卷　清王時炯原本　王會隆增修　雍正五年增補康熙五十一年本　四册

代州志　六卷　清吳重光等纂修　乾隆五十年刻本　八册

代州志　十二卷卷首一卷　清俞廉三等修　楊篤纂　光緒八年刻本　十二册

五臺縣新志　四卷卷首一卷　清孫汝明等修　楊篤等纂　光緒九年刻本　四册

繁峙縣志　四卷卷首一卷　清何才价修　楊篤纂　光緒七年刻本　四册

靈石縣志　十二卷　清王志瀜修　黄憲臣纂　嘉慶二十二年刻本　六册

續修靈石縣志　二卷　清謝均修　白星煒纂　光緒元年刻本　二册

解州全志　十八卷圖一卷　清言如泗纂修　乾隆二十八年刻本　四册

解縣志　十四卷卷首一卷　徐嘉清修　曲迺鋭纂　民國九年石印本　八册

安邑縣志　十六卷卷首一卷　清言如泗修　吕瀶等纂　乾隆二十九年刻本　四册

夏縣志　十卷卷首一卷　清黄縉榮等修　張承熊纂　光緒六年刻本　四册

平陸縣志　十六卷卷首一卷　清言如泗修　韓夔典等纂　乾隆二十八年刻本　四册

聞喜縣志　十二卷圖一卷　清李遵唐修　王肇書等纂　乾隆三十一年刻本　六册

山西　三

山西

聞喜縣志 二十五卷 余寶滋修 楊韍田纂 民國八年石印本 六册

絳縣志 二十一卷 清胡延纂修 光緒二十一年刻本 四册

稷山縣志 十卷 清沈鳳翔修 鄧嘉紳等纂 同治四年刻本 八册

沁源縣志 八卷 孔兆熊等修 陰國垣纂 民國二十二年鉛印本 八册

武鄉縣志 六卷卷首一卷 清白鶴修 史傳遠等纂 乾隆五十五年刻本 六册

榆社縣志 十二卷 清黄映奎修 孟濤纂 乾隆八年刻本 四册

68神

蘇南區文物管理委員會方志目錄

綏遠

綏遠志 十卷卷首一卷 清貽穀修 高賡恩等纂 光緒三十四年刻本 六冊

歸綏縣志 不分卷 鄭植昌修 鄭裕孚纂 民國二十三年鉛印本 三冊

豐鎮廳志 八卷卷首一卷卷尾一卷 清德溥修 麻麗五等纂 民國五年鉛印清光緒七年本 二冊

3补

蘇南區文物管理委員會方志目錄

山東

齊乘 六卷附釋音一卷 元于欽撰 釋音[redacted]于潛撰 清光緒三十年海虞周氏儺書日樓傳鈔明嘉靖四十三年本 六冊

又一部 六卷附釋音一卷考證六卷 元于欽撰 釋音于潛撰 考證清周嘉猷撰 清乾隆四十六年刻本 四冊

山東通志 二百卷卷首一卷附錄一卷 清楊士驤等修 孫葆田等纂 民國四年鉛印本 一百二十八冊

濟南府志 七十二卷卷首一卷 清王贈芳等修 成瓘等纂 道光二十年刻本 四十八冊

歷城縣志 五十卷卷首一卷 清胡德琳修 李文藻等纂 乾隆三十七年刻本 十六冊

續修歷城縣志 五十四卷 毛承霖纂修 民國十三年鉛印本 二十冊

章邱縣志 十六卷卷首一卷卷末一卷 清吳璋修 曹楙堅等纂 道光十三年刻本 八冊

淄川縣志 八卷卷首一卷 清王康修 臧岳纂 乾隆八年刻本 八冊

長山縣志 十六卷卷首一卷 清倪企望修 鍾廷瑛等纂 嘉慶六年刻本 十冊

新城縣志 十四卷卷首一卷續志二卷 清崔懋纂修 孫元衡續纂 康熙三十二年刻本 六冊

山東 一

山東

桓台縣志 三卷 袁勵杰修 王寀廷纂 民國二十三年鉛印本 二冊

齊河縣志 十卷卷首一卷 清上官有儀修 許琰纂 乾隆元年刻本 四冊

濟陽縣志 二十卷卷首一卷 李國慶等修 王嗣鋆纂 民國二十三年鉛印本 十二冊

續修臨邑縣志 四卷卷首一卷 崔公甫修 王孟成纂 民國二十五年鉛印本 五冊

長清縣志 十六卷卷首四卷卷末二卷 清舒化民等修 徐德城等纂 道光十五年刻本 八冊

陵縣志 二十二卷卷首一卷 清沈淮修 李圖等纂 戴杰續纂 民國二十五年鉛印清光緒元年增補道光二十六年本 六冊

陵縣續志 四卷卷首一卷 苗恩波修 劉蔭岐纂 民國二十四年鉛印本 四冊

德州志 十二卷卷首一卷 清王道亨修 張慶源等纂 乾隆五十三年刻本 八冊

德縣志 十六卷 李樹德修 董瑤林等纂 民國二十四年鉛印本 十六冊

德平縣志 十二卷卷首一卷 清凌錫祺等纂修 光緒十九年刻本 六冊

平原縣志 十卷卷首一卷 清黄懷祖修 黄兆熊等纂 乾隆十三年刻本 四冊

兗州府志 三十二卷卷首二卷圖考一卷 清普爾泰修 陳顧㶚纂 乾隆三十五年刻本 十二冊

曲阜縣志 一百卷 清潘相纂修 乾隆[redacted]（三十九）年刻本 十二冊

續修曲阜縣志 八卷 孫永漢修 李經野纂 民國二十三年鉛印本 八冊

[redacted]（甯）陽續志 二十四卷 清高陞榮修 黃恩彤纂（陳文馭增修） 光緒十三年刻（增修重）本 十二冊

鄒縣志 三卷 清婁一均修 周翼等纂 康熙五十四年刻本 四冊

泗水縣誌 十二卷 清劉桓纂修 [redacted] 傳鈔[redacted]本 四冊（[redacted]康熙元年盧應龍建陽刻）

嶧縣志 二十五卷卷首一卷 清王振錄等修 王寶田等纂 光緒三十年刻本 十一冊

汶上縣志 八卷 明栗可仕修 王命新等纂 清康熙五十六年重刻明萬曆三十六年本 二冊

續修汶上縣志 六卷 清聞元炅纂修 康熙五十六年刻本 二冊

壽張縣志 十卷卷首一卷 清劉文煃修 王守謙纂 光緒二十六年刻本 六冊

堂邑縣志 二十卷 清盧承琰修 劉琪纂 光緒十八年重刻康熙五十年本 三冊

冠縣志 十卷 清梁永康等修 趙錫書等纂 民國二十二年鉛印清道光十年本 十冊

館陶縣志 十二卷 清趙知希等修 耿賢舉等纂 光緒十九年重刻乾隆元年本 四冊

山東

二

山東

益都縣志　十四卷卷首一卷　清陳食花修　鍾諤等纂　康熙十一年刻本　六册

益都縣圖誌　五十四卷卷首一卷　清張承燮等修　法偉堂等纂　光緒三十三年刻本　十六册

博山縣志　十卷卷首一卷　清富申修　田士麟纂　乾隆十八年刻本　四册

續修博山縣志　十五卷　王蔭桂等修　張新曾纂　民國二十六年石印本　八册

臨淄縣志　三十五卷卷首一卷　舒孝先修　崔象穀纂　民國九年石印本　八册

重修博興縣志　十三卷　清周壬福修　李同纂　道光二十年刻本　四册

樂安縣志　二十卷　清李方膺纂修　雍正十一年刻本　四册

昌樂縣志　三十二卷卷首一卷　清魏禮焯等修　閻學夏等纂　嘉慶十四年刻本　六册

光緒臨朐縣志　十六卷　清姚延福修　鄧嘉緝等纂　光緒十年刻本　六册

續安邱縣志　二十五卷　清任周鼎修　王訓纂　民國三年石印清康熙元年本　二册

諸城縣志　殘存四十一卷　清宮懋讓等修　李文藻等纂　乾隆二十九年刻本　存七册

原四十六卷缺卷二十二至卷二十六

增修諸城縣續志 二十二卷 清劉嘉樹修 苑棻池等纂 光緒十八年刻本 六冊

增修登州府志 六十九卷卷首一卷 清賈[redacted]瑚修 周悅讓等纂 光緒七年刻本 十六冊

重修蓬萊縣志 十四卷 清王文燾修 張本等纂 道光十九年刻本 八冊

黃縣志 十四卷卷首一卷 清尹繼美等纂修 同治十年刻本 四冊

福山縣志稿 十卷附黌門錄一卷民國志一卷 王陵基等修 于宗潼纂 民國二十年鉛印本 十四冊

棲霞縣志 十卷續志十卷卷首一卷 清衛萇纂修 黃麗中續修 于如川續纂 光緒五年續增乾隆十九年本 八冊

招遠縣志 十二卷 清張作礪修 張鳳羽纂 道光二十六年重刻順治十七年本 六冊

招遠縣續志 四卷 清陳國器等修 李蔭等纂 道光二十六年刻本 四冊

萊陽縣志 十卷 清萬邦維等修 張重潤等纂 康熙十七年刻本 四冊

海陽縣志 八卷 清包桂纂修 乾隆七年刻本 四冊

榮成縣志 十卷 清李天騭修 岳賡廷纂 道光二十年刻本 四冊

威海衛志 十卷卷首一卷 清畢懋第原本 郭大文續修 民國十八年鉛印清乾隆二十四年本 二冊

[redacted]

山東

萊州府志八卷 明龍文明修 趙燿等纂 民國二十八年鉛印明萬曆三十二年本 八冊

萊州府志十六卷卷首一卷 清嚴有禧纂修 乾隆五年刻本 八冊

續掖縣志四卷 清張彤修 張翊等纂 嘉慶十二年刻本 四冊

掖縣全志 四種十八卷卷首二卷 清魏起鵬等編 光緒十九年[redacted]本（彙輯合訂四次遞修） 十六冊

　掖縣志八卷卷首一卷 清張思勉修 于始瞻纂 乾隆二十三年刻本

　續掖縣志四卷 清張彤修 張翊等纂 嘉慶十二年刻本

　再續掖縣志二卷 清楊祖憲修 侯登岸纂 道光二十一年刻本

　三續掖縣志四卷卷首一卷 清魏起鵬修 王續藩等纂 光緒十九年刻本

（重修）平度州志二十七卷 清保忠等修 李圖等纂 道光二十九年刻本 八冊

濰縣志六卷卷首一卷卷末一卷 清張耀璧修 王誦芬纂 乾隆二十五年刻本 六冊

昌邑縣志八卷 清周來邰纂修 乾隆七年刻本 四冊

重修膠州志四十卷 清張同聲修 李圖等纂 道光二十五年刻本 八冊

膠澳志十二卷 趙琪修 袁榮叟等纂 民國十七年鉛印本 十冊

高密縣志十卷卷首一卷卷末一卷 清羅邦彥等修 李勳運等纂 光緒二十二年刻本 八冊

即墨縣志十二卷 清林溥修 周翕鐄等纂 同治十一年刻本 八冊

武定府志三十八卷卷首一卷 清李熙齡修 鄒恒纂 咸豐九年刻本 二十四冊

陽信縣志八卷卷首一卷 清王允深纂修 乾隆二十四年刻本 六冊

無棣縣志二十四卷卷首一卷 侯蔭昌等修 張方墀等纂 民國十四年鉛印本 六冊

樂陵縣志八卷卷首一卷卷末一卷 清王謙益修 鄭成中纂 民國□年石印清乾隆二十七年本 八冊

商河縣志八卷卷首一卷 清龔廷煌[redacted]纂修 道光十四年刻本 八冊

濱州志十二卷卷首一卷 清李熙齡纂修 咸豐十年刻本 四冊

利津縣志十卷文徵五卷 清盛贊熙纂修 民國二十四年鉛印清光緒九年本 四冊

利津縣續志九卷文徵續編五卷 王廷彥修 盖爾佶纂 民國二十四年鉛印本 四冊

蒲臺縣志四卷卷首一卷 清嚴文典等纂修 乾隆二十八年刻本 四冊

沂州志八卷 清邵士修 王燻等纂 康熙十三年刻本 八冊

山東

沂州府志　三十六卷卷首一卷　清李希賢修　潘遇莘等纂　乾隆二十五年刻本　十二冊

續修郯城縣志　十卷　清吳堦修　陸繼輅纂　嘉慶十五年刻本　四冊

費縣志　十六卷卷首一卷　清李敬修纂修　光緒二十一年刻本　十冊

莒州志　十六卷卷首一卷　清許紹錦纂修　嘉慶元年刻本　六冊

重修莒志　七十七卷卷首一卷　盧少泉等修　莊陔蘭等纂　民國二十五年鉛印本　二十冊

沂水縣志　十卷　清張燮修　劉遵知等纂　道光七年刻本　四冊

泰安府志　三十卷卷前一卷卷首一卷　清顏希深等修　成城等纂　乾隆二十五年刻本　十八冊

泰安縣志　十二卷卷首一卷卷末一卷　清徐宗幹修　蔣大慶等纂　同治六年修[redacted]鐫道光八年本　十二冊

重修泰安縣志　十四卷　孟昭章等纂修　民國十八年鉛印本　十四冊

新泰縣志　二十卷卷首一卷　清江乾達原本　徐致愉增修　光緒十七年補版乾隆四十九年本　六冊

東平州志　三十卷[redacted]　清周雲鳳修　唐鑑等纂　道光五年刻本　存十五冊

[redacted]鈌卷首

東平州志　二十七卷卷首編四卷　清左宜似等修　盧崟等纂　光緒五年刻本　[redacted]二十冊

山東

東阿縣志 二十四卷卷首一卷 清李賢書修 吳怡等纂 道光九年刻本 十二册

平陰縣志 八卷卷首一卷 清李敬修纂修 光緒二十一年刻本 八册

曹州府志 二十二卷 清周尚質修 李登明等纂 乾隆二十一年刻本 十二册

新修菏澤縣志 十八卷卷首一卷 清凌壽柏修 葉道源纂 光緒十年刻本 六册

單縣志 十三卷 清覺羅普爾泰等纂修 乾隆二十五年刻本 十三册

單縣志 二十四卷卷首一卷 項葆楨等修 李經野纂 民國十八年石印本 十二册

城武縣志 十四卷卷首一卷 清袁章華修 劉士瀛纂 道光十年刻本 八册

曹縣志 十八卷卷首一卷 清陳嗣良修 孟廣來等纂 光緒十年刻本 十二册

范縣志續編 不分卷 清楊沂質纂修 光緒三十四年石印本 一册

濟寧直隸州志 殘存十八卷 清王道亨修 盛百二纂 乾隆五十年刻本 存十册

原三十四卷卷首一卷缺卷十九至三十四卷

濟[redacted]甯直隸州志 十卷卷首一卷卷末一卷 清徐宗幹等修 許瀚等纂 盧朝安重編 咸豐九年重刻道光二十一年本 二十册

濟[redacted]甯直隸州續志 四卷 清盧朝安纂修 咸豐九年刻本 四册

五

山東

濟寧直隸州續志 二十四卷卷首一卷卷末一卷 潘守廉修 袁紹昂等纂 民國十六年鉛印本 十二冊

濟寧縣志 四卷 袁紹昂纂 民國十六年鉛印本 四冊

金鄉縣志略 十二卷 清李壘撰 同治元年刻本 四冊

魚臺縣志 四卷卷首一卷卷末一卷 清趙英祚修 丁咸亭纂 光緒十五年刻本 四冊

臨清直隸州志 十一卷卷首一卷 清張度等纂修 乾隆五十年刻本 十二冊

臨清縣志 不分卷 徐子尚修 張樹梅等纂 民國二十四年鉛印本 十四冊

武城縣志續編 十四卷卷首一卷 清厲秀芳纂修 道光二十一年刻本 四冊

夏津縣誌 十卷卷首一卷 清方學成修 梁大鯤等纂 乾隆六年刻本 六冊

邱縣志 八卷 清董景曾修 靳淵懋等纂 民國二十二年鉛印清乾隆四十七年本 四冊

114种

蘇南區文物管理委員會方志目錄

河南

河南通志 八十卷 清田文鏡等修 孫灝等纂 道光六年補修雍正十三年刻本 八十冊

續河南通志 八十卷卷首四卷 清阿思哈纂修 道光同治光緒遞補修乾隆三十二年刻本 四冊

開封府志 四十卷 清管竭忠修 張沐等纂 康熙三十四年刻本 十冊

祥符縣志 二十二卷 清張淑載修 魯曾煜纂 乾隆四年刻本 十二冊

陳留縣志 四十二卷卷首一卷 清武從超修 趙文琳纂 宣統二年石印本 四冊

杞縣志 二十四卷 清周璣修 朱璿等纂 乾隆五十三年刻本 十二冊

通許縣志 十卷 清阮龍光修 邵自祐纂 乾隆三十五年刻本 六冊

尉氏縣志 二十卷卷首一卷 清劉厚滋等修 王觀潮纂 道光十一年刻本 八冊

道光鄢陵縣志 十八卷 清何鄂聯修 洪符孫纂 道光十二年刻本 八冊

中牟縣志 十二卷卷首一卷卷末一卷 清吴若烺修 焦子蕃纂 同治九年刻本 六冊

滎陽縣志 十二卷 清李煦修 李清等纂 乾隆十一年刻本 四冊

河南 一

河南

滎澤縣志 十四卷圖一卷 清崔淇修 王博等纂 乾隆十一年刻本 四册

禹州志 二十八卷 清朱煒修 姚椿等纂 楊景純等增纂 同治九年增刻道光十一年本 十三册

新鄭縣志 三十一卷卷首一卷 清黄本誠纂修 乾隆四十一年刻本 十二册

淮寧縣志 二十七卷 清永銘修 趙任之等纂 道光六年刻本 十二册

商水縣志 十卷卷首一卷 清張崇樸等修 郭熙纂 乾隆十二年刻本 八册

西華縣志 十四卷卷首一卷 清宋恂修 于大猷纂 乾隆十九年刻本 六册

沈邱縣志 十二卷 清何源洙等修 魯之璠等纂 乾隆十一年刻本 六册

太康縣志 八卷 清高崧修 江練纂 道光八年刻本 八册

太康縣志 十二卷卷首一卷 周鎮西等修 劉盼遂等纂 民國二十二年鉛印本 四册

扶溝縣志 十六卷卷首一卷 清熊燦修 張文楷等纂 光緒十九年刻本 六册

歸德府志 三十六卷卷首一卷 清陳錫輅等修 查岐昌纂 光緒十九年重刻乾隆十九年本 十册

商邱縣志 二十卷卷首一卷 清劉德昌修 葉澐纂 光緒十一年重刻康熙四十四年本 六册

[redacted]甯陵縣志　十二卷卷首一卷　清王圖寧修　王肇棟等纂　光緒十九年重刻康熙三十二年本　四册

鹿邑縣志　十二卷卷首一卷　清許菼纂修　乾隆十八年刻本　四册

光緒鹿邑縣志　十六卷卷首一卷　清于滄瀾等修　蔣師轍纂　光緒二十二年刻本　六册

柘城縣志　十八卷卷首一卷　清李藩纂修　乾隆三十八年刻本　八册

彰德府志　三十二卷卷首一卷　清盧崧修　江大鍵等纂　乾隆五十二年刻本　二十册

安陽縣志　二十八卷卷首一卷　清貴泰修　武穆淳纂　嘉慶二十四年刻本　十册

又一部　二十八卷卷首一卷附金石錄十二卷　清貴泰修　武穆淳纂　金石錄武億撰　民國二十二年鉛印清嘉慶二十四年本　八册

續安陽縣志　十六卷卷首一卷卷末一卷附金石錄甲骨文字不分卷　王幼僑等修　李國禎等纂　金石錄甲骨文字王子玉編　民國二十二年鉛印本　六册

臨漳縣志　十八卷卷首一卷　清周秉彝修　周壽梓等纂　光緒三十年刻本　十二册

湯陰縣志　十卷　清楊世達纂修　乾隆三年刻本　四册

林縣志　十卷卷首一卷卷末一卷　清楊潮觀纂修　乾隆十七年刻本　四册

武安縣志　二十卷圖一卷　清蔣光祖修　夏兆豐纂　乾隆四年刻本　八册

河南　二

河南

内黄縣志 十八卷卷首一卷 清李湞修 黄之玂等纂 乾隆四年刻本 八冊

汲縣志 十四卷卷首一卷卷末一卷 清徐汝瓚修 杜崑纂 乾隆二十年刻本 六冊

新鄉縣志 三十四卷卷首一卷 清趙開元修 暢俊等纂 乾隆十二年刻本 六冊

獲嘉縣志 十六卷卷首一卷 清吴喬齡修 李棟纂 乾隆二十一年刻本 六冊

獲嘉縣志 十七卷卷首一卷 鄒古愚修 鄒鵠等纂 民國二十三年鉛印本 四冊

淇縣志 十卷 清王謙吉等修 白龍躍等纂 順治十七年刻本 二冊

輝縣志 二十卷卷首一卷卷末一卷 清周際華修 戴銘等纂 光緒十四年二十一年修[redacted]（錫）道光十五年本（年刻） 八冊

延津縣志 十卷 清余心孺纂修 康熙四十一年刻本 四冊

胙城縣志 四卷 清劉純德修 郭全鼎纂 順治十六年刻本 二冊

濬縣志 二十二卷附金石録二卷 清熊象楷修 武穆淳纂 嘉慶七年刻本 六冊

滑縣志 十二卷 清姚錕等修 徐光第等纂 同治六年刻本 八冊

封邱縣志 九卷卷首一卷 清余縉修 李嵩陽等纂 順治十六年刻本 五冊

又一部 民國二十六年鉛印清順治十六年本 四冊

封邱縣續志 不分卷 清王賜魁修 李會生等纂 康熙十九年刻本 一冊

又一部 民國二十六年鉛印清康熙十九年本 一冊

考城縣志 四卷 清陳真敏修 王貫三等纂 康熙三十七年刻本 四冊

封邱縣續志 五卷 清孟銘等修 李承紱纂 民國二十六年鉛印清康熙三十六年本 一冊

中字五一號排

新修懷慶府志 三十二卷卷首二卷圖經一卷 清唐侍陛修 洪亮吉等纂 乾隆五十四年刻本 十二冊

河内縣志 三十六卷 清袁通修 方履籛等纂 道光五年刻本 十冊

濟源縣志 十六卷卷首一卷卷末一卷 清蕭應植修 沈樗莊等纂 乾隆二十六年刻本 六冊

續濟源縣志 十二卷 清何荇芳修 劉大觀等纂 嘉慶十八年刻本 四冊

修武縣志 十卷卷首一卷補志二卷 清馮繼照修 金皋等纂 孔繼中補纂 道光二十年 同治七年刻本 十二冊

武陟縣志 三十六卷 清王榮陛修 方履籛纂 道光九年刻本 八冊

温縣志 十二卷 清王其華修 苗于京等纂 乾隆二十四年刻本 四冊

陽武縣志 六卷 竇經魁等修 耿愔等纂 民國二十五年鉛印本 六冊

河南府志 一百十六卷卷首四卷 清施誠修 童鈺纂 同治六年修[redacted]鐫乾隆四十年本 四十冊

重修洛陽縣志 二十四卷圖考一卷 清龔崧林修 汪堅等纂 乾隆十年刻本 二十冊

又一部 民國十三年石印清乾隆十年本 二十冊

偃師縣志 三十卷卷首一卷 清湯毓倬修 孫星衍等纂 乾隆五十三年刻本 十六冊

河南

三

河南

新安縣志 十四卷卷首一卷卷末一卷 清邱峨纂修 民國三年石印清乾隆三十一年本 八冊

鞏縣志 二十六卷卷首一卷 楊保東等修 孟廣信纂 民國二十六年刻本 十八冊

登封縣志 三十二卷 清陸繼萼修 洪亮吉纂 乾隆五十三年刻本 八冊

嵩縣志 三十卷卷首一卷 清康基淵纂修 乾隆三十三年刻本 四冊

南陽縣志 十二卷卷首一卷 清潘守廉修 張嘉謀等纂 光緒三十年刻本 八冊

鄧州志 二十四卷卷首一卷 清蔣光祖修 姚之琅纂 乾隆二十年刻本 六冊

新野縣志 九卷卷首一卷 清徐金位纂修 乾隆十九年刻本 四冊

内鄉縣志 十二卷 清寶鼎望修 高佑釲纂 康熙三十二年刻本 四冊

葉縣志 八卷 清石其灝修 程沭等纂 乾隆十一年刻本 六冊

葉縣志 十卷卷首一卷 清歐陽霖修 倉景恬等纂 同治十年刻本 八冊

汝寧府志 三十卷卷首一卷 清德昌修 王增纂 嘉慶元年刻本 十二冊

汝陽縣志 十卷 清丘天英修 李根茂等纂 民國口年石印清康熙二十九年本 八冊

正陽縣志 十卷 清彭良弼修 呂元灝等纂 楊德容補遺 嘉慶元年刻本 四冊

重修正陽縣志 八卷卷首一卷卷末一卷 劉月泉等修 陳全三等纂 民國二十五年鉛印本 八冊

上蔡縣志 十五卷 清張廷望修 張沐等纂 康熙二十九年刻本 八冊

西平縣志 十卷 清沈荃原本 李弘植增修 康熙三十一年刻本 四冊

遂平縣志 十六卷卷首一卷 清金忠濟修 祝暘等纂 乾隆二十四年刻本 四冊

確山縣志 四卷 清周之瑚修 嚴克嶟纂 乾隆十一年刻本 四冊

信陽州志 十二卷卷首一卷 清張鉞修 萬侯纂 乾隆十四年刻本 八冊

又一部 民國十四年鉛印清乾隆十四年本 四冊

羅山縣志 八卷 清葛荃修 李之杜等纂 乾隆十一年刻本 二冊

許州志 十六卷卷首一卷 清蕭元吉修 李堯觀等纂 道光十八年刻本 十二冊

襄[redacted]城縣志 十四卷卷首一卷 清汪運正纂修 乾隆十一年刻本 十冊

郾城縣記 三十卷 陳金臺纂 民國二十三年刻本 十二冊

陝州直隸州志 十五卷卷首一卷 清趙希曾等修 杜景遲等纂 光緒十七年刻本 九冊

長葛縣志 十卷 清阮景咸纂修 乾隆十二年刻本 四冊

河南

四

小字另一行排 低二格

河南

重修靈寶縣志 八卷 清周淦等修 李鏡江等纂 光緒二年刻本 八冊

新修閿鄉縣志 二十四卷卷首一卷 黄覺等修 韓嘉會纂 民國二十一年鉛印本 八冊

光州志 十二卷卷首一卷附光州志節志四卷光州節孝志二卷 清楊修田修 馬佩玖纂 附錄光緒六年

姚図慶修 淩[redacted]釗輯 光緒十二年刻本 十六冊

重修固始縣志 二十六卷卷首一卷 清謝聘修 洪亮吉纂 乾隆五十一年刻本 十六冊

息縣續志 八卷 清鄭撩藻等修 何朝宗等纂 康熙三十二年刻本 四冊

商城縣志 十四卷卷首一卷卷末一卷 清武開吉修 周之驌等纂 嘉慶八年刻本 十二冊

重修伊陽縣志 六卷卷首一卷卷末一卷 清張道超修 馬九功等纂 道光十八年刻本 六冊

97神

蘇南區文物管理委員會方志目録

陝西

陝西通志 一百卷卷首一卷 清劉於義等修 沈青崖纂 雍正十三年刻本 一百册

陝西志輯要 六卷卷首一卷附秦疆治略一卷關中漢唐存碑跋一卷漢南游草一卷 清王志沂纂 道光七年刻本 九册

長安志 二十卷圖三卷 宋宋敏求撰 元李好文繪 清畢沅校 乾隆四十九年靈巖山館刻本 十册

又一部 清光緒十七年思賢精舍重刻靈巖山館本 五册

西安府志 八十卷卷首一卷 清舒其紳等修 嚴長明纂 乾隆四十四年刻本 三十二册

長安縣志 三十六卷 清張聰賢修 董曾臣纂 嘉慶二十年刻本 六册

咸寧縣志 二十六卷卷首一卷 清高廷法等修 董佑誠等纂 嘉慶二十四年刻本 八册

咸寧長安兩縣續志 二十二卷 翁檉修 宋聯奎纂 民國二十五年鉛印本 六册

咸陽縣志 二十二卷卷首一卷續修一卷 清臧應桐纂修 陳堯書續纂修 道光十六年增刻乾隆十六年本 四册

興平縣志 二十五卷士女續志三卷 清顧聲雷修 張塤纂 王權續纂修 光緒二年增刻乾隆四十三年本 七册

陝西

臨潼縣志　九卷圖一卷　清史傳遠纂修　乾隆四十一年刻本　六冊

高陵縣志　七卷　明呂柟纂修　清光緒十年重刻明嘉靖二十年本　二冊

高陵縣續志　八卷　清程維雍修　白遇道纂　光緒十年刻本　二冊

續修藍田縣志　二十二卷附拾遺錄一卷　郝兆先修　牛兆濂纂　民國二十五年鉛印本　六冊

三原縣新志　八卷　清焦雲龍修　賀瑞麟纂　光緒六年刻本　四冊

富平縣志稿　十卷卷首一卷　清樊增祥等修　譚麐纂　光緒十七年刻本　十冊

醴泉縣續誌　三卷卷首一卷　清宮燿亮修　陳我義等纂　傳鈔乾隆十六年本　二冊

醴泉縣志　十四卷　清蔣騏昌修　孫星衍等纂　乾隆四十八年刻本　四冊

耀州志　十一卷附五台山志一卷　明李廷寶等修　喬世寧纂　清乾隆二十七年重刻明嘉靖三十六年本　二冊

寧陝廳志　四卷　清林一銘修　焦世官等纂　道光九年刻本　四冊

鳳翔府志　十二卷卷首一卷　清達靈阿修　周方炯等纂　乾隆三十一年刻本　十二冊

鳳翔縣志　八卷卷首一卷　清羅鰲修　周方炯等纂　乾隆三十二年刻本　八冊

岐山縣志　八卷　清平世增等修　蔣兆甲纂　乾隆四十四年刻本　四冊

岐山縣志　八卷　清胡昇猷修　張殿元纂　光緒十年刻本　四冊

郿縣志　十八卷卷首一卷　清李帶雙修　張若纂　乾隆四十四年刻本　四冊

郿縣志　十八卷卷首一卷　清沈錫榮纂修　宣統元年鉛印本　四冊

麟遊縣新志草　十卷卷首一卷　清彭洵纂修　光緒九年刻本　四冊

隴州志　八卷卷首一卷　清羅彰彝纂修　康熙五十二年刻本　四冊

隴州續志　八卷卷首一卷卷末一卷　清吳炳纂修　乾隆三十一年刻本　四冊

褒城縣志　十一卷　清光朝魁纂修　傳鈔道光十一年本　四冊

城固縣志　十卷　清王穆纂修　光緒四年重刻康熙五十六年本　四冊

寧羌州志　五卷　清馬毓華修　鄭書香等纂　光緒十四年刻本　五冊

定遠廳志　二十六卷卷首一卷　清余修鳳纂修　光緒五年刻本　六冊

留壩廳志　十卷足徵録四卷　清賀仲瑊修　蔣湘南等纂　道光二十二年刻本　四冊

洵陽縣志　十四卷　清鄧夢琴纂修　同治九年增補乾隆四十九年刻本　四冊

石泉縣志　四卷　清舒鈞纂修　道光二十九年刻本　二冊

陝西　二

陝西

同州府志 三十四卷卷首二卷附文徵錄二卷 清文康修 蔣湘南纂 咸豐二年刻本 二十四册

大荔縣志 十六卷卷首一卷足徵錄四卷 清熊兆麟纂修 道光三十年刻本 六册

大荔縣續志 十二卷卷首一卷足徵錄四卷 清周銘旂等修 李志復等纂 光緒十一年刻本 六册

朝邑縣志 二卷 明王道修 韓邦靖纂 清康熙五十一年重刻明正德十四年本 一册

續朝邑縣志 八卷 明郭實修 王學謨纂 清康熙五十一年重刻明萬曆十二年本 二册

朝邑縣後志 八卷 清王兆鰲纂修 康熙五十一年刻本 三册

朝邑縣志 十一卷卷首一卷 清金嘉琰等修 錢坫等纂 乾隆四十四年刻本 四册

郃陽縣全志 四卷 清席奉乾修 孫景烈纂 乾隆三十四年刻本 四册

澄城縣志 二卷 清姚欽明修 路世美纂 順治六年刻本 四册

澄城縣志 二十卷 清戴治修 洪亮吉孫星衍同纂 乾隆四十九年刻本 四册

韓城縣志 十六卷卷首一卷 清傅應奎修 錢坫等纂 乾隆四十九年刻本 六册

韓城縣續志 五卷 清冀蘭泰修 陸耀遹纂 嘉慶二十三年刻本 一册

三續華州志 十二卷 清吴炳南修 劉域纂 光緒八年刻本 六冊

華陰縣志 九卷 明王九疇修 張毓翰纂 清康熙五十二年重刻明萬曆四十二年本 二冊

蒲城縣志 十五卷 清張心鏡修 吴竹嶼纂 乾隆四十七年刻本 六冊

續潼關廳志 三卷 清向淮修 王文森纂 嘉慶二十二年刻本 二冊

乾州志稿 十四卷卷首一卷別錄四卷殉難士女錄補正一卷 清周銘旂纂修 光緒十年十八年刻本 七冊

武功縣志 三卷卷首一卷 明康海纂 清孫景烈評注 乾隆二十六年孫氏刻本 一冊

又一部 同治十二年湖北崇文書局重刻乾隆二十六年本 二冊

又一部 嘉慶十三年修鐫乾隆二十六年本 一冊

淳化縣志 三十卷 清萬廷樹修 洪亮吉纂 乾隆四十八年刻本 四冊

長武縣志 十二卷 清樊士鋒修 洪亮吉等纂 乾隆四十八年刻本 四冊 附後一卷李大成輯 嘉慶二十四年附刻

中部縣志 四卷 清丁瀚等修 張永清等纂 民國二十四年鉛印清嘉慶十二年本 四冊

米脂縣志 十二卷 清潘松修 高照煦纂 光緒三十三年鉛印本 四冊

陝西 三

60种

蘇南區文物管理委員會方志目錄

甘肅

甘肅通志 五十卷卷首一卷 清許容等修 李迪等纂 乾隆元年刻本 八十册

蘭州府志 十二卷卷首一卷 清陳士楨修 涂鴻儀纂 道光十三年刻本 八册

皋蘭縣志 二十卷 清吴鼎新修 黄建中纂 乾隆四十三年刻本 四册

狄道州志 十六卷 清呼延華國修 吴鎮纂 宣統元年重刻乾隆二十八年本 八册

鞏昌府志 二十八卷 清楊恩原本 紀元訂補 康熙二十七年刻本 十六册

寧遠縣志 六卷 清馮同憲修 李樟纂 康熙四十九年刻本 三册

寧遠縣志續略 八卷 清胡薁域修 于纘周纂 乾隆二十七年刻本 一册

靜寧州志 八卷卷首一卷 清王烜纂修 乾隆十一年刻本 四册

五涼考治六德集全誌 五卷 清張之浚等修 張玿美等纂 乾隆十四年刻本 五册

每卷各述一路一武威二鎮番三永昌四古浪五平番卷後分為七篇

甘肅

一

甘肅

成縣新志 四卷 清黄泳修 汪于雍纂 乾隆六年刻本 四册

新纂高臺縣志 八卷卷首一卷 徐家瑞等纂修 民國十年鉛印本 四册

蘇南區文物管理委員會方志目録

寧夏

朔方道志　三十一卷卷首一卷　馬福祥等修　王之臣等纂　民國十五年鉛印本　八册

1种

蘇南區文物管理委員會方志目録

青海

西寧縣風土調查記　不分卷　不著撰人名氏　鈔本　一册

樂都縣風土調查記　不分卷　不著撰人名氏　鈔本　一册

民和縣風土調查記　不分卷　不著撰人名氏　鈔本　一册

互助縣風土調查記　不分卷　不著撰人名氏　鈔本　一册

共和縣風土調查記　不分卷　不著撰人名氏　鈔本　一册

貴德縣風土調查記　不分卷　不著撰人名氏　鈔本　一册

亹源縣風土調查記　不分卷　不著撰人名氏　鈔本　一册

浙江

蘇南區文物管理委員會方志目録

浙江

敕修浙江通志 二百八十卷卷首三卷 清李衛等修 傅王露等纂 乾隆元年刻本 一百册

浙志便覽 十卷 清李應珏撰 光緒二十二年刻本 四册

乾道臨安志 三卷附札記一卷 宋周淙撰 札記清錢保塘撰 清光緒四年重刻宋乾道五年本 一册

[redacted]淳祐臨安志 存卷五至[redacted]卷十 殘存六卷 宋施諤撰 清光緒[redacted]七年武林掌故叢編本 六册

咸淳臨安志 一百卷 附札記三卷 原佚卷六四卷九十卷九八至一百[redacted] 宋潛説友撰 札記清黄士珣撰 清道光十年錢唐汪氏振綺堂[redacted]重刻本 二十四册

杭州府志 一百七十八卷卷首八卷 吴慶坻等纂修 民國十一年鉛印本 八十册

錢塘縣志 不分卷 明聶心湯纂修 清光緒十九年武林丁氏校刻明萬曆三十七年本 六册

仁和縣志 十四卷 明沈朝宣撰 清光緒十九年武林丁氏校刻明嘉靖二十八年本 六册

一

浙江

海寧縣志 九卷 明蔡完纂修 清光緒二十四年重刻明嘉靖三十六年本 二冊

海寧州志 十六卷卷首一卷 清戰效曾纂修 乾隆四十一年刻本 八冊

海昌備志 五十二卷圖一卷附錄二卷 清錢泰吉等纂 道光二十六年刻本 十四冊

海寧州志稿 四十一卷卷首一卷卷末一卷 清許傳霈等原本 民國朱錫恩等增纂 民國十年鉛印本 三十二冊

富陽縣志 二十四卷卷首一卷 清汪文炳等修 何錄等纂 光緒三十一年刻本 十二冊

餘杭縣志 四十卷 清張吉安修 朱文藻等纂 民國八年聚珍仿宋重印清嘉慶十三年本 八冊

光緒餘杭縣志稿 不分卷 清褚成博撰 光緒三十二年刻本 一冊

臨安縣志 四卷 清趙民洽纂修 光緒十一年重木活字[redacted]刊乾隆二十四年本 四冊

臨安縣志 八卷卷首一卷卷末一卷 清彭循堯修 董運昌等纂 宣統二年木活字[redacted]本 六冊

於潛縣志 十六卷卷首一卷卷末一卷 清蔣光弼等修 李江等纂 嘉慶十七年木活字本 八冊

昌化縣志 十八卷卷首一卷 陳培珽等修 潘秉哲等纂 民國十三年鉛印本 八冊

嘉禾志 三十二卷 元徐碩撰 [redacted]傳鈔[redacted]至元二十五年本 十二冊

嘉興府志十六卷 清吴永芳修 錢以塏等纂 康熙六十年刻本 二十册

嘉興府志 殘存七十八卷卷首三卷 清伊湯安修 馮應榴等纂 嘉慶六年刻本 存三十九册

原八十卷卷首三卷缺卷七十九卷八十

嘉興府志六十卷卷首三卷 清于尚齡等纂修 道光二十年刻本 四十册

嘉興府志八十八卷卷首二卷 清許瑤光修 吴仰賢等纂 光緒三年刻本 四十八册

嘉興縣志三十七卷卷首二卷 清趙惟崳修 石中玉等纂 光緒三十二年刻本 二十四册

秀水縣志十卷 明李培修 黄洪憲等纂 民國十三年鉛印明萬曆二十四年本 四册

重修嘉善縣志三十六卷卷首一卷 清江峯青修 顧福仁等纂 光緒二十年刻本 十六册

海鹽縣圖經十六卷 明樊維城修 胡震亨等纂 天啟四年刻本 六册

海鹽縣志二十二卷卷首一卷卷末一卷 清王彬修 徐用儀等纂 光緒二年刻本 十六册

石門縣志十一卷卷首一卷 清余麗元修 譚逢仕等纂 光緒五年刻本 十二册

平湖縣志 殘存五卷卷首一卷 清王恒修 張誦纂 乾隆五十五年刻本 存三册

原十卷卷首一卷卷末一卷 缺卷二至卷五 卷十 卷末

平湖縣志二十五卷卷首一卷卷末一卷 清彭潤章等修 葉廉鍔等纂 光緒十二年刻本 十二册

當湖外志八卷 清馬承昭撰 光緒元年白榆邨舍刻本 二册

續當湖外志 浙江志 八卷附當湖忠義化略一卷 清馬承昭撰 光緒元年白榆邨舍刻本 二册

浙江

桐鄉縣志 十卷 明任洛纂修 傳鈔正德七年本 六册

光緒桐鄉縣志 二十四卷卷首四卷附楊園淵源錄四卷 清嚴辰撰 光緒八年刻本 二十四册

嘉泰吳興志 二十卷 宋談鑰撰 民國三年吳興劉氏嘉業堂刻吳興先哲遺書單行本 四册

吳興備志 三十二卷 明董斯張撰 民國三年吳興劉氏嘉業堂刻吳興叢書單行本 十二册

湖州府志 九十六卷卷首一卷 清宗源瀚等修 周學濬等纂 同治十三年刻本 四十册

烏程縣志 三十六卷 清潘玉璿等修 周學濬等纂 光緒七年刻本 十二册

歸安縣志 五十二卷 清李昱修 陸心源等纂 光緒八年刻本 十二册

長興縣志 三十二卷 清趙定邦修 丁寶書等纂 光緒十八年增補重校同治十三年本 十六册

德清縣志 十卷 清侯元棐修 陳俊方等纂 傳鈔康熙十二年本 五册

德清縣續志 十卷 清周紹濂修 徐養原等纂 民國元年石印清嘉慶十三年本 二册

德清縣新志 十四卷 吳翯皋等修 程森纂 民國二十一年鉛印本 四册

武康縣志 八卷 清馮聖澤修 駱維恭等纂 傳鈔康熙十一年本 八册

浙江

(每行低一格排)
(大字)卷數姓名加字

安吉縣志 十八卷卷首一卷 清汪榮等修 張行孚等纂 同治十二年刻本 十六册

孝豐縣志 十卷卷首一卷 清劉濬修 潘宅仁等纂 光緒三年刻本 十册

寶慶四明志 二十一卷 宋羅濬等撰 待訪寶慶四年本 十八册

宋元四明六志 殘存七十二卷附錄十一卷 清徐時棟編 咸豐四年煙嶼樓刻本 存三十六册

(1)原八十四卷卷首一卷附錄十一卷 缺乾道四明圖經十二卷 (1)寶慶四明志二十一卷宋羅濬等撰 (1)開慶四明續志十二卷宋梅應發等撰 (1)大德昌國州志七卷元馮福京等撰 (1)延祐四明志二十卷目錄二卷元袁桷等撰(原缺卷九至十二) (1)至正四明續志 (圖) 十二卷元王元恭撰 (1)附四明它山水利備覽二卷宋魏峴撰 [redacted] 校勘記 [redacted] 清徐時棟撰

寧波府志 三十六卷卷首一卷 清曹秉仁修 萬經等纂 乾隆六年補刻雍正七年本 二十册

鄞縣志 不分卷 殘存三十二卷 清戴枚修 董沛等纂 光緒三年刻本 存十五册

原七十五卷 缺卷一至卷三十四 卷三十六 卷三十七 卷五十二至卷五十四 卷五十九至卷六十三

鄞縣通志 [redacted] 陳訓正馬瀛 [redacted] 纂修 民國二十五年鉛印本 十七册

慈谿縣志 十六卷 清楊正筍修 馮鴻模等纂 乾隆三年補刻雍正八年本 八册

慈谿縣志 殘存三十八卷附編一卷 清楊泰亨等纂修 光緒二十五年刻本 存十七册

原五十六卷附編一卷 缺卷十四至十八 卷三十三至三十四 卷三十七至四十五

鎮海縣志 四十卷 清于萬川修 俞樾纂 光緒五年刻本 十六册

鎮海縣志 殘存四卷 清王夢弼纂修 乾隆十七年刻本 存四册

原八卷卷首一卷 缺卷首 卷一至卷三 卷五

鎮海縣志 四十五卷卷首一卷 洪錫範等修 王榮商等纂 民國二十年鉛印本 二十二册

三

浙江

鎮海縣新志備稿 二卷 董祖義撰 民國二十年鉛印本 二冊

南田縣志 三十五卷卷首一卷 呂耀鈐等纂修 民國十九年鉛印本 二冊

象山縣志 十二卷 清史鳴皋修 姜炳璋等纂 乾隆二十三年刻本 六冊

象山縣志 三十二卷卷首一卷 李洣等修 陳漢章纂 民國十五年鉛印本 二十冊

定海縣志 八卷 清繆燧修 陳于渭纂 康熙五十四年刻本 八冊

定海廳志 三十卷卷首一卷 清史致馴等修 汪洵等纂 光緒二十八年重校十年本 十冊

定海縣志 五卷卷首一卷 陳訓正等纂修 民國十四年鉛印本 六冊

嘉泰會稽志 二十卷 宋施宿等撰 清嘉慶十三年重刻宋嘉泰元年本 十六冊

寶慶會稽續志 八卷 宋張淏撰 清嘉慶十三年重刻宋寶慶元年本 四冊

紹興府志 八十卷卷首一卷 清李亨特修 平恕等纂 乾隆五十七年刻本 四十冊

嘉慶山陰縣志 三十卷卷首一卷 清徐元梅修 朱文翰等纂 民國二十五年鉛印清嘉慶八年本 七冊

康熙會稽縣志 二十卷卷首一卷 清呂化龍修 董欽德纂 民國二十五年鉛印清康熙十二年本 四冊

道光會稽縣志稿 二十五卷卷首一卷 清□□□修 王藻坡等纂 民國二十五年鉛印清道光□年本 三冊

原二十五卷卷首一卷 原缺卷二至五卷 十至十三卷 二十至二十二卷

蕭山縣志 四十卷 清黃鈺等纂修 乾隆十六年刻本 八冊

蕭山縣志稿 三十三卷卷首一卷卷末一卷 彭延慶等修 楊鍾羲等纂 民國二十四年鉛印本 十六冊

諸暨縣志 六十一卷卷首一卷 清陳遹聲 蔣鴻藻纂修 宣統三年刻本 十八冊

餘姚志 四十卷 清唐若瀛等纂修 乾隆四十六年刻本 十六冊

餘姚縣志 二十七卷卷首一卷 清邵友濂修 孫德祖等纂 光緒二十五年刻本 十六冊

上虞縣志 四十八卷卷首一卷卷末一卷 清唐煦春修 朱士黻等纂 光緒十七年刻本 二十冊

嵊縣志 二十六卷卷首一卷卷末一卷 清嚴思忠等修 蔡以瑺等纂 同治九年刻本 十二冊

嵊縣志 三十二卷卷首一卷 牛蔭麐修 丁謙等纂 民國二十三年鉛印本 二十冊

新昌縣志 二十卷圖一卷附次州詩存一卷次州文存一卷農事調查一卷 金城修 陳畬等纂 民國七年鉛印本 十二冊

嘉定赤城志 四十卷 宋黃罃修 陳耆卿等纂 清嘉慶二十三年臨海宋氏刻本 八冊

台州外書 二十卷 清戚學標撰 嘉慶四年刻本 八冊

台州府志 一百四十卷卷首一卷 清趙亮熙修 王舟瑤等纂 民國喻長霖等續修 民國二十五年鉛印本 三十六冊

浙江

臨海縣志　十五卷卷首一卷　清洪若皐等纂修　康熙二十二年刻本　八冊

黃巖縣志　殘存三十六卷首一卷　清陳鍾英等修　王詠霓纂　光緒三年刻本　存十四冊

原四十卷卷首一卷缺卷十五　卷十六　卷三十四　卷三十五

萬曆仙居縣志　十二卷　明顧震宇纂修　民國二十四年鉛印明萬曆三十六年本　六冊

光緒仙居志　二十四卷卷首一卷[redacted]附仙居集二十四卷　清王壽頤等修　王棻等纂　光緒二十年木活字本　十八冊

嘉慶太平縣志　十八卷卷首一卷　清慶霖修　戚學標等纂　光緒二十二年重刻嘉慶十五年本　十冊

光緒太平續志　十八卷卷首一卷　清陳汝霖等修　王棻等纂　光緒二十年刻本　八冊

金華府志　三十卷　清張藎修　沈麟趾等纂　宣統元年[redacted]石印康熙二十二年本　十二冊

光緒金華縣志　十六卷卷首一卷附[redacted]殉難錄一卷　清鄧鍾玉等纂修　民國四年鉛印清光緒二十年本　十冊

光緒蘭谿縣志　八卷卷首一卷　清秦簧等修　唐壬森等纂　光緒十三年刻本　十冊

灌聽圖書館

義烏縣志　二十二卷卷首一卷　清諸自穀修　程瑜等纂　民國□年石印清嘉慶七年本　十二冊

永康縣志　十二卷卷首一卷　清廖重機等修　應曙霞等纂　道光十七年刻本　八冊

浙江

武義縣志 十二卷卷首一卷 清張營堠修 周家騶等纂 宣統二年石印嘉慶九年本 六冊

光緒浦江縣志稿 十五卷卷首一卷附殉難錄二卷 清黃志璠等纂修 民國五年鉛印清光緒二十一年本 十六冊

湯溪縣志 二十卷卷首一卷 丁燮等修 戴鴻熙等纂 民國二十年鉛印本 十二冊

衢州府志 四十卷卷首一卷 清楊廷望等纂修 光緒八年重刻康熙五十年本 十二冊

西安縣志 四十八卷卷首一卷 清姚寶煃修 范崇楷等纂 嘉慶十六年刻本 二十四冊

龍游縣誌 十二卷卷首一卷 清許瑤修 余恂等纂 康熙十二年刻本 六冊

龍游縣志 四十卷卷首一卷卷末一卷 余紹宋撰 民國十四年鉛印本 十六冊

江山縣志 十二卷卷首一卷卷末一卷 清王彬修 朱寶慈等纂 同治十二年刻本 八冊

常山縣志 六十八卷卷首一卷卷末一卷 清李瑞鍾等纂修 光緒十二年刻本 十二冊

嚴州圖經 三卷 宋董弅纂 劉文富訂正 清光緒二十二年漸西村舍重刻宋淳熙十二年本 二冊

景定嚴州續志 十卷 宋鄭瑤等撰 清光緒二十二年漸西村舍重刻宋景定三年本 二冊

嚴州府志 三十八卷卷首一卷 清吳士進等原本 吳世榮等增修 光緒九年重刻增補乾隆二十一年本 十六冊

五

存卷□卷首一卷卷末一卷
缺卷六卷七

浙江

建德縣志 十五卷卷首一卷附教育公產一卷慈善公產一卷 夏日璈等修 王韌等纂 民國八年鉛印本 十二册

湻安縣志 十六卷卷首一卷 清李詩等纂修 光緒十年刻本 八册

遂安縣志 十卷卷首一卷 清鄒錫疇等修 方引彥等纂 光緒十六年重刻乾隆三十三年本 八册

遂安縣志 十卷卷首一卷卷末一卷 羅柏麓等修 姚桓等纂 民國十九年鉛印本 八册

壽昌縣志 十卷卷首一卷 陳焜修 李飪等纂 民國十九年鉛印本 八册

道光分水縣志 殘存八卷卷首一卷卷末一卷 清[illegible]等修 道光二十五年刻本 存三册

光緒分水縣志 十卷卷首一卷卷末一卷 清陳常鏵修 臧承宣等纂 光緒三十三年刻本 六册

溫州府志 三十卷卷首一卷 清李琬修 齊召南等纂 同治四年重刻乾隆二十七年本 二十册

永嘉縣志 三十八卷卷首一卷 清張寶琳修 王棻等纂 光緒八年刻本 三十二册

瑞安縣志 十卷卷首一卷 清張德標修 黃徵乂等纂 民國六年石印清嘉慶十四年本 八册

瑞安縣志稿 不分卷 瑞安縣修志委員會編 民國□年鉛印本 十册

樂清縣志 十六卷卷首一卷 清路廣祥等修 陳珅纂 民國元年重校刻清光緒二十七年本 十六册

平陽縣志 二十卷卷首一卷 清徐恕修 孫謙等纂 乾隆二十四年刻本 八册

平陽縣志　九十八卷卷首一卷　劉紹寬等纂修　民國十四年刻本　三十册

泰順分疆錄　十二卷卷首一卷　清林鶚撰　林用霖續編　光緒四年刻本　六册

處州府志　三十卷卷首一卷卷末一卷　清潘紹詒修　周榮椿等纂　光緒三年刻本　二十八册

麗水縣志　十五卷　清彭潤章等纂修　同治十三年刻本　八册

青田縣志　十八卷卷首一卷　清雷銑修　王棻纂　光緒元年刻本　十四册

縉雲縣志　十八卷卷首一卷　清湯成烈等纂修　道光二十九年刻本　十册

縉雲縣志　十六卷卷首一卷卷末一卷　清何乃容等修　潘樹棠纂　光緒二年刻本　十二册

松陽縣志　原十卷缺卷三至卷五　卷八至卷十　殘存四卷　清佟慶年修　胡世定纂　順治十一年刻本　存二册

松陽縣志　十二卷　清支恒椿等纂修　光緒元年刻本　六册

遂昌縣志　十二卷卷首一卷外編四卷　清胡壽海等修　褚成允等纂　光緒二十二年刻本　十二册

龍泉縣志　十二卷卷首一卷　清[redacted]（蘇遇龍）修　沈光厚纂　乾隆二十七年刻本　四册

浙江　六

雲和縣誌 五卷 清林汪遠修 柳之元等纂 康熙三十一年刻本 三冊

雲和縣志 十六卷卷首一卷 清伍承吉等修 王士鈖纂 同治三年刻本 六冊

宣平縣志 二十卷卷首一卷 清皮樹棠纂修 光緒四年刻本 八冊

景寧縣志 十四卷卷首一卷卷末一卷 清周杰等修 嚴用光等纂 同治十二年刻本 八冊

玉環廳志 十六卷卷首一卷 清杜冠英等修 呂鴻燾等纂 光緒六年刻本 八冊

139計

~~蘇南區文物管理委員會方志目録~~

江西

西江志 殘存二百零二卷 清白潢修 查慎行等纂 康熙五十九年刻本 存七十八册
原二百零六卷 圖一卷 缺圖 卷一 卷二 卷二百零三 卷二百零四

江西通志 一百六十二卷卷首三卷 清謝旻等修 陶成等纂 雍正十年刻本 六十册

江西通志 一百八十卷卷首五卷 清劉坤一等修 趙之謙等纂 光緒六年刻本 一百二十册

南昌縣志 六十卷附文徵二十四卷詩徵五卷 清江召棠修 魏元曠纂 民國二十四年鉛印本 四十二册

新建縣志 九十九卷卷首一卷卷末一卷 清承霈修 杜友棠等纂 同治十年刻本 四十册

進賢縣志 二十五卷卷首一卷 清江璧等修 趙曰釗等纂 光緒二十四年修 錫[redacted]同治十年本 十六册

奉新縣志 十六卷卷首一卷卷末一卷 清呂懋先修 帥方蔚纂 同治十年刻本 十二册

義寧州志 四十卷卷首一卷 清王維新等修 涂家杰等纂 同治十年刻本 二十六册

饒州府志 三十二卷卷首一卷 清錫德修 石景芬纂 同治十一年刻本 二十册

江西 一

鄱陽縣志 二十四卷卷首一卷卷末一卷附鄱陽縣忠烈錄三卷 清陳志培修 王廷鑑等纂 同治十年刻本 十二冊

餘干縣志 二十卷卷首一卷卷末一卷 清區作霖修 曾福善等纂 同治十一年刻本 八冊

樂平縣志 十卷卷首一卷 清董萼榮等修 汪元祥等纂 同治九年刻本 十二冊

德興縣志 十卷卷首一卷卷末一卷 清孟慶雲修 楊重雅等纂 同治十一年刻本 十二冊

廣信府志 殘存十二卷卷首一卷 清連柱纂修 乾隆四十八年刻本 存十二冊

原二十六卷卷首一卷 缺卷十三至卷二十六

廣信府志 十二卷卷首一卷 清蔣繼洙修 李樹藩等纂 同治十一年刻本 三十冊

上饒縣志 二十六卷卷首一卷 清王恩溥等修 李樹藩等纂 同治十一年刻本 二十冊

玉山縣志 三十二卷卷首一卷 清武次韶纂修 道光三年刻本 八冊

弋陽縣志 十四卷卷首一卷 清俞致中修 汪炳熊等纂 同治十年刻本 十冊

貴溪縣志 十卷卷首一卷 清楊長杰等修 黄聯珏等纂 同治十年刻本 十四冊

鉛山縣志 三十卷 清張廷珩等修 華祝三等纂 同治十二年刻本 十六冊

江西

廣豐縣志 十卷卷首一卷 清雙全等修 顧蘭生等纂 同治十一年刻本 十冊

興安縣志 十六卷卷首一卷 清李寶暘修 趙桂林等纂 同治十年刻本 八冊

南康府志 二十四卷卷首一卷 清盛元等纂修 同治十一年刻本 十二冊

星子縣志 十四卷卷首一卷 清藍煦修 曹徵甲等纂 同治十年刻本 十二冊

建昌縣志 十二卷卷首一卷 清陳惟清修 閔芳言等纂 同治十年刻本 十二冊

安義縣志 十六卷卷首一卷卷末一卷 清杜林修 彭斗山等纂 同治十年刻本 八冊

湖口縣志 十卷 清殷禮等修 周謨等纂 傳鈔同治十三年本 十三冊

建昌府志 十卷卷首一卷 清邵子彝修 魯琪光等纂 同治十一年刻本 二十八冊

南豐縣志 四十六卷卷首一卷卷末一卷 清柏春修 魯琪光等纂 同治十年刻本 二十八冊

廣昌縣志 十卷卷首一卷 清曾毓璋纂修 同治六年刻本 十冊

撫州府志 八十六卷卷首一卷 清許應鑅等修 謝煌等纂 傳鈔光緒二年本 三十六冊

臨川縣志 五十四卷卷首一卷卷末一卷 清童範儼修 陳慶齡等纂 同治九年刻本 二十四冊

二

崇仁縣志 殘存一卷卷首一卷 清盛銓等修 黄炳奎纂 同治十二年刻本 存四冊
原十卷卷首一卷 缺卷二至卷十

金谿縣志 三十六卷卷首一卷 清程芳修 鄭浴脩等纂 同治九年刻本 十六冊

宜黄縣志 五十卷卷首一卷 清張興言等修 謝煌等纂 同治十年刻本 二十四冊

樂安縣志 十一卷卷首一卷附兵難殉節錄二卷 清朱奎章修 胡芳杏纂 同治十年刻本 八冊

臨江府志 三十二卷卷首一卷 清德馨等修 朱孫詒等纂 同治十年刻本 六冊

清江縣志 十卷卷首一卷 清潘懿等修 朱孫詒等纂 同治九年刻本 八冊

新淦縣志 十卷卷首一卷 清王肇賜等修 陳錫麟纂 同治十二年刻本 十六冊

新喻縣志 十六卷卷首一卷 清祥安等修 吳增逵纂 同治十二年刻本 十二冊

峽江縣志 十卷卷首一卷 清暴大儒等修 廖其觀等纂 同治十年刻本 八冊

瑞州府志 二十四卷卷首一卷 清黄廷金修 蕭浚蘭等纂 同治十二年刻本 十四冊

高安縣志 二十八卷卷首一卷 清夏燮等修 熊松之等纂 同治十年刻本 二十冊

重修上高縣志　十四卷卷首一卷　清馮蘭森修　陳卿雲等纂　同治九年刻本　十四册

袁州府志　十卷卷首一卷　清駱敏修等修　蕭玉銓等纂　同治十三年刻本　二十册

宜春縣志　十卷卷首一卷　清路青雲修　李佩琳等纂　同治九年刻本　十二册

分宜縣志　十卷卷首一卷　清李寅清等修　嚴升偉等纂　同治十年刻本　十四册

萍鄉縣志　十二卷　清胥繩武修　歐陽鶴鳴纂　乾隆四十九年刻本　十二册

萍鄉縣志　十卷卷首一卷　清錫榮等修　蕭玉銓等纂　同治十一年刻本　八册

吉安府志　七十四卷卷首一卷　清盧崧修　朱承煦等纂　道光二十二年補刻乾隆四十一年本　四十册

廬陵縣志　五十六卷卷首一卷補編一卷　清陳汝楨等修　匡汝諧等纂　同治十一年刻本　三十二册

泰和縣志　四十八卷卷首一卷　清楊訒修　蕭錦纂　道光六年刻本　二十册

泰和縣志　三十卷卷首一卷　清宋瑛等修　彭啟瑞等纂　光緒四年刻本　十六册

吉水縣志　六十六卷卷首一卷　清彭際盛等修　胡宗元纂　光緒元年刻本　二十册

永豐縣志　四十卷　清雙貴等修　劉繹纂　同治十三年刻本　二十册

安福縣志　二十二卷卷首一卷　清張繡中等修　王基等纂　同治四年補刻乾隆四十七年本　八册

江西　三

萬安縣志 二十卷卷首一卷卷末一卷 清周之鏞等纂修 同治十二年刻本 十二冊

蓮花廳志 八卷卷首一卷卷末一卷 清李其昌纂修 張[illegible]增訂 同治四年增補乾隆二十五年本 十冊

贛州府志 七十八卷卷首一卷 清魏瀛修 魯琪光等纂 同治十二年刻本 二十四冊

贛縣志 三十四卷 清沈均安修 黃世成等纂 乾隆二十年刻本 十二冊

贛縣志 五十四卷卷首一卷 清黃德溥等修 褚景昕等纂 同治十一年刻本 十八冊

雩都縣志 十六卷卷首一卷 清顏壽芝等修 何載仁等纂 同治十三年刻本 十二冊

興國縣志 四十六卷卷首一卷 清梅雨田等修 鍾音鴻等纂 同治十一年刻本 十二冊

會昌縣志 三十二卷卷首一卷 清劉長景修 陳良棟等纂 同治十一年刻本 十二冊

安遠縣志 十卷卷首一卷 清黃瑞圖等修 歐陽鐸纂 同治十一年刻本 八冊

長寧縣志 四卷卷首一卷卷末一卷 清蘇霈芬等修 曾撰等纂 咸豐五年刻本 六冊

定南廳志 八卷 清賴勳等修 黃錫光等纂 道光五年刻本 八冊

南安府志 三十二卷 清黃鳴珂修 石景芬等纂 同治七年刻本 二十冊

南安府志補正 十二卷 清楊錞纂修 傅鈞光緒元年本 六冊

南康縣志 十四卷卷首一卷 清沈恩華修 盧鼎峋等纂 同治十一年刻本 十二冊

69 补

蘇南區文物管理委員會方志目錄

湖北

湖北通志 一百七十二卷卷首一卷卷末一卷 楊承禧等纂修 民國十年刻本 一百零八册

江夏縣志 八卷 清王庭楨修 彭崧毓纂 同治八年刻本 十册

武昌縣志 二十六卷卷首一卷卷末一卷 清鍾桐山修 柯逢時纂 光緒十一年刻本 十册

重修嘉魚縣志 十二卷 清鍾傳益修 俞焜纂 同治五年刻本 十二册

蒲圻縣志 八卷 清顧際熙等修纂 [redacted] 同治五年刻本 八册

崇陽縣志 十二卷卷首一卷 清高佐廷修 傅[redacted]燮鼎纂 同治五年刻本 十二册

續輯咸甯縣志 八卷卷首一卷 清陳樹楠等修 錢光奎等纂 光緒八年刻本 八册

通城縣志 二十四卷卷首一卷 清鄭芙修 杜煦明等纂 同治六年刻本 十册

興國州志 三十六卷卷首一卷 清陳光亨[redacted]原纂修 [redacted]王鳳池等續修 光緒十五年刻本 十二册

大冶縣志 十八卷卷首一卷 清胡復初修 黄昌杰纂 同治六年刻本 九册

大冶縣志續編 七卷卷首一卷卷末一卷 清林佐修 陳鼇纂 光緒十年刻本 二册

大冶縣志後編 二卷 清林佐修 陳鼇纂 光緒二十三年刻本 一册

通山縣志 八卷卷首一卷 清羅登瀛修 朱美燮等纂 同治六年[redacted]本 木活字 八册

夏口縣志 二十二卷卷首一卷補遺一卷 侯祖畬修 呂寅東等纂 民國九年刻本 十册

續輯漢陽縣志 二十八卷 清黃式度等修 王柏心等纂 同治七年刻本 二十一册

漢川縣志 二十二卷卷首一卷 清德廉等修 林祥瑷等纂 同治十二年刻本 十二册

孝感縣志 二十四卷 清朱希白等修 沈用增纂 光緒八年刻本 十二册

黃陂縣志 十六卷 清劉昌緒修 徐瀛等纂 同治十年刻本 十二册

沔陽州志 十八卷 明童承敍撰 民國十五年沔陽盧氏校刻明嘉靖本 舊鈔 四册

沔陽州志 十二卷卷首一卷 清葛振元等修 楊鉅等纂 光緒[redacted]二十年刻本 十五册

黃州府志 四十卷卷首一卷 清英啓修 鄧琛等纂 光緒十年刻本 四十册

黃州府志拾遺 六卷 清沈致堅纂輯 宣統二年鉛印本 二册

黃岡縣志 二十四卷卷首一卷 清戴昌言修 劉恭冕等纂 光緒八年刻本 二十四册

潛江縣志二十卷卷首一卷 清劉煥修 朱載震纂 光緒五年重刻康熙三十三年本 八冊

湖北

黃安縣志 十卷卷首一卷 清朱錫綬等修 張家俊等纂 同治八年刻本 十六冊

蘄水縣志 二十二卷卷首一卷卷末一卷 清多祺修 郭光庭等纂 光緒六年刻本 二十冊

羅田縣志 八卷附錄一卷 明祝珝修 蔡元偉等纂 附錄民國王葆強輯 民國十五年鉛印明嘉靖二十一年本 一冊

羅田縣志 八卷卷首一卷 清管貽葵修 陳錦纂 光緒二年刻本 十六冊

麻城縣志 前編十五卷續編十五卷卷末一卷 鄭重修 余晉芳纂 民國二十四年鉛印本 十六冊

蘄州志 二十卷卷首一卷 清鐵塋修 周茂建等纂 乾隆二十年刻本 十冊

廣濟縣志 殘存 十五卷卷首一卷 清朱榮實修 劉燡纂 同治十一年刻本 存十一冊

[redacted] 原十六卷 缺卷十三 卷首一卷

黃梅縣志 四十卷卷首一卷 清覃瀚元等修 [redacted] 光緒二年刻本 十二冊

鍾祥縣志 二十卷補編二卷 清許光曙等纂修 同治六年刻本 十四冊

京山縣志 二十三卷卷首一卷 清沈星標等修 曾憲德等纂 光緒八年刻本 十六冊

潛江縣志續 二十卷卷首一卷 清史致謨修 劉恭冕等纂 光緒五年刻本 八冊

德安府志 二十卷卷首一卷卷末一卷 清賡音布修 劉國光等纂 光緒十四年刻本 二十冊

二

安陸縣志 四十卷卷首一卷 清蔣炯等原本 李廷錫等纂 道光二十三年刻本 十二冊

續雲夢縣志略 十卷卷首一卷卷末一卷 清吴念椿修 程壽昌等纂 光緒八年刻本 四冊

光緒應城志 十四卷卷首一卷 清陳豪等修 王承禧等纂 光緒八年刻本 八冊

隨州志 三十二卷卷首一卷 清文齡等修 史策先等纂 同治八年刻本 十三冊

荆州府志 八十卷卷首一卷 清倪文蔚等修 顧嘉蘅等纂 光緒六年刻本 三十二冊

公安縣志 六卷卷首一卷 清楊之驕纂修 康熙六十年刻本 六冊

公安縣志 八卷卷首一卷 清周承弼等修 王慰纂 同治十三年刻本 十冊

監利縣志 十二卷卷首一卷 清林瑞枝等修 王柏心等纂 同治十一年刻本 十冊

枝江縣志 二十卷卷首一卷 清查子庚修 熊文瀾等纂 同治五年刻本 八冊

宜都縣志 四卷 清崔培元等修 龔紹仁纂 同治五年刻本 四冊

襄陽府志 四十卷卷首一卷 清陳鍔纂修 乾隆二十五年刻本 十六冊

襄陽縣志 七卷卷首一卷 清楊宗時等修 崔淦等纂 同治十二年刻本 八冊

二十六

南漳縣志集鈔[redacted]卷卷首一卷[redacted] 清胡正楷原本 胡心悅增纂 同治四年增刻嘉慶二十年本 八冊

南漳縣志 十九卷卷首一卷卷末一卷 包安保等修 向承煜等纂 民國十一年石印本 六冊

棗陽縣志 三十卷卷首一卷卷末一卷 清張聲正修 史策先纂 同治四年刻本 八冊

棗陽縣志 三十四卷卷首一卷 清梁汝澤等修 王榮先等纂 民國十二年鉛印本 八冊

光化縣志 八卷卷首一卷 清鍾桐山等修 段映斗等纂 光緒十年刻本 八冊

續輯均州志 十六卷卷首一卷 清馬雲龍等修 賈洪詔等纂 光緒十年刻本 八冊

鄖陽府志 八卷卷首一卷 清吳葆儀等修 王嚴恭等纂 同治九年刻本 十二冊

鄖縣志 十卷卷首一卷 清周瑞等修 余瀚廷等纂 同治五年刻本 八冊

房縣志 十二卷卷首一卷附文廟祀典志一卷 清楊延烈修 郁方董等纂 同治四年刻本 六冊

竹山縣志 二十九卷 清周士楨修 黃子遂等纂 同治四年刻本 六冊

保康縣志 七卷卷首一卷 清林讓昆等修 楊世霖纂 同治五年刻本 二冊

宜昌府志 十六卷卷首一卷 清聶光鑾等修 王柏心等纂 同治五年刻本 十六冊

東湖縣志 三十卷卷首一卷續補藝文一卷 清金大鏞修 王柏心纂 同治三年刻本 十冊

湖北 三

歸州志 十卷卷首一卷 清余思訓修 陳鳳鳴纂 同治五年刻本 四冊

長陽縣志 七卷卷首一卷 清陳維模修 譚大勳纂 同治五年刻本 六冊

興山縣志 二十二卷 清黃世崇纂修 光緒十年刻本 四冊

巴東縣志 十六卷卷首一卷 清廖恩樹修 蕭佩聲等纂 同治五年刻本 六冊

長樂縣志 十六卷卷首一卷卷末一卷 清李煥春修 龍兆霖補修 鄭敦祐再補修 同治九年光修 元年增補咸豐二年刻本 八冊

鶴峯州志 十四卷卷首一卷 清吉鍾穎修 洪先燾等纂 道光二年刻本 四冊

鶴峯州志續修 九卷卷首一卷 清徐澍楷修 雷春沼纂 同治六年刻本 一冊

鶴峯州志續修 十四卷卷首一卷 清長庚等修 陳鴻漸纂 光緒十一年刻本 一冊

增修施南府志 三十卷卷首一卷 清松林等修 何遠鑒等纂 同治十年刻本 十四冊

施南府志續編 十卷 清王庭楨等修 尹壽衡等纂 光緒十一年刻本 四冊

恩施縣志 十二卷卷首一卷 清多壽等纂修 [redacted] 同治三年刻本 六冊

又一部 民國二十六年鉛印清同治三年本 一冊

來鳳縣志 三十二卷卷首一卷卷末一卷 清李勗修 何遠鑒等纂 同治五年刻本 八冊

湖北

利川縣志十卷卷首一卷 清何蕙馨纂修 同治四年刻本 四冊

利川縣志十四卷卷首一卷 清黃世崇纂修 光緒二十年刻本 四冊

建始縣志八卷卷首一卷 清熊啟詠纂修 同治五年刻本 四冊

荊門州志三十六卷 清舒成龍修 李法孟等纂 乾隆十九年刻本 八冊

當陽縣志十八卷卷首一卷卷末一卷 清阮恩光修 王柏心等纂 同治五年刻本 十冊

遠安縣志八卷卷首一卷 清鄭燡林修 周葆恩等纂 同治五年刻本 八冊

四

80神

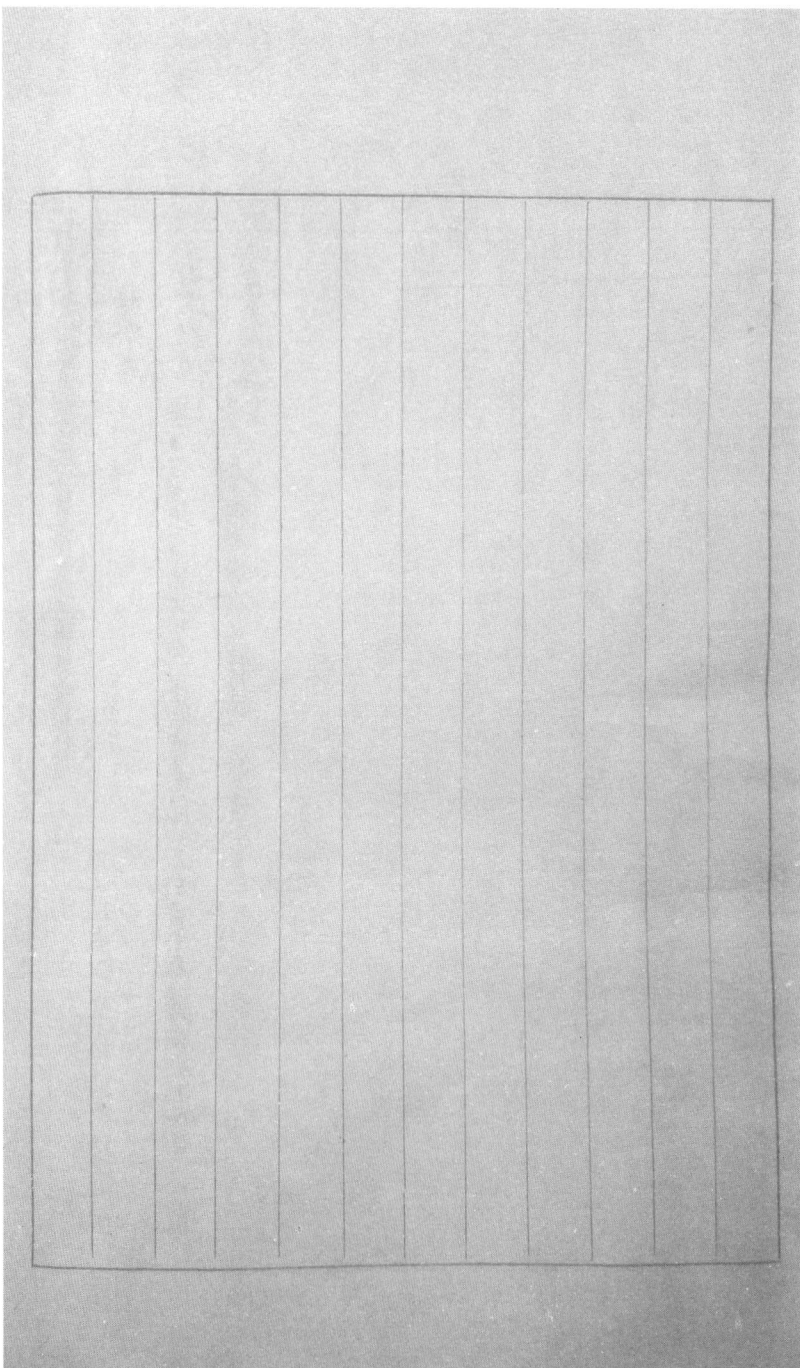

蘇南區文物管理委員會方志目錄

湖南

湖南通志　二百十九卷卷首三卷卷末六卷　清馬慧裕等修　王煦等纂　嘉慶二十五年刻本　四十冊

湖南通志　二百八十八卷卷首八卷卷末十九卷　清李瀚章等修　曾國荃等纂　光緒十一年刻本　一百三十二冊

長沙縣志　二十八卷卷首一卷　清趙文在等修　易文基等纂　嘉慶二十二年增補十五年本　十六冊

湘潭縣志　十二卷　清陳嘉榆等修　王闓運等纂　光緒十四年刻本　十冊

湘陰縣圖志　三十四卷卷首一卷卷末一卷　清郭嵩燾纂修　光緒六年刻本　十四冊

瀏陽縣志　殘存二十卷　清王汝惺等修　鄒焌杰等纂　同治十二年刻本　存十冊
原二十四卷缺卷二十至卷二十四

茶陵州志　二十四卷　清梁葆頤等修　譚鍾麟等纂　同治十年刻本　八冊

巴陵縣志　六十三卷卷首一卷附洞庭君山岳陽樓詩文集十八卷　清姚詩德等修　杜貴墀纂　光緒十七年刻本　十六冊

臨湘縣志　十三卷卷末一卷　清恩榮等修　歐陽恩霖等纂　同治十一年刻本　五冊

湖南　一

平江縣志 五十五卷卷首二卷卷末一卷 清張培仁等修 李元度等纂 同治十三年刻本 十六冊

城步縣志 十卷 清盛鎰源修 戴聯璧等纂 同治七年刻本 十冊

衡陽縣圖志 十一卷 清羅慶薌修 彭玉麟等纂 同治十一年刻本 七冊

清泉縣志 十卷卷首一卷卷末一卷 清王開運修 張修府纂 同治八年刻本 二冊

衡山縣志 四十五卷卷首一卷 清李惟丙修 文岳英等纂 光緒元年刻本 二十冊

耒陽縣志 八卷卷首一卷 清李師濂等修 宋世煦纂 光緒十一年刻本 十冊

辰谿縣志 四十卷卷首一卷卷末一卷 清徐會雲等修 劉家傳纂 道光元年刻本 十冊

溆浦縣志 三十二卷 吴劍佩等修 舒立淇纂 民國十年刻本 八冊

黔陽縣志 六十卷卷首一卷 清陳鴻作等修 易燮堯纂 同治十三年刻本 十二冊

永州府志 十八卷卷首一卷 清呂恩湛等修 宗績辰纂 同治六年重校道光八年本 四十冊

零陵縣志 十五卷 清嵇有慶修 劉沛纂 光緒二年刻本 八冊

古[redacted]丈坪廳志 十六卷 清董鴻勳纂修 光緒三十三年鉛印本 十冊

澧縣縣志 十卷 張之覺修 周齡纂 民國二十八年刻本 六冊

桂陽直隸州志 二十七卷 清汪學瀚修 王闓運等纂 同治七年刻本 十二冊

23神

蘇南區文物管理委員會方志目錄

四川

四川通志 二百零四卷卷首二十二卷 清常明等修 楊芳燦等纂 嘉慶二十一年刻本 一百六十冊

重修成都縣志 十六卷卷首一卷 清李玉宣等修 衷興鑑等纂 同治十二年刻本 十六冊

華陽縣志 三十六卷卷首一卷 葉大鏘等修 曾鑑等纂 民國二十三年刻本 十六冊

雙流縣志 二卷 清周廷授纂修 光緒二十年刻本 四冊

溫江縣志 三十六卷卷首一卷 清李紹祖等修 徐文貴等纂 嘉慶二十年刻本 六冊

溫江縣志 十二卷卷首一卷 張驥等修 曾學傳等纂 民國十年刻本 八冊

新繁縣志 十六卷卷首一卷 清張文珍等修 楊益豫等纂 同治十二年刻本 八冊

金堂縣志 九卷卷首一卷卷末一卷 清謝惟傑修 黃烈等纂 道光二十四年補刻嘉慶十六年本 八冊

續金堂縣志 八卷卷首一卷卷末一卷 清王樹桐等修 米繪裳等纂 同治六年刻本 二冊

金堂縣續志 十卷 王暨英修 曾茂林等纂 民國十年刻本 八冊

四川 一

新都縣志 十八卷卷首一卷 清張奉書修 張懷洵纂 道光二十四年刻本 十二冊

郫縣志 四十四卷 清陳慶熙修 高升之等纂 同治八年刻本 八冊

增修灌縣志 十四卷卷首一卷 清莊思恒等修 鄭珶山纂 光緒十二年刻本 十冊

重修彭縣志 十三卷卷首一卷卷末一卷補遺一卷 清張龍甲修 呂調陽等纂 民國二年重印成志附四年本 十冊

崇[redacted]寧縣志 八卷 陳邦倬修 易象乾等纂 民國十三年刻本 六冊

簡州志 十四卷 清濮瑗修 黄樸等纂 咸豐二年刻本 十冊

簡州續志 十四卷 清易家霖等修 傅為霖等纂 光緒二十三年刻本 二冊

崇慶縣志 十二卷附江原文徵四卷 謝汝霖等修 羅元黼等纂 民國十四年鉛印本 十冊

漢州志 四十卷卷首一卷卷末一卷 清劉長庚修 侯肇元等纂 嘉慶十七年刻本 十六冊

續漢州志 二十四卷卷首一卷補一卷 清張超等修 曾履中等纂 同治八年刻本 八冊

什邡縣志 五十四卷 清紀大奎修 林時春等纂 嘉慶十七年[redacted]本 十冊 道光十六年原刻

續增什邡縣志 五十四卷 清傅華桂修 王壐尊等纂 同治四年刻本 四冊

巴縣志 十七卷卷首一卷 清王爾鑑修 王世沿等纂 乾隆二十五年刻本 十二冊

巴縣志 二十三卷附文徵四卷 羅國鈞等修 向楚等纂 民國二十六年刻本 二十四冊

江津縣志 十二卷卷首一卷 聶述文等修 程德音等纂 民國十三年刻本 十冊

長壽縣志 十卷 清張永熙纂修 光緒元年刻本 四冊

重修南川縣志 十四卷卷首一卷 柳琅聲修 韋麟書纂 民國二十年鉛印本 十三冊

民國新修合川縣志 (原八十卷缺卷七十四至卷八十) 殘存七十三卷 鄭賢書等修 張森楷纂 民國七年刻本 存二十四冊

涪陵縣續修涪州志 二十七卷卷首一卷附民國紀事一卷 王鑑清等修 施紀雲纂 民國十七年鉛印本 五冊

江北廳志 八卷卷首一卷 清福珠朗阿修 宋煊纂 道光二十四年刻本 八冊

保寧府志 (缺補遺一卷) 六十二卷圖考一卷 清徐雙桂修 史觀等纂 道光元年刻本 十六冊

廣元縣志 十三卷 清張賡謨纂修 乾隆二十二年刻本 四冊

四川

二

劍閣縣續志 十卷 張政纂修 民國十六年鉛印本 八冊

南充縣志 殘存十四卷圖考一卷 李良俊修 王荃善纂 民國十八年刻本 存十四冊

原十六卷圖考一卷，缺卷五 卷六

西充縣志 十四卷 清高培穀修 劉藻纂 光緒元年刻本 十二冊

蓬州志 十五卷 清方旭修 張禮杰等纂 光緒二十三年刻本 三冊

又一部 民國二十四年石印清光緒二十三年本 三冊

廣安州新志 四十三卷卷首一卷 周克堃撰 民國十六年刻本 十冊

岳池縣志 二十卷卷首一卷 清何其泰等修 吳新德纂 光緒元年刻本 十冊

宜賓縣志 五十四卷卷首一卷 清劉元熙修 李世芳纂 民國二十一年鉛印清嘉慶十七年本 四冊

富順縣志 五卷卷首一卷 清段玉裁等纂修 光緒八年重刻乾隆四十二年本 五冊

南溪縣志 八卷 清福倫修 胡元翔等纂 同治十三年刻本 八冊

屏山縣志 八卷卷首一卷續編一卷 清張曾敏創修 陳琦纂 敢大科增續 嘉慶五年增刻乾隆四十三年本 八冊

屏山縣續志 二卷卷首一卷 清張九章修 陳藩垣等纂 光緒二十四年刻本 二冊

雷波廳志 三十六卷卷首一卷 清秦雲龍修 萬科進纂 光緒十九年刻本 六冊

夔州府志 三十六卷 清恩成修 劉德銓纂 道光七年刻本 二十四冊

奉節縣志 三十六卷卷首一卷 清曾秀翹修 楊德坤等纂 光緒十九年刻本 十二冊

雲陽縣志 十二卷 清江錫麒修 陳崑纂 咸豐四年刻本 十二冊

雲陽縣志 四十四卷卷首一卷 朱世鏞等修 劉貞安等纂 民國二十四年鉛印本 十冊

增修萬縣志 三十六卷卷首一卷附典禮備考八卷 清張琴等修 范泰衡等纂 同治四年刻本 八冊

開縣志 二十七卷卷首一卷 清李肇奎修 陳崑等纂 咸豐三年刻本 六冊

龍[redacted]安府志 十卷 清鄧存詠等纂修 道光二十二年刻本 十二冊

江油縣志 四卷 清桂星纂修 道光二十年刻本 四冊

石泉縣志 十卷 清趙德林修 張沆纂 道光十三年刻本 六冊

彰明縣志 五十七卷卷首二卷 清何慶恩等修 李朝棟等纂 同治十年刻本 十冊

越巂廳全志 十二卷 清馬忠良原纂 孫鏘增修 光緒三十二年鉛印本 六冊

四川 三

昭覺縣志稿 四卷 徐懷璋纂修 民國九年鉛印本 二冊

名山縣新志 十六卷卷首一卷卷末一卷 [redacted]趙正和等纂[redacted] 民國十九年刻本 四冊

滎經縣志 二十卷卷首一卷 賀澤等修 張趙才等纂 民國四年刻本 十冊

清溪縣志 四卷 清劉傳經修 陳一沺纂 嘉慶五年刻本 四冊

樂山縣志 十六卷卷首一卷 清[redacted]龔傳黻修 涂崧等纂 嘉慶十七年刻本 六冊

樂山縣志 十二卷 唐受潘修 黃鎔等纂 民國二十三年鉛印本 八冊

峩眉縣志 十卷卷首一卷 清王燮修 張希縉等纂 宣統三年補刻嘉慶十八年本 四冊

峩眉縣續志 十卷圖一卷 清李錦成修 朱榮邦纂 宣統三年刻本 五冊

洪雅縣志 二十五卷卷首一卷 清王好音修 張柱等纂 嘉慶十八年刻本 七冊

洪雅縣續志 十二卷卷首一卷 清郭世棻修 鄧敏修等纂 光緒十年刻本 四冊

夾江縣志 十二卷卷首一卷 清王佐修 涂崧纂 嘉慶十八年刻本 四冊

榮縣志 十七篇 趙熙等纂 民國十八年刻本 八冊

威遠縣志 八卷卷首一卷 清李南暉修 張翼儒纂 乾隆四十年刻本 八冊

新修潼川府志 三十卷 清阿麟修 王龍[redacted]勳等纂 光緒二十三年刻本 十六冊

三臺縣志 八卷 清沈昭興纂修 嘉慶二十年刻本 八冊

射洪縣志 十八卷卷首一卷 清黄允欽等修 羅錦城等纂 光緒十年刻本 十冊

中江縣新志 八卷卷首一卷 清楊霈修 李福源等纂 道光十九年刻本 七冊

中江縣志補遺續編 二卷 清李星根纂 同治五年刻本 一冊

遂[redacted]甯縣志 八卷 甘燾等修 王懋昭纂 民國十八年刻本 八冊

蓬溪縣志 十六卷卷首一卷圖一卷 清吳章祁等修 顧士英等纂 道光二十四年刻本 八冊

安岳縣志 十六卷卷首一卷 清濮瑗修 周國頤等纂 道光十六年刻本 八冊

續修安岳縣志 四卷 清陳其寬修 鄒宗垣等纂 光緒二十三年刻本 四冊

樂至縣志 十六卷卷首一卷 清裴顯忠修 劉碩輔纂 道光二十年刻本 四冊

大竹縣志 四十卷 清翟瑔修 王懷孟等纂 蔡以修增訂 道光二年刻本 六冊

眉州屬志 十九卷 清涂長發修 王昌年等纂 嘉慶四年刻本 十二冊

四川 四

續眉州志略 不分卷 清戴三錫修 王之俊等增輯 嘉慶十七年刻本 一冊

丹稜縣志 十卷卷首一卷 清顧汝萼等修 朱文翰等纂 光緒十[redacted]八年刻本 四冊

丹稜縣志 八卷卷首一卷 劉良模等修 羅春霖等纂 民國十二年石印本 八冊

邛崍縣志 四卷卷首一卷 劉復等修 甯緗等纂 民國十一年鉛印本 六冊

大邑縣志 二十卷 清[redacted] 趙霦 原本 [redacted] 林嘉澍等增修 光緒二年增[redacted]修 同治六年本 八冊

江安縣志 六卷 清趙模修 鄭存仁纂 嘉慶十七年刻本 六冊

仁壽縣新志 八卷 清馬百齡修 魏山松等纂 道光十七年刻本 八冊

光緒井研志 四十二卷 清葉桂年等修 吳嘉謨等纂 光緒二十六年刻本 十二冊

直隸綿州志 五十五卷 清文棨等修 伍肇齡等纂 同治十年刻本 二十冊

德陽縣新志 十三卷卷首一卷 清裴顯忠修 劉碩輔纂 道光十七年刻本 五冊

德陽縣志續編 十卷卷首一卷卷末一卷 清鈕傳善修 楊藻等纂 光緒三十一年刻本 三冊

羅江縣志 十卷 清李調元纂 嘉慶七年刻本 二冊

羅江縣志 三十六卷 清李桂林纂修 嘉慶二十年刻本 四冊

續修羅江縣志 二十四卷 清馬傳業纂修 同治四年刻本 二冊

安縣志 六十卷 夏時行等修 劉公旭纂 民國二十七年石印本 十二冊

安縣續志 六卷 成雲章修 陳紹欽纂 民國二十七年石印本 一冊

綿竹縣志 十八卷 王佐等修 黃尚毅等纂 民國八年刻本 十冊

重修梓潼縣志 六卷 清張香海修 楊曦等纂 咸豐八年刻本 六冊

茂州志 四卷卷首一卷 清楊迦懌等修 劉輔廷纂 道光十一年刻本 四冊

汶川縣志 七卷 祝世德纂修 民國三十三年鉛印本 一冊

忠州直隸州志 八卷卷首一卷 清吳友篪修 熊履青纂 道光六年刻本 八冊

酆都縣志 四卷卷首一卷 清田秀栗等原本 蔣履泰增修 光緒十九年增修同治八年本 六冊

重修酆都縣志 十四卷 黃光輝等修 余樹堂等纂 民國十六年鉛印本 六冊

酉陽直隸州總志 二十二卷卷首一卷卷末一卷 清王鱗飛等修 馮世瀛等纂 同治二年刻本 二十四冊

四川 五

秀山縣志 十四卷卷首一卷 清王壽松修 李稽勲纂 光緒十七年刻本 四册

黔江縣志 五卷卷首一卷 清張九章修 陳藩垣等纂 光緒二十年刻本 五册

彭水縣志 四卷卷首一卷 清莊定域修 支承祜等纂 光緒元年刻本 四册

松潘縣志 八卷卷首一卷 傅崇榘等修 徐湘等纂 民國十三年刻本 八册

補輯石砫廳新志 十二卷 清王槐齡纂修 道光二十三年刻本 四册

[redacted]

西康

章谷屯志略　不分卷　清吳德煦撰　同治十三年刻本　一冊

西康建省記　不分卷　傅嵩炑撰　民國元年鉛印本　一冊

西康　一

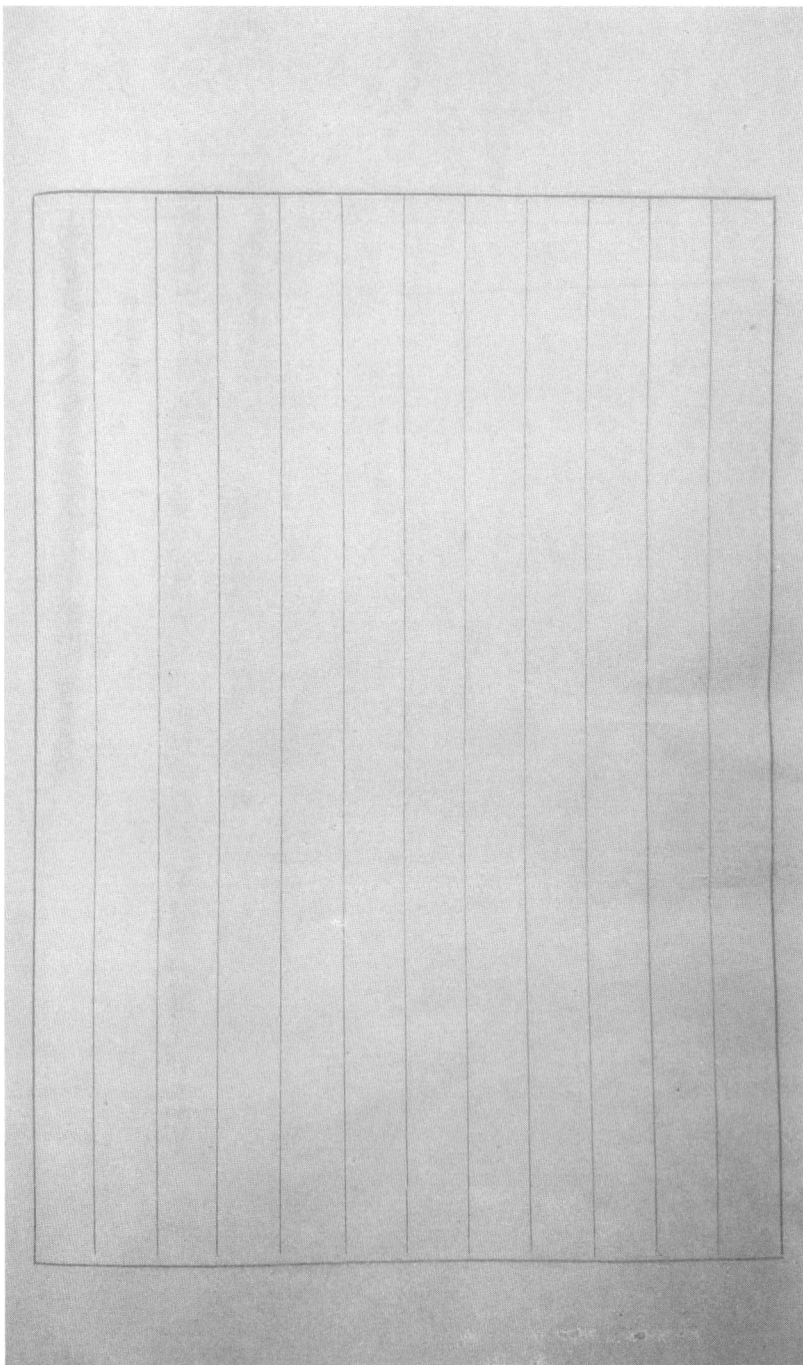

蘇南區文物管理委員會方志目錄

福建

福建通志　殘存七十四卷卷首五卷　清郝玉麟等修　謝道承等纂　乾隆二年刻本　存五十二冊

原七十八卷卷首五卷缺卷七十五至卷七十八

福建續志　九十二卷卷首一卷　清楊廷璋等修　沈廷芳等纂　乾隆三十四年刻本　二十八冊

重纂福建通志　二百七十八卷卷首七卷　清孫爾準等修　陳壽祺等纂　同治六年刻本　一百八十冊

閩都記　三十三卷　明王應山撰　清道光十一年求放心齋刻本　四冊

閩侯縣志　一百零六卷　歐陽英修　陳衍纂　民國二十二年刻本　十六冊

長樂縣志　二十卷卷首一卷　清彭光藻等修　楊希閔等纂　同治八年刻本　十冊

新修羅源縣志　三十卷卷首一卷　清盧鳳棽修　林春溥纂　道光九年刻本　十冊

重刊興化府志　五十四卷　明陳效修　周瑛等纂　清同治十年重刻明弘治十六年本　二十四冊

莆田縣志　三十六卷卷首一卷　清汪大經等修　廖必琦等纂　光緒五年補刻乾隆二十三年本　二十冊

潘文闓

僊遊縣志　五十三卷卷首一卷　清胡[redacted]植等修（啓）　葉和侃等纂　同治十二年重刻乾隆三十五年本　十六冊

泉州府志　七十六卷卷首一卷　清懷蔭布等修　黄任等纂　光緒八年重刻乾隆二十八年本　四十八冊

安溪縣志　十二卷卷首一卷　清莊成修　沈鍾等纂　乾隆二十二年刻本　八冊

廈門志　十六卷　清周凱纂修　道光十二年刻本　十二冊

長泰縣志　十二卷卷首一卷　清張懋建修　賴翰顒等纂　民國二十年鉛印清乾隆十六年本　六冊

雲[redacted]霄縣志　二十二卷卷末一卷　徐炳文修　鄭豐稔纂　民國三十六年鉛印本　四冊

延平府志　四十六卷卷首一卷　清傅爾泰修　陶元藻纂　乾隆三十年刻本　二十四冊

南平縣志　二十四卷　吴栻等修　蔡建賢纂　民國九年鉛印本　二十冊

甌寧縣志　十三卷　清鄧其文纂修　康熙三十二年刻本　六冊

汀州府志　四十五卷卷首一卷　清曾曰瑛等修　李紱等纂　同治六年重刻乾隆十七年本　二十冊

甯[redacted]化縣志　七卷　清李世熊撰　同治八年重刻康熙二十二年本　八冊（蔣澤沅）

上杭縣志　三十六卷卷首一卷卷末一卷　張漢等修　丘復等纂　民國二十七年鉛印本　十冊

福甯府志　四十四卷卷首一卷　清李拔纂修　光緒六年張其曜重刻乾隆二十七年本　二十冊

霞浦縣志　四十卷卷首一卷　羅汝澤等修　徐友梧纂　民國十五年鉛印本　八冊

福鼎縣志八卷 清譚掄纂修 嘉慶十一年刻本 八册

福安縣志三十八卷卷首一卷 清張景祁等纂修 光緒十年刻本 十二册

寧德縣志十卷卷首一卷 清盧建其修 張君賓等纂 乾隆四十六年刻本 十二册

壽寧縣誌八卷 清趙廷璣修 柳上芝等纂 康熙二十五年刻本 二册

龍巖州志二十卷卷首一卷 清彭衍堂等修 陳文衡纂 光緒十六年重刻道光十五年本 十二册

福建 二

28神

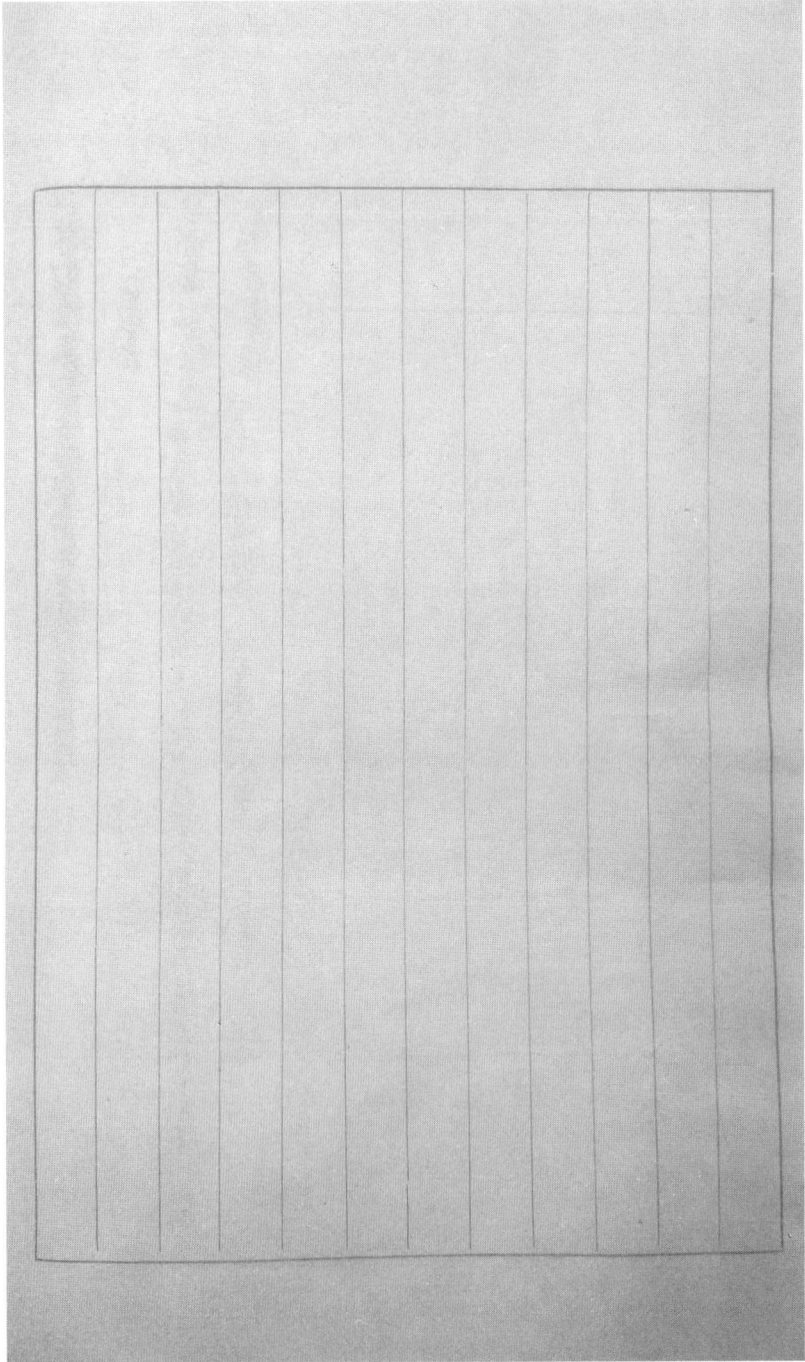

蘇南區文物管理委員會方志目錄

[redacted]臺灣

續修[redacted]臺灣府志 二十六卷卷首一卷 清余文儀修 黃佾纂 同治十一年修[redacted]鐫乾隆二十八年本 十二冊

又一部 日本大正十一年鉛印清同治十一年修[redacted]鐫乾隆二十八年本 二冊（重出海曙樓所藏）

[redacted]臺灣縣志 八卷卷首一卷 清薛志亮修 謝金鑾等纂 日本大正十一年鉛印清道光九年增刻嘉慶十二年本 一冊

鳳山縣志 十二卷卷首一卷 清王瑛曾纂修 日本大正十一年鉛印清乾隆二十九年本 一冊

彰化縣志 十二卷卷首一卷 清李廷璧等修 周璽等纂 道光十四年刻本 十二冊

又一部 日本大正十一年鉛印清道光十四年本 一冊

淡水廳志 十六卷 清陳培桂[redacted]纂修 同治十年刻本 八冊

又一部 日本大正十一年鉛印清同治十年本 一冊

澎湖廳志 十四卷卷首一卷附訂譌一卷 清蔡麟祥等修 林豪纂 日本大正十一年鉛印清光緒二十年本 一冊

噶瑪蘭廳志 八卷 清薩廉等修 陳淑均纂 日本大正十一年鉛印清咸豐二年本 一冊

臺灣 一

噶瑪蘭志略 十四卷 清柯培元撰 稿本 五冊

諸羅縣志 十二卷 清周鍾瑄修 陳夢林纂 日本大正十一年鉛印清康熙五十六年本 一冊

台灣省志會打

蘇南區文物管理委員會方志目録

廣東

廣州府志 一百六十三卷 清戴肇辰等修 史澄等纂 光緒五年刻本 六十二冊

廣東通志 三百三十四卷卷首一卷 清阮元等修 江藩等纂 同治三年重刻道光二年本 一百二十冊

羊城古鈔 八卷卷首一卷 清仇池石撰 嘉慶十一年刻本 五冊

南海縣志 四十四卷卷末一卷 清潘尚楫等修 鄧士憲等纂 同治八年重刻道光十五年本 二十二冊

南海縣志 二十六卷 清鄭棻等修 桂坫等纂 宣統二年刻本 十六冊

番禺縣志 五十四卷附錄一卷 清李福泰修 史澄等纂 同治十年刻本 十六冊

番禺縣續志 四十四卷 清梁鼎芬等修 丁長仁等纂 民國二十年刻本 十六冊

順德縣志 三十二卷 清郭汝誠修 馮奉初等纂 咸豐三年刻本 十六冊

東莞縣志 一百零二卷卷首一卷 陳伯陶等纂修 民國十年鉛印本 二十冊

從化縣新志 五卷 清蔡廷鑣修 李夢元等纂 宣統元年鉛印雍正八年本 五冊

龍門縣志 二十卷 招念慈修 鄔慶時纂 民國二十五年鉛印本 一冊

新會縣志 十四卷 清林星章等修 黃培芳等纂 道光二十一年刻本 十二冊

廣東 一

香山縣志 八卷附錄一卷 清祝淮修 黄培芳等纂 道光七年刻本 九冊

香山縣志 殘存十九卷 清田明曜等修 陳澧等纂 光緒五年刻本 存十一冊
原二十二卷缺卷一至卷三

三水縣志 十六卷卷首一卷 清李友榕等修 鄧雲龍等纂 嘉慶二十四年刻本 八冊

又一部 民國十二年景印清嘉慶二十四年本 八冊

新[redacted]寧縣志 十卷 清張深修 曾釗等纂 道光十九年刻本 四冊

新寧縣志 二十六卷 清何福海等修 林國賡等纂 民國十年鉛印清光緒十九年本 一冊

清遠縣志 十六卷卷首一卷 清李文烜等修 朱潤芳等纂 光緒六年刻本 八冊

花縣志 四卷 清王永名修 黄士龍等纂 同治五年重刻康熙二十六年本 四冊

韶州府志 四十卷卷首一卷 清額哲克等修 單興詩等纂 同治十二年刻本 二十冊

曲江縣志 十六卷 清張希京修 歐樾華纂 光緒元年刻本 八冊

樂昌縣志 十二卷卷首一卷 清徐寶符修 朱炳元等纂 同治八年刻本 六冊

惠州府志 二十卷卷首一卷 清呂應奎等修 黄挺華等纂 康熙二十七年刻本 十二册

惠州府志 四十五卷卷首一卷 清劉溎年等修 鄧掄斌等纂 光緒七年刻本 二十册

博羅縣志 十四卷 清陳裔虞纂修 乾隆二十八年刻本 五册

陸豐縣志 十二卷 清王之正修 沈展才等纂 乾隆十年刻本 四册

龍川縣志 原四十卷缺卷四十 殘存三十九卷 清胡瑃修 勒殷山纂 嘉慶二十三年刻本 存六册

潮州府志 四十二卷卷首一卷 清周碩勳纂修 光緒十九年重刻乾隆二十七年本 二十五册

海陽縣志 十二卷卷首一卷 清張士璉修 陳珏等纂 雍正八年刻本 十册

潮陽縣志 二十二卷卷首一卷 清周恒重修 張其翻纂 民國三十一年鉛印清光緒十年本 四册

揭陽縣志 八卷卷首一卷 清劉業勤修 凌魚等纂 民國二十六年鉛印清乾隆四十四年本 八册

揭陽縣續志 四卷卷首一卷 清王崧等修 李星煇纂 民國二十五年鉛印清光緒十六年本 三册

饒平縣志 二十四卷 清劉抃修 熊可坪等纂 康熙二十六年刻本 六册

南澳志 十二卷 清齊翀纂修 乾隆四十八年刻本 四册

廣東 二

惠來縣志　十八卷　清張玿美纂修　民國十九年鉛印清雍正九年本　六冊

大埔縣志　十八卷　清張鴻恩等纂修　同治十二年刻本　十冊

澄海縣志　二十六卷卷首一卷　清李書吉等修　蔡繼紳等纂　嘉慶十九年刻本　八冊

豐順縣志　八卷卷首一卷　清葛曙纂修　同治四年補刻乾隆十一年本　四冊

肇慶府志　二十二卷卷首一卷　清屠英等修　江藩等纂　光緒二年重刻道光十三年本　二十三冊

光緒四會縣志　十編編首三編編末一編　清陳志喆等修　吳大猷纂　光緒二十二年刻本　十二冊

陽春縣志　十四卷卷首一卷　清陸向榮等修　劉彬華纂　道光元年刻本　四冊

陽江縣志　八卷　清李澐等修　區啟科等纂　道光二年刻本　五冊

恩平縣志　十八卷卷首一卷卷末一卷　清石臺纂修　道光五年刻本　六冊

開平縣志　四十五卷卷首一卷　余棨謀修　張啟煌等纂　民國二十一年鉛印本　八冊

茂名縣志　八卷卷首一卷　清鄭業崇等修　許汝韶等纂　光緒十四年刻本　七冊

重修電白縣志　二十卷　清章鴻等修　邵詠等纂　道光五年刻本　五冊

化州志　十二卷　清彭貽蓀修　彭步瀛纂　光緒十四年刻本　七冊

吳川縣志　十卷　清李高魁等修　林泰雯纂　道光五年刻本　六冊

廉州府志 二十六卷卷首一卷 清張堉春等纂修 道光十三年刻本 二十冊

雷州府志 二十卷卷首一卷 清雷學海修 陳昌齊等纂 嘉慶十六年刻本 十冊

瓊州府志 四十四卷卷首一卷 清明誼修 張岳崧等纂 光緒十六年修 錫[redacted] 道光二十一年本 二十四冊

瓊山縣志 三十卷卷首一卷 清李文烜修 鄭文彩等纂 咸豐七年刻本 十六冊

直隸南雄州志 三十四卷卷首一卷 清戴錫綸等纂修 道光四年重刻嘉慶二十四年本 十六冊

光緒嘉應州志 三十二卷卷首一卷 清吳宗焯修 溫仲和纂 光緒二十四年刻本 十四冊

興寧縣志 十二卷卷首一卷 清仲振履原本 張鶴齡增修 咸豐六年增刻嘉慶十六年本 十冊

赤溪縣志 八卷卷首一卷 王大魯修 賴際熙纂 民國九年刻本 五冊

陽山縣志 殘存十二卷卷首一卷 清陸向榮修 劉彬華纂 道光三年刻本 存三冊

原十五卷卷首一卷缺卷三至卷五

廣東 三

58 本

蘇南區文物管理委員會方志目録

廣西

廣西通志 二百七十九卷卷首一卷 清謝啟昆等纂修 光緒十七年修[redacted]（鐫）嘉慶五年本 八十冊

臨桂縣志 三十二卷 清蔡呈韶等修 胡虔等纂 光緒十八年修[redacted]（鐫）嘉慶九年本 十六冊

永福縣志 四卷 清林光棣原本 民國劉興增修 民國五年增修[redacted]本（清道光八年） 四冊

龍勝廳志 不分卷 清周誠之纂修 民國二十五年景印清道光二十六年本 一冊

富川縣志 十二卷 清顧國誥等修 劉樹賢等纂 光緒十六年刻本 六冊

容縣志 二十八卷卷首一卷 清易紹悳等修 封祝唐等纂 民國□年鉛印清光緒二十三年本 六冊

平南縣志 二十二卷卷首一卷 清張顯相修 黎士華纂 道光十五年刻本 六冊

鬱林州志 二十卷卷首一卷 清馮德材等修 文德馨等纂 光緒二十年刻本 十冊

8种

[redacted]

雲南

雲南通志 十七卷 明鄒應龍修 李元陽纂 民國二十三年鉛印明萬曆本 八冊

滇繫 不分卷 清師範纂 光緒十三年重刻嘉慶二十二年本 四十冊

雲南備徵志 二十一卷 清王崧纂 宣統二年雲南官報局鉛印道光十一年本 二十冊

雲南通志稿 二百十六卷卷首三卷 清阮元等修 王崧等纂 道光十五年刻本 一百十二冊

續雲南通志稿 一百九十四卷卷首六卷 清王文韶等修 唐炯等纂 光緒二十四年四川岳池縣刻本 七十二冊

雲南府志 二十六卷 清張毓碧修 謝儼等纂 光緒重印康熙三十五年本 二十冊

昆明縣志 十卷 清戴絅孫纂 光緒二十七年重刻道光二十一年本 二冊

呈貢縣志 八卷 清李明墊纂修 光緒十一年刻本 八冊

安[redacted]寧州志 二十卷 清楊若椿修 段昕纂 乾隆四年刻雍正九年本 四冊

雲南縣志 十二卷 清項聯晉修 黃炳堃纂 光緒十六年石印本 六冊

浪穹縣志略 十三卷 清周沆纂修 光緒二十九年刻本 六冊

雲南

一

續修建水縣志稿 十八卷 丁國樑修 梁家榮纂 民國二十二年鉛印本 十三冊

南安州志 六卷 清張倫至纂修 傅鈔康熙四十八年本 二冊

黑鹽井志 八卷 清沈懋价修 楊璿等纂 傅鈔康熙四十九年本 十冊

路南縣志 十卷 馬標修 楊中潤纂 民國六年鉛印本 四冊

南寧縣志 十卷卷首一卷 清毛玉成纂修 咸豐二年刻本 八冊

宣威縣志稿 十二卷卷首一卷 王鈞圖等修 繆果章纂 民國二十三年鉛印本 六冊

東川府志 二十卷卷首一卷 清方桂修 胡蔚纂 乾隆二十六年刻本 六冊

東川府續志 四卷 清余澤春原本 馮譽驄增纂 光緒二十三年刻本 四冊

巧家縣志稿 十卷卷首一卷 湯祚纂修 民國三十一年鉛印本 六冊

昭通志稿 十二卷 符廷銓等修 楊履乾纂 民國十二年鉛印本 十冊

鎮雄州志 六卷 清吳光漢修 宋成基纂 光緒十三年刻本 八冊

師宗州志 二卷 清管棆原本 夏治源續修 傅鈔雍正七年增刻康熙五十六年本 二冊

祿勸縣志 十三卷卷首一卷 全魚澤修 許實纂 民國十七年鉛印本 十二冊

元江志稿 三十卷卷首一卷卷末一卷 黃元直修 劉達武等纂 民國十一年鉛印本 十二冊

雲南 二

新平縣志 八卷 清李誠纂修 傳鈔道光七年本 四冊

蒙化縣志稿 二十六卷 李春曦等修 梁友檍纂 民國九年鉛印本 六冊

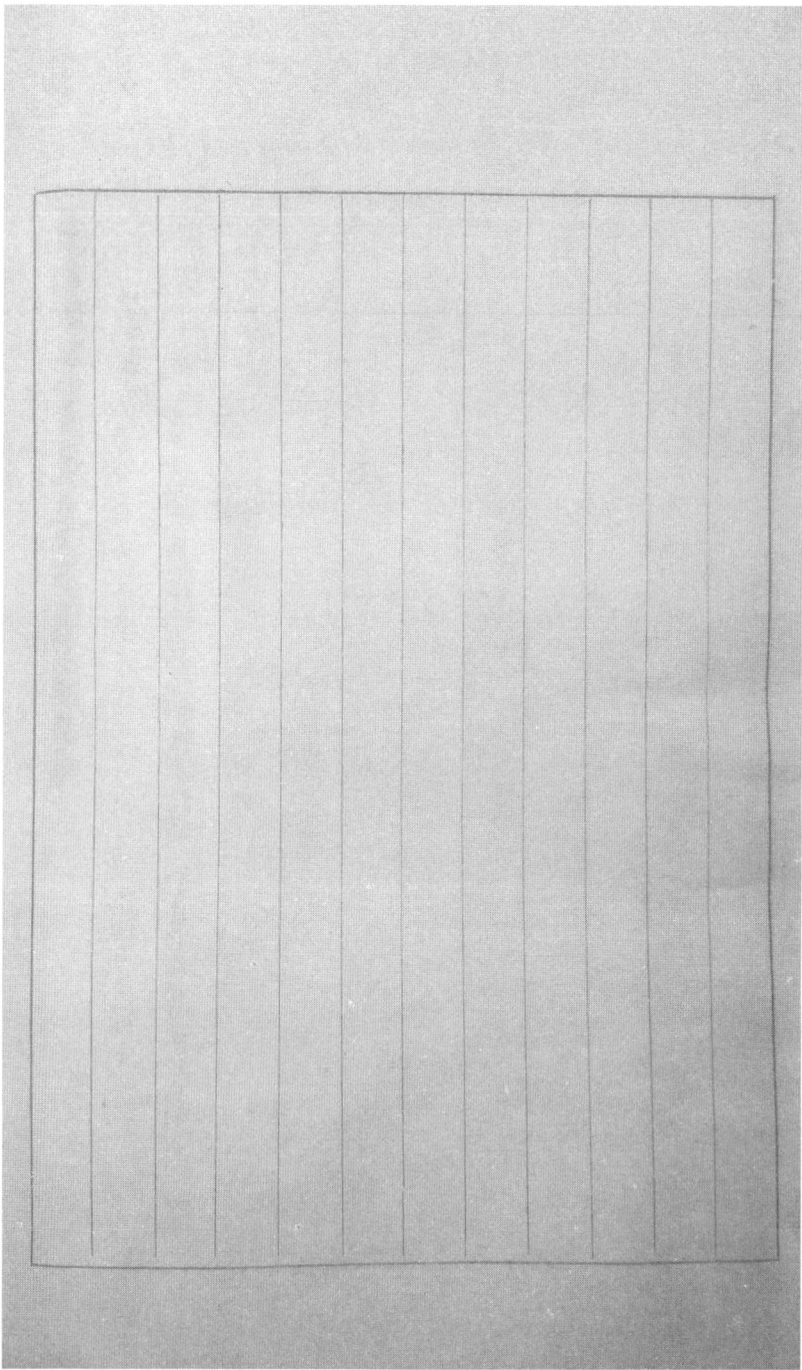

蘇南區文物管理委員會方志目錄

貴州

貴州通志 四十六卷卷首一卷 清鄂爾泰等修 靖道模等纂 乾隆六年刻本 二十四册

廣順州志 十四卷卷首一卷卷末一卷 清金臺修 但明倫等纂 道光二十七年刻本 六册

安平縣志 十卷卷首一卷 清劉祖憲纂修 道光七年辭刻本 五册

天柱縣志 二卷 清王復宗纂修 民國□年景印康熙二十二年本 四册

印江縣志 二卷 清鄭士範纂修 傳鈔道光十七年本 北華表費熙閣 二册

遵義府志 四十八卷 清平翰等修 鄭珍等纂 道光二十一年刻本 二十册

鎮[redacted]寜縣志 四卷 李炳僑修 胡翯高纂 民國三十六年石印本 四册

麻江縣志 二十三卷 柘澤忠等修 周恭壽纂 民國二十七年鉛印本 六册

晋安直隸廳志 二十二卷 清曹昌祺等修 覃夢榕等纂 光緒十五年刻本 八册

黔西州志 八卷 清魯壽山松修 熊聲元等纂 道光十五年刻本 六册

黔西州續志 六卷 清白建鋆修 諶煊模纂 光緒十年刻本 四册

桐梓縣志 四十九卷 李世祚修 猶海龍等纂 民國十八年鉛印本 二十册

12 神

貴州

蘇南區文物管理委員會方志目錄

新疆

新疆識[redacted]畧　十二卷卷首一卷　清松筠等纂輯　道光元年刻本　十冊

新疆圖志　一百十六卷卷首一卷　清袁大化修　王樹枏等纂　民國十二年東方學會重校增補鉛印本　三十二冊

新疆志稿　三卷　鍾廣生撰　民國十九年鉛印本　一冊

哈密志　五十一卷　清鍾方撰　民國二十六年北平禹貢學會鉛印本　二冊

4神

蘇南區文物管理委員會方志目錄

蒙古

蒙古游牧記 十六卷 清張穆撰 何秋濤校補 同治六年壽陽祁氏刻本 四冊

蒙古志稿 六卷 姚明輝撰 鈔本 六冊

蒙古 一

2神

~~蘇南區文物管理委員會方志目錄~~

西藏

西藏誌　不分卷　清果親王撰　乾隆五十七年刻本　三冊

衛藏通志　十六卷　不著撰人名氏　光緒二十二年漸西村舍刻本　八冊

西招圖略　不分卷　清松筠撰　嘉慶三年刻本　三冊

西藏圖考　八卷卷首一卷　清黃沛翹撰　光緒十二年刻本　四冊

西藏

4神

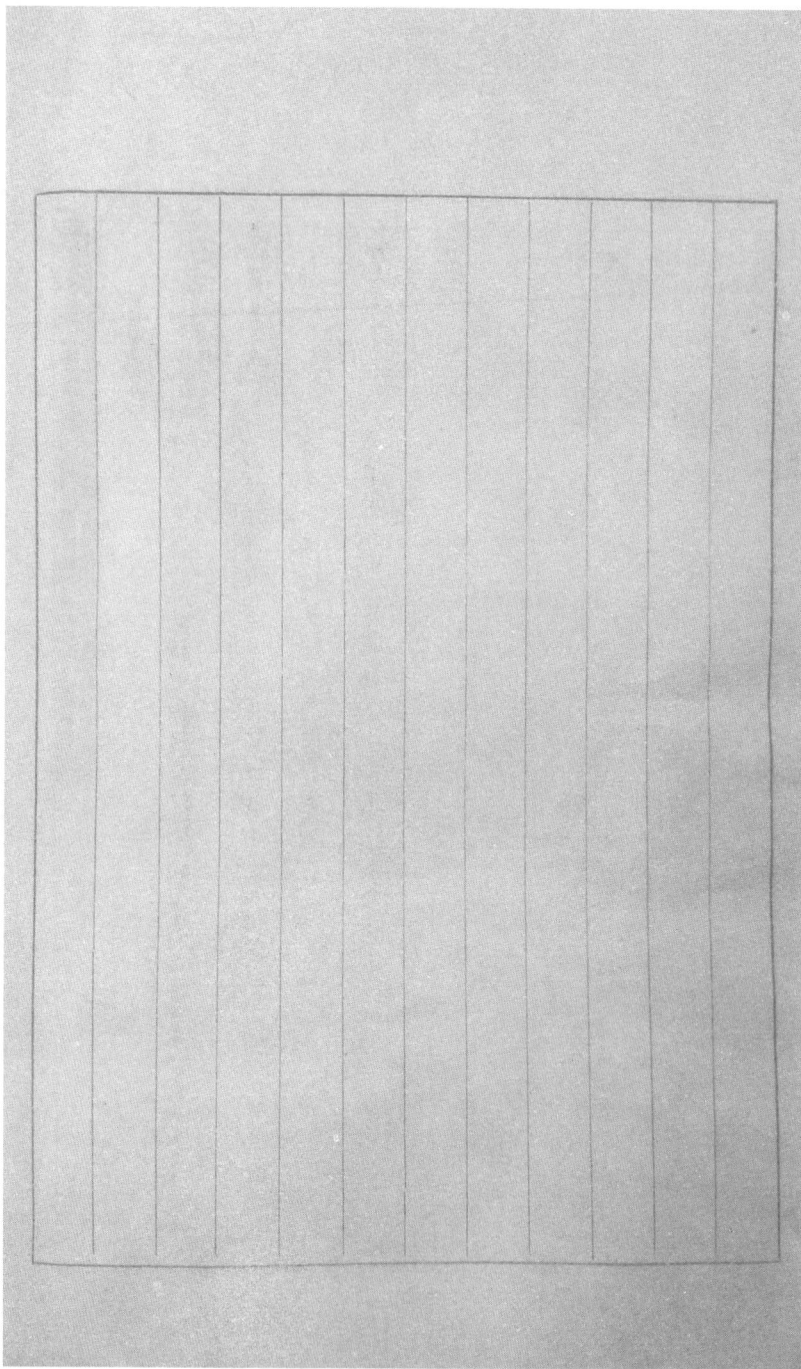

蘇南區文物管理委員會方志目錄

附錄一　鄉土志

四川

新繁縣鄉土志　殘存五卷　清余慎修　陳彥升纂　光緒三十三年鉛印本　存一冊

原十卷缺卷六至卷十

山東

濰縣鄉土志　不分卷　清宋朝楨[redacted]修　陳傅弼等纂　光緒三十三年石印本　一冊

范縣鄉土志　一卷　清楊沂修　呂維釗等纂　光緒三十四年石印本　一冊

福建

閩縣鄉土志　八卷　清朱景星修　鄭祖庚等纂　[redacted]光緒[redacted]□年鉛印本　四冊

侯官縣鄉土志　八卷　清胡之楨等修　鄭祖庚等纂　[redacted]光緒[redacted]二十九[redacted]年鉛印本　四冊

廣東

新會鄉土志　不分卷　清蔡垚爔修　譚鑣等纂　[redacted]光緒□年鉛印本　一冊

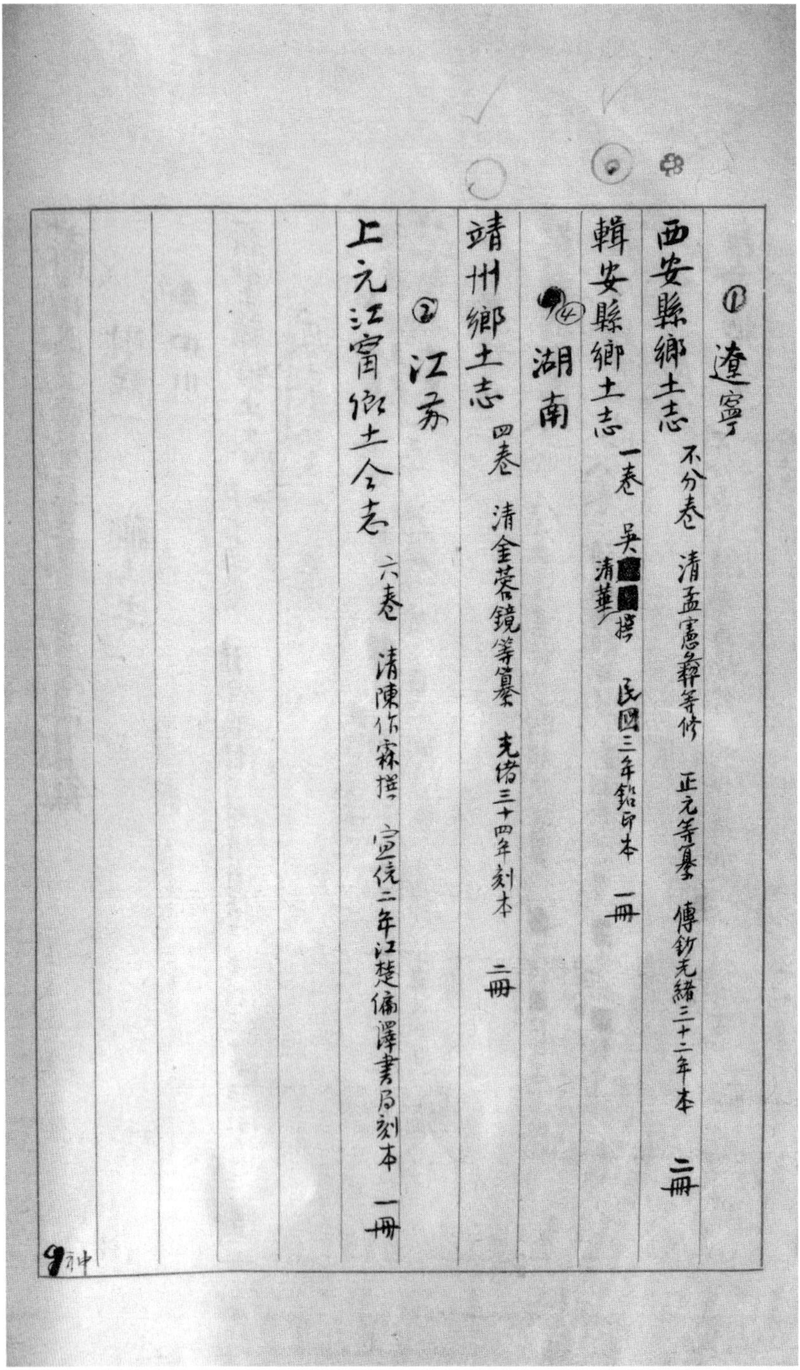

①遼寧

西安縣鄉土志 不分卷 清孟憲彝等修 正元等纂 傳鈔光緒三十二年本 二冊

輯安縣鄉土志 一卷 吴[redacted]清華撰 民國三年鉛印本 一冊

④湖南

靖州鄉土志 四卷 清金蓉鏡等纂 光緒三十四年刻本 二冊

②江苏

上元江寧鄉土合志 六卷 清陳作霖撰 宣統二年江楚編譯書局刻本 一冊

9 市中

蘇南區文物管理委員會方志目錄

江蘇附錄二　鄉鎮志

木瀆小志　六卷卷首一卷附光福諸山記一卷　張郁文輯　民國十年鉛印本　二册

光福志　十二卷卷首一卷補編一卷　清徐傅編　補編民國張郁文輯　民國十八年鉛印本　二册

相城小志　六卷卷首一卷　施兆麟輯　民國十九年刻本　二册

齊谿小志　不分卷　李楚石纂輯　民國十五年鉛印本　一册

黄埭志　四卷　程錦熙輯　民國十一年石印本　二册

元和唯亭志　二十卷卷首一卷卷末一卷　清沈藻采輯　民國二十三年鉛印清道光二十八年本　四册

吳郡甫里志　二十四卷卷首一卷　清彭方周修　顧時鴻等纂　乾隆三十年刻本　四册

周莊鎮志　六卷卷首一卷附貞豐里庚申見聞錄二卷　清陶煦重輯　光緒八年刻本　六册

章練小志　八卷　高如圭原編　萬以增重輯　民國七年鉛印本　二册

淞南志　殘存十二卷　清陳元模輯　嘉慶十八年刻本　四册

鄉鎮志

一

原十六卷缺卷六至卷九

[redacted]淞南續志 一卷 清陳雲煌輯 嘉慶十八年刻本 一冊

二續淞南志 二卷 清陳至言輯 嘉慶十八年刻本 一冊

信義志稿 二十一卷卷首一卷卷末一卷 清趙詒翼撰 鈔本 四冊

巴溪志 不分卷 朱保熙輯 民國二十四年鉛印本 一冊

支溪小志 八卷 清顧鎮撰 周昂增訂 乾隆五十三年刻本 六冊

釣渚小志 不分卷 清單學傅撰 鈔本 一冊

金村小志 三卷 金鶴翀撰 民國十二年鉛印本 一冊

盛湖志 十四卷卷首一卷卷末一卷 清仲廷機輯 民國十四年刻本 六冊

盛湖志補 四卷 清仲虎騰輯 民國十四年刻本 二冊

黎里志 十六卷卷首一卷 清徐達源纂輯 嘉慶十年刻本 四冊

黎里續志 十六卷卷首一卷 清蔡丙圻纂輯 光緒二十四年刻本 六冊

蘇南區文物管理委員會方志目錄

附錄二　鄉鎮志

江蘇

木瀆小志　六卷卷首一卷附光福諸山記一卷　張郁文輯　民國十年鉛印本　二冊

中吳紀聞　六卷附校勘記一卷　宋龔明之撰　校勘記清佚名撰　宣統元年重刻　（31）

（國張郁文輯　民國十八年鉛印本　二冊）

玉峯志　三卷附校勘記一卷　宋淩萬頃邊實撰　校勘記清傅朝奎撰　清宣統元年重刻　（戊申　34）

玉峯續志　一卷　宋邊實撰　咸淳十年本　宣統元年重刻　（戊申　34）　（年　二冊）

崑山郡志　六卷　元楊譔纂撰　宣統元年重刻　附宋咸淳八年本　民本　（壬子）　（印本　一冊）

太倉州志　十卷附校勘記一卷　明桑悅撰　李端校正　周昉編次　校勘記清繆朝荃撰　宣統元年重刻　（冊）

三十六卷　八冊　光緒間刻本　（輯　民國二十三年鉛印清道光二十八年本　四冊）

（等纂　乾隆三十年刻本　四冊）

周莊鎮志　六卷卷首一卷附貞豐里庚申見聞錄二卷　清陶煦重輯　光緒八年刻本　六冊

章練小志　八卷　高如圭原編　萬以增重輯　民國七年鉛印本　二冊

淞南志　殘存十二卷　清陳元模輯　嘉慶十八年刻本　四冊

鄉鎮志

原十六卷缺卷六至卷九

[redacted]淞南續志 一卷 清陳雲煌輯 嘉慶十八年刻本 一册

二續淞南志 二卷 清陳至言輯 嘉慶十八年刻本 一册

信義志稿 二十一卷卷首一卷卷末一卷 清趙詒翼撰 鈔本 四册

巴溪志 不分卷 朱保熙輯 民國二十四年鉛印本 一册

支溪小志 八卷 清顧鎮撰 周昂增訂 乾隆五十三年刻本 六册

釣渚小志 不分卷 清單學傅撰 鈔本 一册

金村小志 三卷 金鶴翀撰 民國十二年鉛印本 一册

盛湖志 十四卷卷首一卷卷末一卷 清仲廷機輯 民國十四年刻本 六册

盛湖志補 四卷 清仲虎騰輯 民國十四年刻本 二册

黎里志 十六卷卷首一卷 清徐達源纂輯 嘉慶十年刻本 四册

黎里續志 十六卷卷首一卷 清蔡丙圻纂輯 光緒二十四年刻本 六册

同里志 二十四卷 清周之楨纂輯 民國六年鉛印清嘉慶十六年本 四冊

平望志 十八卷卷首一卷 清翁廣平纂輯 光緒十二年重刻道光七年本 六冊

平望續志 十二卷卷首一卷 清黃兆檉纂 光緒十三年刻本 四冊

庉村志 一卷 明清曹煒撰 民國二十三年鉛印本 甲戌叢編單行 一冊

南翔鎮志 十二卷卷首一卷 清張承先撰 程攸熙增訂 嘉慶十二年刻本 四冊

月浦里志 十五卷卷首一卷 陳應康纂 民國二十三年鉛印本 二冊

羅店鎮志 八卷附羅溪文徵一卷 清潘履祥纂 光緒十五年鉛印本 五冊

黃渡鎮志 殘存六卷卷首一卷 清章樹福纂輯 咸豐三年刻本 存二冊

原十卷缺卷七至卷十

又一部 民國十二年鉛印清咸豐三年本 一冊

黃渡續志 八卷卷首一卷 章圭瑑纂輯 民國十二年鉛印本 一冊

江灣里志 十五卷卷首一卷 張寶鑑等纂 民國十三年鉛印本 二冊

法華鄉志八卷卷首一卷卷末一卷 清王鍾撰 民國胡人鳳續輯 民國十一年鉛印本 四冊

珠里小志十八卷卷首一卷 清周郁濱纂 嘉慶二十年刻本 四冊

蒸里志略十二卷 清葉世熊纂 宣統二年鉛印增補光緒九年本 二冊

朱涇志十卷 清朱棟纂 民國五年鉛印清嘉慶九年本 四冊

干巷志六卷卷首一卷 清朱棟撰 嘉慶六年刻本 二冊

重輯張堰志十二卷卷首一卷卷末一卷 姚裕廉等輯 民國九年鉛印本 二冊

重輯楓涇小志十卷卷首一卷 清許光墉輯 光緒十七年鉛印本 六冊

續修楓涇小志十卷卷首一卷 清程兼善纂 宣統三年鉛印本 四冊

梅里志四卷卷首一卷 清吳存禮編 杜詔訂 道光四年重刻雍正二年本 四冊

泰伯梅里志八卷 清安起東浦傳桂原本 吳熙重編 光緒二十三年刻本 四冊

無錫開化鄉志三卷 清王抱承輯 民國侯學愈增補 民國五年木活字本 三冊

無錫富安鄉志二十八卷卷首一卷 吳鋒撰 稿本 五冊

開沙志 二卷 清王錫極纂輯 丁時霈增修 宣統三年鉛印康熙五十二年本 一冊

北湖小志 六卷卷首一卷 清焦循撰 嘉慶十三年刻本 二冊

嘉慶瓜洲志 八卷卷首一卷 清馮錦輯 民國十三年瓜洲于氏凝暉堂鉛印本 四冊

瓜洲續志 二十八卷卷首一卷 于樹滋輯 民國十六年瓜洲于氏凝暉堂鉛印本 十二冊

甘棠小志 四卷卷首一卷卷末一卷 清董醇撰 咸豐五年刻本 四冊

直塘里志 六卷 清時寶臣撰 稿本 一冊

茜涇記略 不分卷 清倪大臨原本 陶炳曾增訂 鈔本 一冊

增修鶴市志略 三卷 清周偁撰 鈔本 一冊

璜涇志略 不分卷 清馮恒撰 鈔本 三冊

璜涇志稿 八卷 清施若霖輯 民國□年鉛印清道光十年本 二冊

沙頭里志 十卷 清曹[illegible]輯 陸松齡增訂 鈔本 二冊

婁塘志 九卷附婁塘風雅一卷 清陳曦編 民國二十五年鉛印清光緒十七年修補嘉慶十年本 二冊

浙江

唐棲志　二十卷　清王同輯　光緒十六年刻本　八冊

新塍鎮志　二十六卷卷首一卷　朱士楷纂輯　民國九年鉛印本　四冊

竹林八圩志　十二卷卷首一卷　祝廷錫纂　民國二十一年石印本　四冊

澉水[redacted]志[redacted]彙編　[redacted]程煦元編　民國二十四年鉛印本　六冊

常棠澉水誌　八卷　宋常棠輯

續澉水誌　九卷　明董穀修纂　徐蘭等校正

澉水新誌　十二卷　清方溶修纂

澉誌補錄　不分卷　程煦元編纂　祝靜遠等參訂

乍浦志　殘存五卷卷首一卷　清宋景關纂　乾隆二十二年刻本　存四冊
原六卷卷首一卷缺卷六卷末

菱湖鎮志　四十四卷卷首一卷　清孫志熊撰　光緒十九年刻本　六冊

南潯鎮志 四十卷卷首一卷 清汪曰楨撰 咸豐九年刻本 十冊

南潯志 六十卷卷首一卷 周慶雲纂 民國十一年刻本 十六冊

雙林鎮志 殘存十三卷 蔡蒙編 民國六年鉛印本 存一冊
原三十二卷缺卷十四至卷三十二

烏青鎮志 十二卷 清董世寧纂 民國七年鉛印清乾隆二十五年本 二冊

烏青鎮志 殘存四十二卷卷首一卷 盧學溥撰 民國二十五年刻本 存十一冊
原四十四卷卷首一卷缺卷三十八卷三十九

岱山鎮志 二十卷卷首一卷 湯濬撰 民國十六年木活字本 四冊

餘姚六倉志 四十四卷卷首一卷卷尾一卷 楊積芳等纂 民國九年鉛印本 八冊

剡源鄉志 二十四卷卷首一卷 清趙霈濤纂 民國五年鉛印本 十冊

路橋志略 六卷 楊晨編 楊紹翰增訂 民國二十四年鉛印本 二冊

四川

九姓鄉志 二卷 清任五采修 車登衢纂 傳鈔光緒七年本 二冊

廣東

佛山忠義鄉志 十四卷 清吳榮光撰 道光十年刻本 七冊

雲南

高嶢志 二卷 由雲龍撰 民國二十八年鉛印本 一冊

以上共計壹千肆百[redacted]種 肆拾弍

77种

後記

歲月不居，流光如矢。本書所以能在較短時間面世，端賴南京圖書館歷史文獻部陳立主任，同仁周蓉、方雲、張小仲，蘇州博物館李軍，國家圖書館出版社南江濤等同志的大力相助。老友沈津惠賜序文，以光篇幅。於此謹致以誠摯的謝意。

二〇一八年十一月，沈燮元謹識於南京圖書館